세상에서 의사는
모두 사라져야 한다

세상에서 의사는 모두 사라져야 한다

초판 1쇄 발행 2011년 4월 20일
초판 2쇄 발행 2012년 8월 20일
지은이 김민섭 **펴낸이** 공홍 **펴낸곳** 케포이북스
출판등록 제22-3210호 **주소** 서울시 서초구 서초동 1599-2 엘지에클라트 302호
전화 02-521-7840 **팩스** 02-6442-7840 **전자우편** kephoibooks@korea.com

값 15,500원

ⓒ 김민섭, 2011
ISBN 978-89-94519-22-7 03810

이 책은 저작권법의 보호를 받는 저작물이므로 무단전재와 복제를 금하며, 이 책의 전부 또는 일부를 이용하려면 반드시 사전에 저작권자와 케포이북스의 동의를 받아야 합니다.

헌혈 70회의 가슴 따뜻한 의사가 공개하는
의대생 실습일기

세상에서 의사는 모두 사라져야 한다

김민섭

케포이북스
KEPHOI BOOKS

머리말

초등학교 시절 방학이면 으레 일기 쓰기는 단골 숙제였다. 그 시절 일기 쓰기가 왜 그렇게 싫었던지, 항상 방학이 끝나갈 때쯤 한 번에 몰아서 쓰고는 했다. 그렇게 벼락치기로 해치우기란 일기를 꾸준히 쓰지 않은 대가 치고는 꽤 고통스러운 일이었다. 중학교에 가서도 방학 숙제로 일기 쓰기가 있었는데, 2학년 여름방학 무렵에는 매일 일기 쓰는 것이 그리 힘들지는 않았다. 그렇게 꼬박꼬박 쓴 방학 일기를 나름 뿌듯한 마음으로 바라보면서부터 조금씩 일기 쓰는 재미를 알아가고 있었다.

그때 이런 결심을 했다. 대학생이 되면 매일 꼬박꼬박 일기를 쓰겠다고. 대학생이라면 시간도 어느 정도 날 테고, 대학생의 눈으로 바라보는 사회를 기록한 글은 나름 가치가 있을 것이라고 생각했다.

그런데 웬걸? 의대에 진학한 후 예과 시절은 너무 정신 없이 지나가고 말았다. 연일 계속되는 대면식과 각 동아리 회식, 엠티……, 그렇게 일기를 써야겠다는 생각도 잊은 채 예과 시절을 보내 버렸고 본과에 올라간 후에도 도무지 틈을 낼 수가 없었다. 일기라는 것이 하루를 마감하며 여유를 가지고 써야 하지만 시험 일정에 쫓겨 한 순간도 여유롭지 못했던 본과생에게 일기 쓰기란 무리한 일이었다. 그 무렵 실습 나가던 3학년 선배들을 보며 얼마나 부러워했는지 모른다. 새벽부터 밤늦게까지 주말도 공휴일도 없이 강의실, 스터디룸,[1] 도서관만 전전하던 본과 1, 2학년들의 눈에 흰 가운을 입고 책과 청진기를 가지고 병원을 드나들며 어느 정도 개인적인 여유도 가질 수 있는 선배들의 모습을 보며 어찌나 부러워하고 동경했던지…….

3학년 선배들의 모습을 보며, 일기에 재미를 붙이던 중학교 2학년 방학 때를 다시 떠올렸고 3학년이 되면 반드시 일기를 쓰리라 다짐했었다. 병원의 수많은 각 과들을 순회 실습하며 의대생의 눈으로 바라보는 병원 이야기를 일기 형식으로 남겨 보겠노라고.

의과대학 본과 3학년은 아직 의료인이 아니다. 그렇다고 병원의 환자나 보호자처럼 일반인도 아니다. 그러나 의학 용어에 익숙하고, 여느 의사처럼 병원에서 환자의 진료 기록 열람이 가능하고 병원 내부를 들여다볼 수 있기에 병원 내부의 이야기를 병원 바깥 세상에 전하는 데 더없이 적합한 입장이 아닌가. 그렇게 생각하니 문득 이 기록을 종합병원 안에서 일어나는 일들이 궁금한 사람들, 의과대학에 진학하여

---

[1] 스터디룸 : 주로 대학에서 학생들이 자유롭게 개인적인 공부를 하거나, 함께 모여 공부할 수 있도록 학교 당국이 제공해 준 방.

장차 의사가 되려는 중고교생, 곧 PK²가 될 의대 예과생과 본과 1,2학년 후배님들과 공유하면 좋겠다는 생각이 떠올랐다. 물론 현직 의사나 초보 의료인도 학창시절의 추억이며, 다른 학교나 병원의 실습 과정을 엿볼 수 있을 것이다.

나는 글을 쓰는 전문가가 아니다. 어설프고 서툴기 그지없는 문장이다. 그러나 굳이 각색도 다듬지도 않았다. 그 시절 나의 일기를 있는 그대로 남기고 싶었다. 아울러 이 책에 등장하는 인물들은 실존하므로 본의 아니게 이 책으로 인하여 피해를 입지 않도록 모두 가명을 사용하였다.

마지막으로 이 일을 가능하게 해주신 나의 아버지이자 대구가톨릭대 국어국문학과 명예교수이신 김동소 교수님과 어설픈 글을 쾌히 받아준 케포이북스 공홍 대표님께 감사드린다.

2010년 12월
경주 서울의원 원장실에서
김민섭

---

2 PK : 독일어 Poliklinik에서 온 말. 원래의 뜻은 대학 병원 등에서 외래 환자를 진료하는 일을 말하지만, 우리나라의 대학 병원 등에서 각과를 순회하면서 견학하는 의과대학 상급생들을 일컫는 말로 쓰인다.

차례

시신과 함께한 시간들 **2학년 해부학 실습 수업** 9

기침과 가래, 폐암의 고통 **호흡기 내과 실습 일기** 54

세상에서 의사는 모두 사라져야 한다 **순환기 내과 실습 일기** 79

생명이 탄생하는 길 **산부인과 실습 일기** 95

위 내시경과 대장 내시경 **소화기 내과 실습 일기** 139

가장 기본적인 술기들 **흉부외과 실습 일기** 166

월드컵과 함께한 외과 실습 178

초시와 재시, 그리고 방학 217

절대적 내리사랑 **소아과 실습 일기** 245

그동안 별일 없으셨습니까? **내분비 내과 실습 일기** 266

장애인 체험 **예방의학 실습(복지기관 봉사) 일기** 276

부록_ 정상렬과의 만남 **청년의사 한미수필문학상 수상작** 282

세상에서
의사는
모두
사라져야
한다

시신과 함께한 시간들

2학년 해부학 실습 수업

첫 번째 해부학 실습 시간

2001년 8월 20일은 내게 기억될 만한 날이다.

의과대학교 본과 2학년 2학기 수업이 시작되는 첫 날인 동시에 의대생의 일종의 상징처럼 되어 버린 해부학 실습이 있기 때문이다. 서울 지역은 9월 3일쯤에 개강한다고 들었고 대구 지역도 여타 학교는 8월 27일이 개강일로 알고 있기에 한 주일이나 빨리 개강하는 일이 썩 즐겁다고 할 수는 없는 상황이었지만 이 날은 그래도 좀 다른 날임에 틀림없다. 항상 8시 30분부터 시작하는 1교시 수업에 앞서 해부학 실습에 시신을 기증한 분에 대한 감사 미사가 있어 8시까지는 등교해야 했다. 오랜만에 이른 시간의 등교였지만 피곤하다기보다 미묘한 긴장이 마음을 휘젓는다. 해부학 실습실은 그렇게 넓은 공간은 아니었다. 해부학 실습 오리엔테이션이 지난 주 금요일 있었기에 이미 와 봤었다. 그때는 청소하러 왔기 때문에 어수선한 모습이었다. 깔끔하게 정리된 오늘과는 많이 다른 느낌이 들었다. 그리고 앞에 놓인 견고하고 무거워 보이는, 시신이 누워있을 세 개의 관은 실습실 안의 분위기를 한껏 가라앉히고 있었다. 아침 미사는 생각보다 짧게 끝났다. 미사라기보다 간단한 예식을 치렀다고 해야 더 옳을 정도로 기도문 하나 외지 않고 끝났다. 덕분에 다소 더웠던 그곳을 예상보다 빨리 빠져 나올 수 있었다.

실습 시간은 오후다. 그때까지는 5시간이 지난 후였지만 개강 첫날이라 그런지 비교적 시간은 빨리 흘러갔다. 실습실에 갈 때는 반드시 하얀 실험용 가운을 입어야 한다. 더운 날씨라 가운이 약간은 부담스러웠지만 어디까지나 부차적인 것이다. 태어나서 처음으로 시신을 직접 보고 만지고 해부하는 시간이 내 앞의 현실로 다가왔기 때문이다.

사실 예과 시절에 시신을 보려고 마음만 먹었으면 얼마든지 볼 수 있는 기회는 있었다. 어떤 대학에서는 매년 축제 때 해부용 시신을 일반인에게 공개하는 행사가 있었고, 시신 부검을 관람할 기회가 없었던 것도 아니었다. 나보다 앞서 시신 부검을 관람

했었던 선배들의 충격담은, 신기하고 미스터리한 것을 좋아하는 나로서는 접해보고 싶은 생각이 간절했지만 솔직히 의지가 쉽게 생기지 않았었다. 그러나 이제는 좋든 싫든 내 선택권과는 상관없이 사람의 주검을 내가 직접 보고 만지고 해부하게 될 것이다. 몇 분 후면 그 기회가 내게 오는 것이다.

　1시 30분부터 실습이 시작되었다. 정원은 45명 정도였고 시신은 3구였기에 한 구당 15명씩 조를 짰고, 머리, 가슴, 복부, 상지, 하지 이렇게 5부분으로 나누어 15명을 다시 3명씩 5조로 나누게 되었다. 일단 시신이 들어있는 관 앞에 모여 앉아 교수님의 말씀을 듣고 오늘 해야 할 일을 되새겼다. 그리고 드디어 시신이 들어있는 관이 열렸다. 다들 긴장한 모습이 역력했다. 나 역시도 마찬가지였다. 관 뚜껑을 열자마자 시신이 눈앞에 나타나리라고 생각했던 것과는 달리 두꺼운 비닐이 보였다. 동시에 포르말린 냄새가 코를 강하게 자극해 왔다. 교수님 말씀을 따라 시신을 감싸고 있는 비닐을 벗겨내고 드디어 시신을 볼 수 있게 되었다.

　회색 피부에 작고 수많은 검은 반점이 온 몸을 뒤덮고 있는 굉장히 딱딱하게 보이는 듯한 시신, 그 안에서 풍기고 있는 엄청난 포르말린 냄새와 함께 이제 눈앞에 확실히 드러났다. 나이는 전혀 알 수 없었지만 왠지 그렇게 나이든 사람은 아닌 것 같았다. 한 170cm 정도 되는 키였는데, 똑바로 누워 있는 모습이 아닌, 옆으로 약간 굽어 있어 정확한 체형은 알 수가 없었다. 생각보다 몸 상태가 좋았다. 입술을 내민 채로 벌린 모습과 힘이 들어간 채로 감고 있는 눈, 다른 피부색과는 달리 희게 퉁퉁 불어버린 귀, 얼굴 한 가운데서 약간 삐뚤어진 코를 얼굴 전체에서 받치고 있는 회갈색 피부는 마치 미라 같았다. 고통스럽게 잔뜩 상을 찌푸리고 있는 얼굴은 뭔가 절규하는 듯, 굉장히 힘들어 보였다. 저 표정이 숨을 거두기 직전의 표정일까? 아니면 그 후에 시신 보관 도중에 서서히 생겨 버린, 인류의 공통적인 최후를 보여주는 모습일까?

다른 시신의 표정으로 시선이 움직였다. 옆의 시신은 우리 조의 그것보다는 커다란 얼굴에 상당히 지방질이 많아 보여 많이 부드러웠지만, 그 지방에 가려 안에 숨겨진 인상은 역시 비슷하게 느껴졌다. 외상도 없는데 젊은 사람이 왜 이 세상을 떠나게 되었을까? 교통사고가 아니라면 어떤 질병으로 죽은 것일까? 그렇다면 정상인 해부가 아니고 비정상인 해부가 되는 것일까?

넋 나간 모습으로 시신을 바라보다 서서히 이제 뭔가 해야 할 현실 속으로 들어왔다. 오늘 할 일은 시신의 피부를 씻고 면도하고 피부 해부를 하는 것이다. 이제 시신을 직접 손으로 만지는 시점이 왔다. 시신을 씻기는 일은 그리 어렵지 않았다. 비누와 수세미로 생각보다 쉽게 씻을 수 있었고, 그리 오래지 않아 우리 조를 비롯한 다른 두 조도 시신을 깨끗하게 씻어 냈다. 이어 시작된 면도는 생각보다 힘들었다. 다른 피부보다 머리와 사타구니의 체모를 제거하는 일은, 난생 처음 다루어 보는 면도날도 익숙하지 않은데다가 시신에 대한 의구심이 뚜렷할 때라 무의식적으로 힘을 적게 주다 보니 제대로 면도가 될 리 없었다.

머리를 면도하기 위해서 시신을 뒤집었을 때는 왜 그렇게 힘들었던지. 술에 만취해 쓰러진 친구를 들쳐 업거나 옆에 끼고 부축하는 것이 얼마나 힘겨운지는 겪어본 사람은 다 안다. 그런데 생명이 끊어져 온 몸이 딱딱하게 굳은 사람을 움직이기란 얼마나 더 힘든 건지……. 제자리에서 그 사람의 위치만 옮기는 데 8명이나 필요했다. 모두들 땀을 뻘뻘 흘리며 마침내 시신을 뒤집었을 때 입에서는 저절로 한숨들이 터져 나왔다. 정신을 가다듬은 후 다시 면도하기 위해서 시신에 다가갔다. 그렇지만 시신 속의 포르말린 냄새는 정말 숨도 제대로 쉴 수 없을 정도였다.

교대로 한 작업 끝에 마침내 면도를 다 마치고, 드디어 피부 절개로 들어갔다. 교수님의 시범이 먼저 있었고 나는 내가 맡은 가슴 부위를 같은 조원 두 명과 함께 시작했다. 먼저 가슴 부위에 해부용 칼로 다룰 부위를 표시하고 그 부위의 한 쪽 면에서부터 조금씩 칼로 절개해 들어갔다. 절대로 피부만 건드려야지 안의 근육이나 혈관 또는 다른 신경 다발들은 건드리면 안 되기에 많이 긴장되었다. 그런데 처음 하는 작업이라 지금 하고 있는 이 작업이 올바른 것인지 아닌지 전혀 검증이 안 되었다. 때때로 한마디씩 해 주시는 교수님 말씀이 정말로 사막 한가운데의 오아시스 같은 느낌이 들 정도였으니 말이다. 피부 벗기기는 생각보다 힘들었다. 시신을 둘러싸고 있는 학생은 기껏해야 10~11명에 불과한데 한 구당 15명이 투입되어 좋은 자리를 맡으려는 경쟁이 약간씩 일어나고 있었고, 작업 조금 후에는 다른 신체 부위 조에게 자리를 양보해 줘야 했다. 무척 더웠다. 아직 8월 중순인 데다가 지하실 비슷한 곳에, 그것도 좁은 장소에 45명 정도가 들어갔으니 더울 만도 했다.

오늘 5시 30분(수업 종료 시간)까지는 맡은 가슴 부위 피부를 다 벗겨냈으면 좋으련만 생각만큼 잘 되지 않았다. 가슴 부위 피부를 벗겨내다가 잘못하여 가슴 쪽의 대흉근$_{pectoralis\ major}$ 근육까지 벗겨내 버려서 다시 해야 하는 실패도 겪었다. 그렇게 시간은 1시 30분부터 5시 30분까지 4시간이 금방 흘렀다. 시간이 다 되어서 포르말린 용액에 절인 비닐로 다시 시신을 덮고는 관을 닫아 두었다. 그리고 보니 5시가 넘어서는 이곳의 포르말린 냄새가 그렇게 심하게 느껴지지는 않았다. 그래도 내 몸에는 냄새가 알게 모르게 엄청 배었을 것이다. 다음 시간에는 간단한 태깅 테스트$_{tagging\ test}$[3]가 있겠다는 교수님 말씀을 새기면서 강의실로 돌아왔다.

첫 해부학 실습 시간이었다. 생각보다는 딱딱하지 않은 피부

---

3 tagging test : 해부학 시선의 일부 구조물에 바늘로 표시하여 그 부분의 명칭을 써 넣는 시험.

였고 그렇게 손상되지 않은 몸이었지만, 그 사람의 표정은 생생하다. 앞으로 실습 시간을 보내면서 점차 그 표정은 학생들의 메스 속에서 서서히 사라질 것이고 시신의 내부가 더 많이 보이면 보일수록 겉은 점차 잊게 될 것이다. 그런데 그 절규하는 듯한 시신의 인상은 내 머릿속을 그렇게 쉽게 떠나지는 않을 것 같다. 불완전한 인간의 내면을 반영하는 듯한 그 표정은 아마 사후의 내 얼굴을 보는 것처럼 느껴져서였을까?

두 번째 해부학 실습 시간

실습에 들어가기 전에 간단한 시험이 있었다. 오늘 할 등 근육과 신경, 혈관에 대해서 해부학 도감책 'Ciba'[4]를 보고 그림을 외어 와서 그리는 시험이었다. 처음에는 그림 두 개 그리기였는데 시험 도중 시간이 너무 많이 걸린다고 해서 한 개만 그리게 되었다. 이런! 두 개 외운다고 그렇게 고생했는데. 저번 첫 시간에 비해서 그렇게 덥지 않았다. 여전히 하늘에는 구름 한 점 없는 화창한 날씨가 무척 덥게 보였지만 날짜가 8월 24일이니만큼 태양의

---

[4] Ciba : 도면 위주로 나오는 해부학 교재.

고도 또한 그만큼 낮아졌을 테니까.

　실습실 한가운데 놓여있는 세 개의 관 뚜껑을 열고, 시신을 감싸고 있는 포르말린에 흠뻑 젖은 비닐 덮개를 벗겨 형체를 드러낸 시신은 저번과는 약간 다른 모습이었다. 앞쪽 피부가 거의 벗겨져 있어서 많이 쪼그라져 있었고 그만큼 시신 주위에는 시신에서 나온 듯한 다갈색 물이 여기저기 흩어져 있었다. 이미 시신이 된 지 6개월에서 1년이 되어 가는 시신이라던데 그래도 피부가 벗겨지니까 그 안에서 저렇게 더 나올 만한 물이 있는가 싶었다.

　오늘 수업은 등 쪽의 피부를 벗겨내고 등 근육들을 하나하나 관찰하고 확인하는 수업이다. 어제 외어 두었던 등 근육 도감이 조금씩 생각난다. 그걸 이제 하나하나 맞추어 보기 위해서 등 근육을 저번보다는 익숙하게 흠집을 내고 벗겨냈다. 등 쪽 피부는 배 쪽보다 훨씬 더 두꺼웠다. 이상하게 배 쪽보다 지방층도 훨씬 더 많은 것 같았고 그래서 피부 벗기기는 저번 시간보다 훨씬 빠르게 할 수 있었다. 시작할 때부터 오늘은 반드시 등 쪽 근육을 전부 확인해야 하니까 시간이 많이 지체될 수도 있다면서 열심히 하라는 교수님 말씀이 있었다. 그 말을 거꾸로 하면 오늘 할 것 다 못하면 집에 못 가니까 잘 하라는 말씀으로 들렸다. 이제 겨우 두 번째 해부학 실습 시간인데 포르말린 냄새에 대한 거부감은 약간씩 줄어들고 있었다. 그만큼 시신에 더 몰두할 수 있었고 따라서 효율도 좀더 높아질 것이다.

등 쪽의 근육은 크게 표면 근육과 심층 근육 두 부분으로 나눌 수 있다. 그런데 이 근육들을 보려면 우선 피부와 근육 사이에 있는 지방질을 다 걷어내야 하는데 그 넓은 등에서 지방질을 하나하나 다 걷어내기란 그렇게 쉬운 일이 아니었다. 아무리 포르말린 냄새에 익숙해졌다 해도 한 사람이 30cm 거리에서 20분간 계속해서 시신을 바라볼 수는 없었다. 눈도 따갑고 코도 따갑고 말을 하면 목도 따가워진다. 그래서 그런지 실습실에는 바로 옆에 울창한 화단이 있는데도 불구하고 파리나 벌, 나방 같은 날아다니는 곤충은 물론이고 개미처럼 기어 다니는 벌레들도 한 번도 본적이 없다. 사람도 이렇게 힘든데 하물며 저런 작은 곤충이야 오죽할까 싶기도 하다.

그래서 조 내부에서 몇 사람씩 교대로 작업을 했다. 등 쪽의 지방질을 벗겨내니 등 표면 근육들이 나타났다. 미스터 코리아들의 울퉁불퉁한 등 근육들처럼 크지도 않고 색깔도 그들과는 한참 다른 짙은 갈색이지만, 해부학 책과 비슷한 모양의 근육들이 하나씩 드러날 때마다 약간은 신기하기도 하고 나도 모르게 점점 흥미로워졌다. 지방층을 걷어내면 정말 책과 똑같이 근육들이 나타날까? 이런 엉뚱한 생각도 했었는데, 확실히 사람은 다 똑같은가 보다. 이렇게 내가 실습하고 있는 시신의 등 근육이 책에 나와 있는 사람의 등 근육과 똑같은 걸 보니 말이다.

승모근trapezius, 광배근latissimus dorsi, 견갑거근levator scapulae, 대

능형근rhomboid major, 소능형근rhomboid minor[5] 등등의 표면 근육들이 하나하나 확인되었다. 이 근육들이 어디서 시작되고 어디서 끝나는지, 그 근육을 지배하고 있는 신경들은 어디에 있는지, 산소와 영양분을 공급하고 노폐물과 이산화탄소를 제거해 주는 동맥과 정맥들은 어떤 모양으로 어떻게 통과하고 있는지도 확인해야 한다. 물론 너무 작아서 눈에 보이지 않는 부분들까지 볼 수는 없겠지만 커다란 구조물들은 가능하다면 다 확인해야 한다. 신경은 흰색이었고 혈관은 검은색으로 보였다. 신경은 마치 당면처럼 — 그것보다 훨씬 가늘었지만 — 보여 이것이 진짜 신경일까 하는 의심이 갔지만 혈관은 그래도 붉은 티가 약간 남아 있기도 해서 확신이 들었다.

예과 1학년 2학기 기말 고사 때 생물학 실험 수업에서 쥐 해부를 한 적이 있었는데, 쥐를 통째로 삶아서 모든 근육들을 다 벗겨내고 뼈를 맞추어 붙여서 쥐의 골격을 완성해야 하는 레포트였다. 그때 쥐의 뼈를 굉장히 세심히 만지작거리던 기억이 떠올랐다. 뼈에 붙어있는 근육muscle, 건tendon, 인대ligament 들을 전부 다 완벽히 떼내려면 그 구조물들이 뼈 어디에 붙어 있는 것인지 거의 자동으로 알 수 있었는데, 이제는 사람의 근육을 손으로 직접 만

---

[5] 어깨와 등 부분에 위치한 근육 이름들.

지게 되어 버렸다. 저번 시간 시작 전에 우리나라에서 사람의 시신을 해부할 수 있는 사람은 의사와 의대생, 그리고 치대생 뿐이라고 들었는데, 그렇다면 우리나라의 7만 의사와 2만 의대생 — 치대생은 몇 명이 있는지 잘 모르겠다. 대략 만 명 정도라고 한다면 — 을 합쳐서 10만 명 정도가 시신을 해부해 본 경험이 있는 사람의 수라는 계산이 나온다. 4천 7백만 명 우리나라 인구 중에서 십만 명 안에 내가 포함되어 있구나 하는 생각도 했다.

신체는 표면 근육에 비해서 심층 근육은 그 크기가 작고 또 구석에 있어 찾아내기가 쉽지 않다. 게다가 척추 부근은 굉장히 뾰족한 뼈의 특징상 근육들이 조밀하게 모여 있어서 그 근육들을 하나하나 다 찾아낸다는 것은 정말이지 힘든 일이었다. 사람의 근육을 전부 다 알아낸다는 것은 어쩌면 시신 한 구로는 아예 불가능할지도 모른다. 〈엑스파일〉에 보니까 근육이 보통 사람보다 하나 더 많은 사람이 있다는 말도 있던데 누가 알까, 아직 발견하지 못한 근육이 하나 더 나타날지도.

두반극근semispinalis capitis muscle, 흉극근spinalis thoracis muscle, 경최장근longissimus cervicis muscle, 늑간근intercostalis muscle, 요장늑근iliocostalis lumborum muscle, 흉반극근semispinalis thoracis muscle, 늑골거근levatores costarum muscle[6] 등등 근육이 너무 많았다. 확인할 수 있는 것보다 확인할 수 없는 것들이 훨씬 더 많아 애를 많이 먹었다. 이 근육들을 전부 찾아낸 사람들은 어떤 사람들일까? 이 지

독한 포르말린 냄새 속에서 약간씩 나오는 시취는 정말 메스꺼운데 온종일 소독약도 없이 시신을 완전히 해부하던 옛날의 그 해부학자들은 정말 어떤 사람들인지, 그리고 이걸 전부 다 확인하는 데 얼마나 시간이 걸릴지 무척이나 궁금해졌다. 아니 멀리까지 갈 것 없이 해부학 교수님은 사체 해부를 몇 구나 해 봤을까 싶다. 전에 해부 병리학과 레지던트가 그 과를 수료할 때까지는 부검을 최소 열다섯 번은 해 봐야 한다는 말을 들었는데, 그러니까 해부학도 최소한 10구 이상을 완벽히 해부한 경험이 있어야 마스터하지 않을까 싶다. 한 구에 열다섯 명씩 붙어도 이렇게 힘든데 혼자서 10구 이상을 해부하려면 얼마나 힘들까 짐작이 약간은 간다. 물론 10구라는 숫자도 내가 임의로 정해 버린 것에 불과하니까 실제로는 상상 밖으로 힘들 것이다.

두 번째 해부학 실습 시간은 6시 30분이 넘어서야 끝이 났다. 저번 시간처럼 시신을 똑바로 눕히고 포르말린에 젖은 비닐 덮개를 씌웠다. 워낙이 오랫동안 시신이 엎드려 있어서인지 얼굴이 약간 달라진 듯 보였다. 그래서 그런지 그렇게 고통스러운 듯한 인상도 서서히 퍼지는 것처럼 느껴진다.

사람은 도대체 왜 죽는 것일까? 죽는 사람이 없다면 살아있는

6 척추에 위치한 작은 근육 이름들.

사람을 직접 해부하게 될까? 아니 그것보다 다들 살 수 있는 나이가 똑같이 정해져 있고 그 사이에 아무런 질병도 없다면 더 좋을 텐데. 그렇게 되면 의학도 필요 없을 거고 이런 해부학도 더 필요 없을 텐데. 실습 시간이 끝나고 학생들은 집으로 돌아가도 저렇게 실습실을 지키고 있는 시신들은 더 이상 실습실에 혼자 있을 필요도 없을 텐데…… 하는 엉뚱한 생각도 들었다.

세 번째 해부학 실습 시간

오늘도 어김없이 실습 전 간단한 쪽지 시험이 있었다. 각자 자기 파트의 해부학 도해 그림을 한 장씩 외우고 그래서 10분 남짓한 시간 동안 그대로 그리는 테스트다. 저번 시간보다는 훨씬 공부하는 것도 쉬웠고 시험도 별 부담이 없었다. 점심시간에 잠시 외어 두면 충분했으니까 오히려 점심시간을 좀더 유용하게, 그리고 실습 시간을 효과적으로 보낼 수 있는 계기라고도 할 수 있을 정도였다. ─ 그렇게 많은 시험들 속에서 이제는 시험을 어느 정도는 필요하다고 느끼게 된 것 같다. ─ 시험이 끝난 후 다들 흰 실험복을 입고 실습실로 갔다. 이제 서서히 실험복에서도 미약한 포르말린 냄새가 배기 시작했나 보다. 아직 6주나 더 남았는데 벌써 이러다니.

오늘 우리 조가 할 내용은 가슴 부분의 지방질을 걷어내고 표면에 나와 있는 여러 가지 표재 신경cutaneous nerve과 혈관(특히 두부 정맥cephalic vein) 그리고 대흉근pectoralis major을 들어내고 그 안쪽 흉견봉 동맥thoracoacromial artery[7]과 그 가지들을 찾아내고 확인하는 것이다.

우리가 맡은 시신은 가슴 부분에 지방질이 거의 없었다. 옆의 조 시신보다 훨씬 젊은 나이였는지 근육들도 그 보전 상태가 나아 보였다. 시신의 키는 다 비슷한데 근육의 크기나 두께가 다른 시신과는 달리 좀더 컸다. 근육을 감싸고 있는 지방질들은 그리 두껍지 않게 빈틈없이 깔려 있어서 지방질의 부가 기능인 보온을 아주 성실히 완수할 수 있을 듯이 보였다. 더운 지방에 사는 사람이 지방질이 두꺼워 버리면 정말 어떻게 될까?

지방질 벗겨 내는 것은 정말 지겨운 작업이었다. 노란 지방질을 핀셋으로 하나하나 집어낸다는 것. 조원 세 명이서 한 명 한 명 교대로 그 일을 했다. 차츰 지방질 사이로 표재 동맥과 정맥들이 늑골 사이에서 나란히 드러나기 시작했다. 아직까지 어느 것이 동맥인지 어느 것이 정맥인지는 잘 구별이 안 갔지만 그래도 그게 혈관이구나 하는 정도는 확신이 든다. 검은 색의 약간은 굵

---

[7] 가슴과 어깨 부분에 위치하는 각 구조물.

은 이 혈관들이 바로 내흉 동맥internal thoracic artery의 표재 가지cutaneous branch일 것이다. 점차 드러나는 대흉근 근육pectoralis major만큼이나 시신 옆의 떨어져 나온 지방질들은 그 양이 늘어났다.

지방질을 벗겨 낼 만큼 벗겨 내고 드디어 대흉근을 들어내는 작업에 들어갔다. 흉골sternum[8]에 단단히 붙어 있는 대흉근에 살살 칼과 핀셋을 가까이 대서 조심조심 자르고 들어내기 시작했다. 근육의 시작 부분과 끝 부분은 뼈에 단단히 붙어 있지만 나머지 부분은 다른 구조물들과 붙어 있지 않다. 따라서 다른 구조물들과 마찰력을 감소시키는 얇은 막fascia으로 덮여서 근육과 근육의 경계가 약간은 쉬운 편이다. 물론 몸 속의 수많은 근육들 중 경계가 없는 근육들도 상당히 있다.

대흉근 아래로 손을 집어 넣어 보았다. 이럴 수가. 손이 이렇게 잘 들어가다니. 대흉근을 이제는 흉골에서만 떼어 내면 된다. 그러면 몸의 측면 쪽으로 근육을 젖혀놓고 몸의 중심부로 좀더 들어갈 수 있게 될 것이다. 그렇게 양쪽 대흉근을 떼어 냈다. 처음 하는 해부 실습인지라 아직까지 많이 어색했던지 대흉근을 덜어낼 때 그만 쇄골 하동맥subclavian artery을 끊어 버리고 말았다. 그쪽 동맥이 얼마나 굵던지……

---

8 sternum : 가슴 한가운데서 양쪽 늑골을 고정시켜 주는 뼈.

다른 부분에 비해서 우리가 맡은 가슴 부분은 오늘 할 일이 비교적 빨리 끝났다. 그래서 작업을 끝내고 한글 해부학 책을 보고 있는데, 재미있는 내용이 있었다. 흉골근sternalis muscle이라는 근육이 흉골sternum을 따라 나란히 붙어 있는데, 이 근육은 사람마다 달라서 있는 사람도 있고 없는 사람도 있다고 했다. 한국인은 미국인에 비해서 이 근육이 있는 사람이 15%가 더 많다고 하면서, 이 근육은 아마 큰가슴 근육이 아닐까 하는 설이 있다고 했다. 고릴라나 챔팬지의 커다란 가슴 근육이 바로 이 근육이란 말일까? 비교 해부학 과목이 우리 학교에는 없어서 전혀 다른 동물과 해부를 비교할 기회는 없었지만, 아마도 이런 것들을 하면서 진화에 대해서도 접근하는 것 같았다.

사람마다 근육 수가 다르다는 말은 무척이나 신기하게 느껴졌다. 지구에 예상 밖의 재난이 닥쳐와 많은 사람들이 원인 모를 이유로 죽었는데 그 중에서 흉골근이 있는 사람만 살아남을 수도 있지 않을까? 이런 근육 중에서 어떤 근육은 등 쪽에 있어서 아마 날개 기능을 하는 그런 사람이 탄생하지는 않을까? 인체공학과 유전학의 발달로 이제는 날개를 가진 채로 태어나는 사람이 생겨날 수는 없을까? 삼류 공상 소설에서 자주 등장하는 소재가 지금 이 상황에서만큼은 더 이상 삼류가 아닌 듯 느껴진다.

네 번째 해부학 실습 시간

실습을 시작한 지도 오늘로 2주가 지났고 점점 가을로 접어드는 날씨도 첫날보다 훨씬 더 시원해졌다. 점심시간이 되어서 오늘 할 부분을 체크하고 항상 있는 쪽지 시험에 대비하기 위해서 ciba 책을 펴놓고 그림을 외었다. 이런. 저번 때의 그림과 크게 다르지 않았다.

가슴 쪽 깊숙한 부분의 근육과 신경과 혈관을 체크하는 일이 오늘 할 일이고, 그래서 대흉근pectoralis major과 소흉근pectoralis minor을 모두 벗겨 내고 액와 부분겨드랑이, axilla region의 구조물들을 관찰하는 것이 오늘 가슴 파트의 과제다. 그렇게 할 일이 많은 것 같지 않다. 그게 다 약간은 익숙해졌기 때문에 이렇게 쉬워 보일지도 모르겠지만 다른 부분에 비해서, 특히 머리 부분에 비하면 엄청나게 쉬운 것임은 틀림없다. 머리 쪽 하는 애들은 워낙이 구조물이 복잡하고 좁은 데다가 다른 부분에 비해서 입체적이라서 조원들끼리 다투는 광경도 많이 봐 왔는데, 아직까지 가슴 부분은 전혀 그런 일이 없었다. 다들 성격이 워낙 좋아서 그럴지도.

소흉근을 젖혀놓는 일은 약간은 어려웠다. 흉골sternum에 붙은 쪽을 떼어 내야 하는데 그 붙은 면적이 너무 넓어서 정말 이곳을 떼어 내야 하는지 약간은 헷갈려서였다. 해부학 교재에서 다시 한번 확인하고 양쪽 소흉근을 떼어 냈다. 그리고 저번 시간 부분에서 찾은 여러 가지 구조물들과 연결해서 신경 다발이나 혈관들을 찾아내고는 했다. 그런데 너무 빨리 끝나 버렸다. 남는 시간에 그냥 좀 쉬기도 하고 잡담도 하고 다른 조의 다른 파트도 보고 그랬다. 머리 부분은 두개골만 남겨놓고 모든 피부를 다 덜어 내고 있었는데 머리의 정수리 부분 뼈는 굉장히 반들반들했다. 머리 가죽만 벗긴다는 인디언 부족이 있다던데 머리 가죽을 벗기면 저렇게 반들반들한 두개골이 나오는구나 싶었다. 이런 어린애 같은 생각을 하다니.

복부 부분은 드디어 배 피부와 근육과 근막fascia들을 전부 제거해 내고 내장이 들여다보이도록 바깥 부분을 다 제거해 냈다. 다음 시간부터 본격적인 뱃속 장기로 들어가는 걸까? 간은 역시 컸다. 바로 옆의 위나 아랫부분의 작은창자는 매우 물렁물렁했고 이미 숨을 거둔 사람의 것이라 속이 완전히 비어 있는 듯했는데, 간은 아직까지도 탄력성이 있었다. 단단한 편이었고 다른 장기와 많이 구별될 정도로 색깔도 좀더 검은 편이었다. 간은 인간에게 가장 크고 무거운 장기다.(1~1.5kg) 예전에는 간이 사람에게 가장 중요한 장기라고 믿었다는데 오죽하면 간을 영어에서는 살아있는 자liver 라고 칭했을까? 단 한 구의 시신을 해부해 본 허준은 이 크고 장엄한 색깔의 간을 보고 어떤 생각이 들었을까? 마음과 심장의 영어 단어는 heart로 서로 같다지만, 심장은 간에 비해서 많이 볼품없기에 그래서 한때 간이 인간의 마음이라고도 불렸다고 한다. 지금 내 눈으로도 간은 그만큼 대단하게 보였다.

다음 시간, 가슴 부분은 드디어 톱을 들고 늑골rip을 잘라 내고 심장과 폐로 접근한다. 그렇게 되면 이제 몸통 부분trunk의 모든 장기가, 그러니까 오장육부가 다 드러날 것이다. 오장육부가 뭐더라. 심장, 폐장, 위장, 간장, 신장, 대장, 소장, 비장, 이자, 쓸개 뭐 이런 것들이겠지. 식도도 들어가는 걸까? 한의대 다니는 친구한테 한번 물어봐야겠다. 전번 Q(의과대학교는 1학기를 다시 두 부분으로 나누어 1년을 4등분 한다. 그래서 quarter라고 부르는데 첫 자만 따서 Q라고 부른다)에 배운 신경과에서는 신경과 특징상 한의사들을 별로 좋게 말하지는 않던데, 어쨌든 오장육부가 정확히 뭔지는 알아 둬야겠다.

오늘 실습을 관장하시는 해부학 교수님은 이곳에 그리 오래 머무르지 않았다. 해부학 실습실 바로 옆에 자리잡고 있는 농구 코트와 근처에 굴러다니는 공은 우리를 실습실 밖으로 유혹하기에 충분했다. 실습한다고 한두 시간이 지난 후에, 농구하고 얘기하고 돌아다닌다고 한두 시간이 지나고, 결국 시간이 거의 6시에 다다르고 말았다. 그런데 오늘 P교수님은 약간은 좀 헐렁한 분위기인 듯 싶었다. 끝날 때도 안 오시고 너네들 알아서 청소하고 정리하고 끝내라 이러셨으니.

해부학 실습이 끝나면 다리도 아프고 무척이나 피곤해진다. 오늘은 실습보다 농구를 많이 해서 그런가?

다섯 번째 해부학 실습 시간

9월 3일이다. 완연히 가을로 접어들었다고 항상 느끼고 있었지만 해부학 실습실은 여전히 더웠다. 이유는 솔직히 정확히 모른다. 반 지하실 같은 실습실에 20명이 들어가도록 설계한 공간에서 40명이 넘는 학생들이, 더군다나 3구의 시신과 함께 있어서만이 아닐지도 모른다(과거 우리 학교 정원은 학년당 20명이었으나 96학년도부터 40명으로 늘어나게 되었다). 세상을 떠나 버린 이와 이렇게 가까이 있다는 사실은 한겨울이라도 춥지 않게 느낄 수도 있을 것이다. 아무리 해부학 실습에 익숙해져서, 그래서 소나기가 내리는 한여름 밤에도 혼자 작업할 수 있는 경지에 이르더라도 다른 장소와는 약간은 다른 그 무엇인가는 계속해서 느낄 수 있을 것 같다. 그게 무엇인지는 의학을 전공하는 전문가라도 잘 모르겠지만 분명히 무엇인가가 있을 것이다.

오늘 실습 시간은 조금 무시무시했다. 우리 조가 하는 가슴 부분은 늑골 위에 붙어 있는 모든 근육들을 제거하고 마침내 해부용 톱으로 늑골을 하나하나 잘라내는 작업이고, 머리 부분을 하는 조는 그 무게가 족히 20kg은 나갈 듯한 전기톱과 진공청소기가 붙어 있는 해부용 톱으로 관자놀이 부분과 광대뼈 부분을 절단하는 작업에 들어가는 날이다. 늑골을 하나하나 톱으로 자르는 일은 그렇게 어렵지는 않았다. 힘이 좀 들어서 그렇지 충분히 할 만했다. 더 욕심을 부려서, 다른 사람들이 없었다면 더 넓은 공간에서 더 자유로이 할 수도 있었을 텐데, 아직 우리는 그런 위치의 전문가가 아니니까 불평할 수도 없는 입장이다.

늑골 한 개를 톱으로 잘라내는 데 한 5분 정도가 걸렸다. 사람 뼈를 톱으로 슥슥 비벼댄다는 사실을 상기하면서 한다면 도저히 할 수 있는 작업이 아니다. 그저 지금 내 앞에 놓여 있는 진한 포르말린 냄새를 풍기는 이 갈색의 무언가는 사람도 생물체도 아닌 모조품이라고 생각하는 것이 제일 편했다. 아니 앞에 있는 것이 무엇이든지 전혀 아무 생각 없이 하는 것이 더 나았다. 톱으로 늑골을 한 반 정도 자르고 나머지는 손으로 부러뜨린다. 진짜 뼈 부러지는 소리가 들렸다. 따닥. 따닥. 그렇게 왼쪽 다섯 개, 오른쪽 다섯 개를 다 자르고 흉골각sternum angle마저 잘라서 살짝 가슴뼈들을 올렸다. 물론 잘 올라가지 않는다. 살살 그 안의 구조물들이(특히 혈관과 신경이) 끊어지지 않도록 조심스럽게 들어올린다. 근막fascia이나 근육 같은 것들은 적당히 절단해 나가면서. 그렇게 15분여 후에는 완벽히 늑골과 흉골의 융합체를 들어 올릴 수 있었다.

앞가슴벽anterior thoracic wall을 열면 그 안에 흉횡근transversus thoracic muscle이 있고 중요한 속가슴 동맥과 정맥internal thoracic artery & vein이 있다. 속가슴 혈관을 그만 잘라 먹고 말았다. 이렇게 혈관 하나하나 잘라 먹는 것도 워낙 많아서 이제는 별로 가슴이 철렁 내려앉는 일도 없어졌다. 오늘 수업 시작에 앞서 교수님이 농담 한 마디 하셨는데 우리 학교도 이제는 이 실습한 것을 가지고 사진을 찍어 책을 한번 만들어 볼까 하신다고 했다. 그런데 그 책 제목은 '못 말리는 해부학'이라 해서 진짜 잘해 놓은 도면과 우리가 한 도면을 나란히 놓아 비교하는 책이라는 것이다. 얼마나 웃기던지.

가슴 부분의 장기에는 폐와 심장이 있다. 식도도 있지만 그것은 몸의 한가운데를 지나기 때문에 아직은 보이지 않는다. 폐를 감싸고 있는 흉막parietal pluera과 심장을 감싸고 있는 심장막pericardium이 보인다. 가슴뼈를 들어낼 때 그렇게 완벽히 들어낸 게 아니라서 흉막이 약간 떨어졌다. 그 사이로 보이는 것이 사람의 폐겠지. 약간 물렁물렁했다. 짙은 회색 표면에 군데군데 검은 색선이 그어져 있었다. 아마 공해와 흡연 때문에 나타난 폐 조직의 위축atrophy일까? 폐는 안이 공기로 가득 차 있기 때문에 X-ray 사진으로 보면 항상 검은 색을 띤다. 그래서 그런지 바로 옆의 심장에 비해서 많이 부드러웠다. 심장은 엄청나게 딱딱했는데 심장의 기능상 당연히 딱딱해야 할 것이다.

수작업으로 톱을 사용하는 가슴과는 달리 머리 부분의 절단은 그 굉음도 엄청난 진공 전기톱으로 광대뼈 부분을 자르는데, 우리 모두의 시선이 저절로 집중되었다. 워낙이 위험한 도구라 그런지 교수님께서 손수 시신 3구의 모든 광대뼈를 잘라내 주셨다. 광대뼈가 저렇게 단단한 뼈였을까? 얼굴을 칠 때는 반드시 광대뼈를 때리라는 건 그래서일까?

    수업 시간이 다 끝나고 오늘도 어김없이 농구를 했다. 실습할 때는 거의 서 있다. 물론 막 움직이는 게 아니고 주로 서서 허리를 약간씩 굽히고 있다. 그래서 그런지 다리가 아파도 한 번 질펀하게 뛰고 싶어진다. 그리고 해부 실습과 전혀 상관없는 다른 무엇인가를 하면서 머리를 좀 비우고 싶은 마음도 든다. 그렇게 생각하는 것은 나뿐만이 아닌지 항상 해부학 실습 시간이 끝나면 학과 아이들과 함께 한 시간씩 농구를 하곤 했다. 이렇게 한두 번 실습이 더 지나면 다음 주 토요일에는 tagging test가 있는데, 솔직히 어떻게 대비해야 하는지도 모르고 있다. 어떻게 될까?

    새로운 세상에의 접근은 여전히 힘든 일이다.

여섯 번째 해부학 실습 시간

    해부학은 매주 월요일과 목요일 오후 시간에 수업이 있다. 시간표상으로는 5교시(1시 30분)부터 8교시(5시 20분까지)까지지만 실습 수업의 특성상 끝이 잘 보이지 않을 때도 종종 있다. 지금까지는 제일 늦게 마쳤을 때가 6시 30분에 불과하지만, 다음 주에 있을 해부학 시험에 대비한 수업과 그 준비는 시신과 함께 동침을 선언하게 될 학생들이 나올지도 모른다.

목요일 실습 수업은 P교수님이 오시는데 K교수님에 비하면 많이 헐렁한 교수님이기에 실습 시간이 자유로운 편이다. 그래서 오늘 실습도 참 많은 에피소드를 만들어 냈다.

실습실과 불과 10미터도 떨어져 있지 않은 농구장에서 휴식을 빌미삼아 많은 애들이 놀고 있을 때쯤 갑자기 교수님이 나타나셨다. 그런데 그때 농구장에는 학구파 여학생들을 비롯해서 한 15명 남짓한 학생들이 흰 가운을 입고 앉아 있거나 농구 코트에서 놀고 있었는데, 저만치서 교수님이 눈에 나타난 것이었다. 순간, 아무도 말이 없었는데 모두 동시에 실습실로 뛰기 시작했다. 15명 정도 되는 대학생들이 말없이 흰 가운을 펄럭이면서 동시에 실습실로 뛰는 모습은 정말 볼만했다. 나도 물론 그 안에 껴 있었지만 그 상황이 왜 그렇게 웃기던지. 실습실로 돌아온 우리 모습에 P교수님의 항상 그 근엄한 표정의 시선이 우리를 주시하고 있었다. 그런데 평상시와 똑같이 출석을 부르지 않음은 물론 아무 말씀 없이 다시 나가버리셨다.

교수님이 나가시고 애들끼리 참 즐거웠다. 키가 150cm밖에 안 되는 다섯 살이나 많은 모범생 누나가 제일 빨리 실습실로 뛰어 왔다느니, 제일 뒤에서 교수님도 우리처럼 막 뛰어서 마치 소몰이 하듯이 실습실로 들어오셨다느니, 그 와중에도 실습실로 뛰지 않고 가운을 살짝 벗고 2학년이 아닌 듯 실습실 밖에서 그대로 있는 학생이 있다느니, 잠시 우리 앞에 놓인 시신과 작업량을 잊고 웃어 가며 즐겁게 보냈다.

오늘 내가 할 가슴 부분의 작업은 허파 떼내기였다. 저번에 떼어낸 가슴 앞쪽의 흉골과 늑골에서 여기저기 틈으로 손을 넣어 허파를 통째로 들어내는 일이었는데 생각보다 어렵지 않게 들어낼 수 있었다. 물렁물렁하고, 검정색 선과 갈색 폐 실질로 이루어진 폐를 좀 무리를 해서 몸과 떼어냈다. 폐정맥과 폐동맥, 그리고 기관지bronchus를 실습용 칼로 잘라 내고 폐를 통째로 들어낼 때는 정말로 이게 책에 있듯이 그대로 나올까 싶어졌지만 해부학 역사가 어디 10년, 20년일까? 아마 인류의 시작과 거의 함께한 듯한 해부학의 기나긴 역사답게 교본대로 하니 그대로 나왔다. 폐 혈관들은 왜 그렇게 두꺼운지 마치 어린 아이의 새끼 손가락 굵기 같았다. 지금까지 본 혈관 중에서 제일 두꺼운 듯 보였다. 아직 대동맥과 대정맥을 보지 못해서 그런지는 모르겠지만 혈관이라고 하기엔…… 하여간 엄청나게 굵었다.

폐를 떼어 내자 등 쪽에 검은 두부 같은 뭔가가 잔뜩 들어 있었다. 이게 뭘까. 근육도 아니고 근막도 아니고 그렇다고 출혈로 인해 혈액이 굳은 건 더욱 더 아닐 거고. 아, 그러고 보니 폐장액pleural fluid이었다. 확인은 못했지만 거의 확신할 수 있을 정도였다. 양쪽 폐를 같은 방법으로 다 떼어 내고 관찰했다. 이상하게도 왼쪽 폐에 구멍이 뚫려 있었다. 이게 무슨 구멍일까 잠시 생각하다가 결론 내린 것은 이 사람의 사인이 아마 폐가 아닐까 하는 쪽으로 모아졌다. 폐가 좋지 않아 조직 검사를 하기 위해서 굵은 바늘을 찔러 넣어서 그 조직을 약간 떼어 냈기에 그 구멍이 뚫리지 않았을까? 이게 전에 배웠던 천자술paracentesis[9]일까?

오른쪽 폐는 세 부분으로 나눌 수 있는데 왼쪽 폐는 심장 때문인지 두 부분으로만 나눌 수 있다. 그렇게 폐를 나누는 데 구분되는 틈새fissure를 확인하고 심장막pericardium과 그 안에 있는 심장을 대강 상상해 보고 오늘 가슴 부분 실습을 마칠 수 있었다. 물론 가슴 부분만이다. 머리 쪽이나 다리 쪽 해부는 아직 그 끝이 잘 보이지 않을 정도였으니…….

일곱 번째 해부학 실습 시간

이번 주 토요일은 드디어 해부학 실습 tagging test가 있다. 의과대학교에서는 그리 드물지 않은 현미경 땡시[10] 형식이라는데 시신을 앞에 두고 치르는 해부학 실습 땡시는 처음인 셈이다. 그래서 이번 주는 토요일 시험 준비로 바쁜 주가 될 것 같다. 오늘은 그 주의 첫째 날이기에 다들 시험에 응한다는 생각에 눈빛이

---

9 천자술 : 기다란 관을 인체에 꼽아 조직을 채취해 내서 검사하는 방법.
10 땡시 : 한 문제당 주어진 일정한 시간 내에 풀어야 하는 시험.

약간씩 달라지기 시작했다. 그래서인지 항상 하는 해부학 실습 전의 간단한 쪽지 시험만 해도 다들 준비하는 자세가 보다 진지했다. 우리 조가 하는 가슴 부분은 오늘 할 일도 별것 없었지만 그래도 마냥 놀 수만은 없는 형편이다. 솔직히 토요일은 아직 멀었다. 오늘까지 합쳐서 5일이나 남았고 그동안 실습했던 해부학도 실은 예과 2학년 때 다 배웠던 내용의 실습에 불과할 뿐이다. 머리 부분을 제외하고 나면 양이 그렇게 많은 공부도 아닌 데다가 가슴 부분 만큼은 거의 완벽하게 이미 공부가 되어 있는 편이다. 그렇게 마음을 푸근하게 먹을 수도 있겠지만, 아무래도 처음 친다는 시험에 대한 약간의 공포는 아무리 나이를 먹고 학년이 올라가도 여전히 지워지지 않는 것 같다. 다들 나랑 비슷한 생각에서였던지 오늘 실습은 이탈자도 평소 때보다 적었다.

저번에 떼어 냈던 폐를 가지고 그 안의 구조물을 관찰하는 것이 오늘 가슴 부분의 과제였다. 그래서 자른 폐의 오른쪽과 왼쪽을 각각 해부학 도감도와 비교하면서 구조물을 외우고 다른 조 애들에게 말해 주고 그랬다. 폐동맥pulmonary artery과 폐정맥pulmonary vein 기관지bronchus, 림프관pulmonary lymph node을 중심으로 가장자리 쪽에 있는 폐인대pulmonary ligament와 기관지 동맥bronchus artery 등을 관찰했다. 왼쪽으로 약간 치우쳐 있는 심장 때문에 폐는 왼쪽과 오른쪽이 다르다. 오른쪽 폐는 세 부분으로 다시 나눌 수 있지만 왼쪽 폐는 두 부분으로만 나눌 수 있고 그 크기도 오른

쪽에 비해서 작은 편이라는 점을 염두에 두고 공부해야 한다.

그러던 중에 잠시 교수님께서 각조 가슴 부분 하는 애들은 모두 폐를 들고 오라고 하시길래 1조와 2조(2조는 내가 속한 조다)의 폐를 각각 해부해 보라고 하셨다. 기관지의 분지branch를 보기 위해서 기관지bronchus를 중심으로 폐 실질을 깎아 내어서 그 많은 분지를 관찰하라고 하셨다. 폐의 분지는 10개 층으로 되어 있다. 그러니까 2의 10제곱이라고 해서 계산을 해도 천 개가 넘는 분지가 나오고, 그 분지에서 각각 산소와 이산화탄소의 교환이 일어날 것이다. 폐의 표면적은 테니스코트의 넓이 만하다던데 분지가 저렇게 많기 때문에 그렇게 넓겠지. 지금부터 해야 할 것이 바로 그 수많은 폐 기관지의 분지를 확인해 보는 일이다. 이건 조직학microanatomy도 아니니까 그렇게까지 세부적으로 할 필요는 없을 것이고 그냥 좀 확인 정도만 해 보면 되겠지 싶었다.

시간이 차츰 흘러 5시 30분쯤이 되어서 저녁 먹고 다시 모였다. 가슴 부분은 할 일이 그렇게 없었지만, 오늘 다리 부분은 시신의 뒤쪽을 주로 하는 날이라 시신의 앞부분 실습을 끝내고 뒷부분을 해야 하기에 시간이 좀 지체되었다. 그러고 보니까 저녁을 먹고 다시 모이는 날은 처음인 것 같았다. 토요일 시험 준비도 조금씩 했다. 그리고 가슴 부분에 대한 스터디도 다른 부분 학생들에게 해 주고 나도 다시 정리해서 공부하고 그랬다.

시신의 눈을 한번 억지로 뜨게 해 봤는데, 이상하게도 눈 안에 하얀 실 같은 것이 있었다. 사람이 죽으면 안구가 저렇게 실처럼 변하는가 싶었는데, 사실은 그게 아니고 안구를 다른 사람에게 기증하고 눈 안에는 헝겊으로 채워 놓은 경우였다. 다른 조의 시신 눈은 안에 회색 흰자와 갈색 검은자가 약간 보였다. 그리고 보니 우리 조 시신은 정말 젊은 사람이 아니었을까? 안구를 다른 사람에게 기증할 정도의 사람이니까.

밤 9시가 넘어서야 실습실을 나왔다. 이제 해부학 실습도 반이 지났고 그동안 많이 파헤쳐진 시신의 모습답게 이젠 거의 〈엑스파일〉에만 나오는 외계인의 모습처럼 보였다. 해부학 실습이 다 끝났을 때는 정말 뼈밖에 안 남겠지. 어쨌든 빨리 끝났으면 좋겠다. 저 실습실 안의 지긋지긋한 냄새도 이젠 없어진다면 정말 좋을 텐데.

여덟 번째 해부학 실습 시간

특이하게도 1교시 수업 후에 곧장 해부학 실습 수업이 있는 날이다. 그러니까 2교시와 3교시, 4교시는 공강[11] 시간이 되어 버

---

[11] 공강 : 강의가 없는 시간.

렸는데 이렇게 공강 시간이 많은 날도 이번 학기 들어 처음인 것 같다. 1교시가 끝났을 때부터 실습실로 가서, 시신과 함께 해부학 공부하려고 했었는데 아직 실습실 문이 열리지 않아 들어갈 수가 없었다. 그러던 중에 학과 대표로부터 약간은 기쁜 소식을 들었다. 토요일 오전이 시험이라서 금요일은 문제 출제 관계로 실습실 개방이 불가하다고 들었는데, 시험이 토요일 낮 12시로 밀리는 바람에 금요일도 하루 종일 실습실 개방이 가능해졌다고 했다. 오늘이 시신을 볼 수 있는 마지막 날이라고 생각하다가 하루를 더 벌었다는 생각에 무척이나 마음이 푸근해졌다.

  오늘 가슴 부분 할 일은 계획상으로는 가슴 세로칸[12]에 대해서였지만 실질적으로 아무 할 일이 없었다. 가슴 세로칸을 공부하는 것이 불가능한 것은 아니었지만, 토요일 시험을 앞두고 괜히 더 작업했다가 공부할 양이 많아지는 것은 싫었기에, 세 개조의 각각 가슴 부분은 모두 일심동체가 되어 오늘 작업은 손 놓았다. 복부 부분도 각각 장기를 하나씩 다 떼어 내는 작업이지만 그렇게 되면 시험 볼 때 문제 출제가 힘들어지기에 오늘은 복부 부분도 그 작업은 하지 않았다. 그래서 가슴과 복부를 맡은 학생들

---

12 **가슴 세로칸** : 좌우의 흉막강(胸膜腔) 사이에 있는 부분으로 앞쪽은 흉골, 뒤쪽은 척추, 아래쪽은 횡격막에 의하여 경계지어진다.

은 작업 없이 그냥 공부만 했다. 스터디 듣고, 해 주고, 책과 비교해 보고, 그 구조물들 각각 외우고, 한 번씩 써 보고 다시 복습하고. 정말로 교과서적인 공부를 했다. 이론과 실제가 동시에 이루어지고 있는 의과 대학생들의 해부학 실습 공부였다.

예과 2학년 때 그렇게 어려웠던 해부학도 이제는 약간씩 제자리를 찾는 듯한 느낌이다. 난생 처음 들어보는 그 많은 용어들이 이제는 그 뜻과 역할에 따라 부쳐진 이름이라는 것을 온 몸으로 느낄 수 있다. 의학 용어를 공부하기 위해서 라틴어와 그리스어까지 간단히 공부했었는데, 이제는 약간씩 그 결실이 나타나는 것 같다.

오늘도 저녁 먹고 다시 모여서 또 공부했다. 다른 애들 스터디 하는 것 듣고 되새기고 외울 때까지 계속해서. 좁은 실습실이고 3구밖에 없는 시신에 마흔 명이 넘는 학생들이 붙을 만한 공간도 부족했지만 시신에서 뿜어 나오는 그 포르말린 냄새와 흉측한 모양은 한 사람을 시신에 그리 오랫동안 붙어 있게 하지는 않았.

다들 교대로 자리를 옮겨 가며 시신을 보고 손으로 만져 보고, 모르는 것을 다른 애들에게 묻고, 책 찾아보고, 그렇게 머릿속에 넣기까지 시간이 그리 많이 걸리는 것은 아니었다. 나는 오늘 가슴과 복부, 그리고 다리 부분의 공부를 했다. 어느 정도 자신이 붙을 때까지 그 세 부분만 하고, 나머지 머리와 팔 부분은 내일 하기로 했다. 머리와 목 부분이 제일 힘들다고 하지만 그거야 작업할 때 그렇다는 뜻이고, 시험에 대비해서 막상 외울 때에는 그렇게 외울 내용이 많지 않다고 들었다. 왜냐하면 중요한 구조물들을 처음 해 보는 실습의 미숙함 때문에 많이 짤라 먹었다는 것이다. 차라리 실습하기가 쉽다던 상하지 부분이 훨씬 공부할 게 많다면서 그 쪽이 더 어렵다고 했다. 그 말대로라면 내일 공부할 것은 생각보다는 많이 줄겠는데 싶었다. 첫 번째 해부학 실습 시험도 그렇게 자알 넘어갔으면 참 좋겠다.

아홉 번째 해부학 실습 시간

2001년 9월 17일이다.

이제 5번밖에 남지 않은 해부학 실습이니만큼 서서히 시신의 모습도 바뀌어지고 있다. 유난히 좋은 가을 날씨 속에서도 해부학 실습실 안은 약간 더웠고, 그래서인지 시신에서 풍기는 포르말린 냄새도 약간은 그 강도를 더한 것 같다. 이제는 그 냄새보다도 시신의 깊숙한 곳에서 서서히 나타나는 시취[13]라는 것이 조금씩 느껴지기도 한다. 워낙이 순간적으로 나타나는 것이라 표현

---

13 시취 : 시신의 냄새.

하기에는 아직 어려움이 많지만 이런 것이 시취일까 싶은 생각은 드문드문 들 때가 있다.

저번 주 토요일에 있었던 해부학 tagging test에 대한 교수님의 말씀이 잠시 있으신 후에(아직 매기지 않아 점수는 잘 모르겠다고 하셨다. 잘 못 친 것 같은데 큰일이다) 항상 하는 것처럼 간단한 도해 쪽지 시험을 치고 실습실로 갔다.

오늘 가슴 부분 할 일은 드디어 심장heart이다. 심장이라는 말에는 신체 기관으로서의 심장뿐만이 아니고 마음이라는 뜻도 있다. 가슴이나 양심, 마음, 영혼을 말할 때에 심장을 일컫기도 한다. 의학적 관점에서 보면 심장은 무척이나 단순하다. 사람의 내장 기관 중에서 아마 제일 단순한 기능을 수행하는 곳이 심장이 아닐까? 그냥 피를 돌리는 펌프질하는 역할이 거의 다. 인공 장기 중에서도 아마 제일 먼저 만든 것이 심장이고, 그래서인지 그 기능 또한 거의 완벽히 규명되어 있을 것이다.

이런 단순한 심장이 인간의 내면을 표현하는 한 통로로 된 이유는 그야말로 맥박이 있어서가 아닐까 싶다. 남에게 거짓말하면 자율 신경계 작용에 의해 빨리 그리고 더 힘차게 뛰는 심장은, 태초 인류에게 있어 신에 의한 일종의 벌이라고 느껴진 건 아니었을까? 피부 표면과 가까이 있기에 그 심장의 고동 소리를 외부에서도 잘 들을 수 있기에, 해부학적 지식도 별로 없었을 태곳적 인류에게도 심장은 가장 중요한 장기가 아니었을까 싶다.

어쨌든 심장을 들어 냈다. 폐혈관pulmonary artery, vein과 대동맥aorta, 상하행 대정맥superior vena cava, inferior vena cava을 잘라 내고 심장을 몸통과 분리해 냈다. 주먹 만한 크기라던데 내 주먹보다는 약간 컸다. 이 시신의 주먹이 내 주먹보다 커서 그런 것인가? 그게 아니라 심장이 좀 비정상적으로 커졌기 때문일 것이다. 사람이 나이를 먹으면 먹을수록 커지는 게 있다면 무엇이겠냐는 교수님 질문에 한 학우는 욕심이라고 대답한 적이 있었는데, 그런 정신적인 것 말고 신체적인 것으로는 심장과 전립선(남자의 경우)이라 한다. 혈관계를 총괄하는 심장이라 그 크기가 약간 커지는 것은 순환계의 이상을 말하는 것이기도 할 것이다. 나이가 들어가면서 점점 심장이 약해진다는 의미겠지.

그 심장을 들어내 심장의 각각 명칭을 책과 비교하면서 들여다봤다. 사람의 심장이 2심방 2심실인 것은 초등학교 때부터 배웠다. 이제 말로만 듣던 그 2심방 2심실을 겉으로나마 하나씩 바라보고 또 심장 주변의 그 엄청난 굵기의 혈관들 또한 눈앞에서 바라볼 수 있게 되었다. 대동맥과 대정맥의 비교는 너무 쉬웠다. 누가 봐도 알 수 있을 만한 혈관벽의 차이는 그 구분이 너무 뚜렷했고, 폐정맥과 폐동맥의 구별은 약간은 어려웠지만 붙어 있는 위치에 의해서 충분히 알 수 있었다. 그리고 심장에 붙어있는 심방귀right auricle, left auricle와 심장에 영양 공급을 하는 관상 동맥과 정맥coronary artery, vein, 심장을 감싸고 있는 심막pericardium 등을

면면히 관찰하고 실습을 거의 마쳤다.

    이번 주 토요일, 정신과 시험에 좀 신경이 많이 쓰인다. 인간의 내면과 외면의 경계선이라 할 수 있는 심장을 해부한 데서 정신적인 부담이 생겼을까? 아니면 그냥 정신과 공부하기가 싫어서일까?

열 번째 해부학 실습 시간

    저번 실습 시간에 이어 이번에는 심장의 속구조 관찰하기다. 심장의 내부를 관찰하기 위해서 우선은 심장 겉의 혈관들을 떼어 냈다. 그 혈관들의 가지branch들을 우선 떼어 내면서 관찰하고 (이 혈관들이 막히면 이른바 심장 마비가 되어, 즉사할 수도 있는 매우 중요한 혈관들이다) 심장을 심방과 심실 별로 가르는 작업이다.
    심방atrium은 심실ventricle에 비해서 매우 작았다. 그 막도 얇았는데, 사실은 심방의 막이 얇았다기보다 심실의 막이 두꺼웠다. 특히 좌심실의 막은 그 두께가 족히 2cm는 될 듯했다. 온몸에 혈류를 보내 주는 대동맥이 나가는 곳이 바로 좌심실이라 그 대단한 압력을 견디기 위해서 심벽이 많이 두꺼워야 한다는 진리를 이제야 눈으로 확인하게 된 것이다. 이에 비해서 무척이나 보잘 것 없는 심방은 얼마나 초라한 것인지…… 심장은 한 마디로 말해서 그냥 근육 덩어리인 것 같았다. 우리 몸에 있는 근육은 골격근skeletal muscle과 내장근visceral muscle과 심근cardiac muscle 이렇게 3가지로 나눌 수 있는데 그 중에서 골격근과 심근은 내장근에 비하면 매우 비슷하다. 이 사실을 확인이라도 해 보라는 듯 심장은 정말로 그 모양부터가 팔다리의 근육과 참 비슷하게 보였다.

우선 심방과 심실을 분리하기 위해서 그 앞에 달려 있는 대동맥이나 정맥 그리고 폐혈관들을 분리해 내고 해부용 칼로 조심스럽게 심방을 떼어 냈다. 속이 비칠 듯이 얇은 심방벽. 그리고 그 속에 아주 복잡한 전깃줄 같은 힘줄들…… 이게 뭘까, 정말 힘줄일까? 아마 심박 조율기pacemaker에서 나가는 통로일까? 아니 심방에서는 그 전기적 자극이 전달되는 길이 그리 많지 않다고 배웠는데 여기가 심실도 아니고 이게 뭘까? 마침내 이것은 심박 조율기에서 나가는 관은 아니라고 결론 내렸다. 단지 그냥 심방에 있는 근육들이겠지 싶었다.

심방과 심실에 있는 판막valve들은 심하게 손상되어 있었다. 아니, 손상인지 원래 그렇게 생긴 것인지는 잘 모르겠다. 해부학 책과는 워낙 다르게 되어 있었고 판막의 역할을 잘 못할 것 같았기에 손상된 듯 보인 것이다. 그렇게 심방과 심실을 분리해 내고 그 두꺼운 좌심실을 우심실로부터 잘라 냈다. 심실 안의 모양도 확인했다. 너무나 그 벽이 두꺼웠기에 오히려 내부는 좁았다. 동방 결절SA node과 방실 결절AV node을 거쳐 나오는 심장의 자율

박동 기능을 수행하는 여러 연결선들은 찾을 수가 없었다. 뭔가 찾긴 했기만 이것이 단순한 신경인지 아닌지의 구별이 거의 불가능했으니까.

바로 옆의 조의 복부 부분은 오늘 내부 장기를 모조리 각각 떼어 내는 작업이었다. 위, 소장, 대장, 간장, 췌장, 비장 등 신장을 제외한 모든 장기를 다 떼어 냈다. 장기 모양이 정말 책에서 본 것과 똑같았다. 이렇게 비슷하다니…… 그 중에서 단연 눈에 띠는 장기는 역시 간이었다. 인간의 장기 중 제일 크고 무겁다는 말처럼 다른 장기들과 비교하여 과연 군계일학이었다. 그런데다가 저렇게 무겁다니. 속이 저렇게 꽉 찬 간과 텅텅 빈 심장이 약간은 비교되었다. 이런 간의 기능이 확실히 규명되는 것은 아마 많은 세월이 흐른 후의 일일 거다.

다시 우리 조의 심장으로 돌아왔다. 이제는 3등분 된 심장 조각. 드라큘라 영화에 심장을 완전히 파괴해야 드라큘라가 죽는다는 내용이 있었는데, 저렇게 부서진 심장을 바라보니까 좀 마음이 안되게 느껴진다.

이제 심장도 끝나고 다음 주에는 식도가 나온다. 아마 가슴 부분의 거의 마지막 해부 실습이 아닐까…… 해부학 실습도 거의 끝나가는구나 싶다.

열한 번째, 그리고 열두 번째 해부학 실습 시간

사람의 몸을 팔, 다리, 머리와 목, 가슴, 복부 이렇게 다섯 부분으로 나누고 그중에서 내가 맡은 가슴 부분은 피부와 가슴 쪽, 등 쪽 근육, 폐와 심장, 여기에 연결되는 여러 가지 혈관들, 식도, 그리고 척수spinal cord로부터 뻗어 나오는 자율 신경계 등으로 다시 분류할 수 있다. 이제 남은 해부학 수업은 열한 번째와 열두 번째로 끝이 나고 마지막 남은 열세 번째 해부학 수업은 특정한 진도 없이 시험 대비와 복습으로 들어간다. 실질적인 마지막 수업인 셈이다.

열한 번째와 열두 번째 실습 중 가장 압권이었던 것은 뭐니뭐니 해도 머리와 목 부분이었다. 두개골skull을 열고 뇌를 꺼내는 과정과 안구를 적출하는 것은 일반인들에게도 단연 화재가 될 만한 소재일 것이다. 그 진공청소기가 붙어 있는 굉음의 전기톱으로 3구의 시신의 머리뼈를 하나씩 잘라 냈다. 그리고 그 안에 간직된 뇌brain, 이 뇌를 머리에서 완전히 덜어 내기 위해서 시신경 교차optic chiasm를 자르고 척수spinal cord와도 분리해서 대뇌cerebrum와 소뇌cerebellum, 뇌간brain stem을 동시에 들어냈다. 그렇게 한 사람의 시신에서 뇌를 들어내는 데 30분은 족히 걸렸는데, 시신이 3구이니까 다 합치면 한 두 시간 정도 걸린 것 같다.

세 개의 뇌를 각각 다른 단면으로 잘라 냈다. 1조의 뇌는 수평으로 자르고, 2조는 수직으로 자르고, 3조의 뇌는 앞뒤를 축으로 하나씩 잘랐다. 그렇게 뇌의 속 구조가 입체적으로 나타났다. 그러고 보니까 속 구조까지 입체적으로 자른 장기는 뇌가 유일한 것 같았다. 뇌의 한가운데의 뇌실ventricle은 정말 빈 공간이었다. 그 빈 공간에 뇌척수액cerebrospinal fluid이 가득 차 있다던데, (뇌척수액은 세상에 이런 맑은 물이 또 있을까 하는 정도로 맑았다) 혹시 뇌실은 인간의 진정한 마음이 아닐까 싶어진다. 그래서 잘못한 일 하나 할 때마다 그 맑은 뇌척수액이 조금씩 흐려지지는 않을까?

열두 번째 실습 시간에 안구 적출을 했다. 전기톱으로 두개골을 여는 것은 위험하기 때문에 교수님이 직접 다 해주셨는데 안구 적출은 학생들이 했다. 재작년에 모 선배가 안구 적출을 하던 날, 밖에는 소나기가 내리고 있었는데, 눈에 칼을 갖다 대는 순간 천둥소리가 나면서 반지하실 같은 실습실에 전기가 나갔다고 한다. 얼마나 놀랬을까 싶다. 물론 몇 년 시간이 흐르면서 과장이 좀 섞이기도 했겠지만, 그런 상황에 처해진다면 정말 평생 기억에 남을 것 같다. 그리고 보니까 그동안 우리가 실습할 때에는 비가 한 번도 오지 않은 것 같다. 실습 시간에 항상 실습실 밖으로 나가지 않았을 때가 없었던 것 같은데 그동안 가뭄이 들었나 싶다.

머리에 관해서는 인간이 아직 아는 것이 거의 없다. 머리에 대해서 아는 것이라면 손을 보고 손에는 손금이 있구나 하는 정도에 그친다고 한다. 그만큼 신비로운 머리를 오늘 내 두 눈으로 직접 만져 보고 관찰했다. 6개월에서 1년이 지난 시신의 뇌였지만 매우 몰랑몰랑했다. 원숭이 뇌를 아이스크림처럼 먹는다는 문화권이 약간은 이해되기도 했다.

끝나는 시간이 다가오면서 이제는 점점 어두워지는 저녁이 되어 간다. 시작할 때에는 안 그랬었는데, 사람의 시신을 직접 손으로 만지는 작업…… 나중에 시신 닦는 아르바이트 한번 해 볼까 싶어진다.

마지막 해부학 시간, 해부제

2001년 12월 14일은 그동안 우리가 공부해 온 해부학의 표본이 되었던 분들을 위한 장례식이 있는 날이다. 우선 그날 오후 1시에 학교 강당에서 장례 미사가 있었다. 그 장례 미사는 본과 2학년 생들이 나름대로 열심히 준비를 했다. 금요일 날 장례 미사가 있었는데, 월요일부터 그 미사 준비를 위해서 본과 2학년 전체가 학교에 모여 노래 연습을 했었다. 모든 미사 진행을 우리가 맡았는데, 그 중에서는 미사 사이사이에 특송과, 추모시를 발표하기로 했다. 나는 이날 미사의 반주를 맡았고(본래 반주자가 따로 있었는데, 양해를 구해서 내가 자청한 반주였다) 그래서 피아노가 있는 강당의 제일 앞자리에서 장례 미사를 지켜볼 수 있었고, 의미가 깊고 성스러운 장례 미사의 진행을 맡았다는 약간의 자부심도 가질 수 있었다.

아침 10시부터 학교로 와서 성가 연습을 했다. 그동안 연습해 왔던 것이 있어서 그날 아침은 리허설 형식의 막바지 연습인 셈이었다. 우리가 불러야 할 곡은 10곡, 전체 인원수 47명 중 20여 명만 참가하는 특송을 포함한다면 11곡이었다. 한 번씩 불러 보고, 잘 안 된다 싶은 곡은 몇 번씩 부르고, 마지막으로 한 번씩만 더 불러 보고 하는 데 총 두 시간 정도 걸렸다. 고등학교 때부터 서른 명 이상의 인원을 모아놓고 직접 노래를 가르쳐 보기도 하고 반주해 준 적도 많은데, 이렇게 별 불만 없이 잘 따라온 일도 참 드물었던 것 같았다. 모두들 무척이나 성숙해져 였을까? 아니면 해부학 발전을 위해 자신의 몸을 기증한 고인들에 대한 자연스러운 고마운 감정에서였을까?

점심은 건너뛰었다. 1시 미사를 위해서 시간도 약간은 부족했고 저녁 때 해부학 수업의 모든 과정을 다 마친 후의 회식이 있어서 그랬는지 모르겠지만 그렇게 밥 먹고 싶은 생각이 없었던 것 같았다. 간단히 빵이라도 하나 사서 먹으려다가 얼마 남지 않은 미사 반주 때, 이빨 사이에 낀 밀가루 때문에 신경이 쓰여 반주하는 도중 실수라도 하지 않을까 걱정이 되어 아무것도 먹지 않았다.

1시가 되어서 무거운 옷차림의 처음 보는 듯한 사람들이 학교로 왔다. 유가족들이라는 느낌이 들었다. 그들과 교수님들, 그리고 본과 2학년생들 모두 자기 자리를 찾아서 조용히 기다리고 있었고, 이미 모든 준비가 끝난 강당의 모습은 앞쪽에 놓인 세 개의 시신이 든 관으로 인해 무거운 기운이 감돌고 있었다. 피아노 앞에 앉아 미리 펴 둔 악보와 미사 진행표를 보면서 시작을 알리는 진행자의 말을 기다렸다. 검은 피아노에 비친 강당의 모습은 굉장히 엄숙했다. 몇몇 교수님들과 학장님, 유가족 여러분이 자리를 채우고 있었고 검은색 계통의 양복으로 정장을 한 본과 2학년생들의 모습이 아른아른 보였다.

이윽고 입당 성가와 함께 장례 미사가 시작되었다. 갑작스럽게 추모시 도중 배경으로 할 음악을 연주해 달라는 것 말고는 평상시에 하던 대로만 하면 된다. 정확히 언제 곡이 시작되는지 약간은 걱정스러웠지만 사회자가 안내를 하기로 해서 그리 염려되지는 않았다. 장례 미사의 특징상 봉헌 때 관 위에 헌화를 한다. 그 때에 쳐야 할 곡은 봉헌 성가인데 한 곡밖에 선정해 두지 않은 데다가 1절 밖에 없어서 많이 짧지 않나 걱정을 했었는데, 아니나 다를까 곡이 다 끝나갈 때에는 이미 3분의 1 정도밖에 헌화식이 진행되지 않은 상태였다. 같은 노래를 한 번 더 부르고 그 다음에는 그냥 나름대로 아무거나 쳤다. 약간은 슬픈 느낌의 곡을 그냥 잔잔하게 쳤다. 그렇게 무사히 헌화식이 끝났다. 성체 성가를 끝낸 후 특송을 부르고 고별의 시간이라는 순서가 돌아왔다. 장례 미사에 참여하는 건 처음이었는데 그때 유가족들이 관 앞에 나아가 묵념을 하는 시간이 바로 고별의 시간인 듯 싶었다. 그

때 딸처럼 보이는 한 유가족의 우는 모습이 피아노 악보대에 비쳐 얼핏 볼 수 있었다.

'휴, 정말로 장례 미사가 틀림없구나.'

3분의 고인 중 한 분은 유가족이 아무도 오지 않아서 우리가 그 빈자리를 채웠다. 유가족이 없어서일까? 왜 아무도 오지 않은 걸까? 왠지 자꾸 눈물이 나려고 했다.

미사가 끝나고 시신이 든 관을 미리 대기한 응급 운송차에 실어 화장터로 향했다. 응급 운송차는 꼭 앰뷸런스처럼 생겼는데, 그 안에 관이 들어갈 자리가 마련되어 있는 걸 보니 틀림없는 장의 영구차인 듯 싶었다. 그렇게 3대의 영구차와 대형 버스 한 대와 교수님들이 타시는 승용차가 대구시의 남부 정류장에 있는 화장터로 갔다. 낮 시간이라 그런지 대형 버스를 타고 갔지만 30분 정도밖에 걸리지 않았다. 도심 한복판에 화장터가 있을 것이라고는 생각도 못했는데, 이렇게 가까운 곳에 있다니. 시신을 화장하는 거의 1시간 동안 우리는 대기실에서 유가족과 함께 기다렸다. 마침내 화장이 다 되었다는 말을 듣고 대기실에서 그곳으로 가 보니, 굉장히 견고해 보이는 돌로 만든 듯한 벽에서 조그만 창문 크기의 문을 열고 시신을 올려놓은 듯한 받침대를 꺼내는 것을 보았다. 그 위에 있는 하얀 가루가 틀림없이 사람을 화장하고 남은 잔재다. 하얀 고운 가루와 아직 그 형체가 남아 있는 듯한 흰 뼈가 보였다. 아마 그 뼈는 대퇴골femur과 엉덩이뼈hip bone가 아니었을까 싶어졌다. 그 모든 것을 종이에다 싸서 작은 나무 상자에다가 담았다. 그리고 고인의 이름이 적혀 있는 흰 천으로 나무 상자를 쌌다. 미망인과 자녀 같은 사람이 옆에 있었다. 이제 10살을 겨우 넘긴 것 같은 여자 아이와 중학생인 듯 보이는 짧은 머리의 사내아이였다. 왠지 모를 연민의 정이 생겼다. 흰 천으로 싼 세 개의 상자 중 하나를 내가 받아 들고 다시 학교로 왔다.

무척이나 따뜻했다. 학교로 다시 올 때에는 대형 앰뷸런스를 타고 왔는데, 별로 급할 것도 없는 상황인데도, 사이렌을 켜고 학교로 왔다. 나는 앞자리에 앉아서 시신의 가루가 든 상자를 안고 있었다. 움직이는 차에서 소리 나는 사이렌을 이렇게 그 차 안에서 들으니까 평소에 듣던 사이렌 소리와 많이 달랐다. 도플러 Doppler의 법칙[14]이 적용되지 않는 상황에서 듣는 사이렌 소리를 이렇게 가까이에서 들은 적은 처음이었으니까. 지나가는 차들도, 횡단보도 위의 사람들도 전부다 앰뷸런스를 비켜 주고 있었다. 학교까지 가는 도중에도 상자속의 따뜻한 기운은 전혀 사라지지 않았다. 이상하리만큼 우울했다. 정말 자꾸만 울음이 나오려고 하는 것을 억지로 참았지만 울었다고 해도 누구 하나 이상

---

[14] Doppler의 법칙 : 움직이는 물체가 소리를 내면서 지나갈 때 그 소리를 정지된 상태에서 들으면 서로 다르게 들린다. 즉 다가올 때 들리는 소리와 멀어질 때 들리는 소리는 서로 다르다. 고속 도로에 가만히 서서 지나가는 차들의 소리를 들어 보면 쉽게 이해할 수 있다.

하게 생각하지 않았을 것 같았다. 학교로 다시 와서 그 상자를 학교 성당으로 가져갔다. 유럽의 대성당cathedral에는 이렇게 사람들을 화장하고 그 가루를 보관해 놓는 장소가 있다던데 그것은 캐터컴catacomb이라고 한다. 우리 학교 성당도 이 캐터컴이 있었구나 싶었다. 추운 겨울에 싸늘한 바람이 더욱 기분을 쓸쓸하게 만들고 있었다.

이로써 장례식에 관한 모든 일정을 마치면서 2001년 해부학 수업을 끝마치게 되었다. 2시간 후에 있는 회식이 이제 정말 마지막일 뿐이다.

기침과 가래, 폐암의 고통

호흡기 내과 실습 일기

2002년 3월 4일 월요일 맑음

첫 PK 실습을 도는 날이다. 그런 만큼 새롭기도 했고 힘들기도 했고. 오전에 1,2 교시 수업하고 3,4 교시는 비었는데 그건 나로서는 상당히 유용한 시간이었다. 책 주문하고, 가운 잘못된 것 체크하고, 예방의학과 교수님한테 수업 변경 통지 듣고, 사무과에 가서 명렬표와 실습 지침서 받고, 예과[15] 1학년 과대표와 연락

---
[15] 예과 : 의예과의 줄임말.

해서 대면식 시간 장소 통보하고 등등.

  수업은 힘들지 않았고 게다가 실습은, 1시 30분에 병원에 가 보니 4시 30분에 오라는 말이기에 세 시간 동안 시간 때우다 다시 병원으로 가 보니 30분 동안 그냥 좀 기다리라고 했다. 5시부터 5시 50분까지 호흡기 내과 회진 도는 것으로 오늘 실습을 끝마쳤다. 오늘부터 앞으로 2주 동안 호흡기 내과를 돌아야 하는데, 첫 인상이 상당히 간단한 편이다. 우리 병원 크기에 비해서 인력이 좀 모자라기 때문에 PK에게 크게 신경써 줄 사람이 많지 않아서인지 약간은 소외당한 느낌도 들곤 했다.

  회진 돌 때 민성기 교수님이 환자 등에 청진기를 대고 wheezing[16]을 들어 보라고 해서 한번 들어 봤는데 과연 wheezing같았다. 그때 꼭 가지고 있어야 할 청진기도 없었는데 다행히 태영 선배가 자기 것을 빌려 줬다. 청진기 끼는 법도 몰라 그냥 꼈더니 거꾸로라면서 바꿔 끼우라고 해 준 것도 태영이 선배였는데, 역시 가까운 선배가 있다는 것이 참 큰 힘이 되는 것 같았다. 나도 나중에 저렇게 힘이 되어 줄 수 있는 선배가 되었으면 좋겠는데.

  내일은 8시 50분까지 10층으로 오라고 했다. 생각보다 늦네. 7시 30분까지 각오하고 있었는데 겨우 8시 50분이라니.

---

[16] wheezing : 폐에서 들리는 천명음. 주로 천식환자에게 들린다.

PK 가운에 잘못된 옷들이 많아서 6시에 다시 옷을 맞추러 의복집 사람을 불렀는데 이 사람이 무려 50분이나 늦게 왔다. 그러고도 별 미안한 기색도 없이 뻔뻔스럽게. 내 옷은 괜찮았지만 과대표란 직책을 가지고 있어 그 아줌마에게 화를 냈다. 옷이 잘못된 것도 그쪽 잘못인데다 수선한다는 약속도 너무 늦게 말하고 왔으니, 대신 이름표 가격을 깎아 달라고 했는데 그렇게 딱 잘라 안 된다고 하다니. 앞으로 그 집에서 안 하겠다고 그 아줌마보고 해 버렸다. 아직 돈도 안 줬는데 한참 나중에 줘야지. 한번 당해 봐라.

집에 오는 길에 석환이하고 맥주 1,750cc 한 개 하고 왔다. 저녁 안 먹었는데 그냥 그걸로 저녁 때우고 안주 하나 먹고. 사실은 석환이가 내가 그 아줌마한테 화내는 걸 보더니, 내 기분 풀어주려고 같이 술 마셔준 것 같았다. 13,000원 나왔는데 자기가 사겠다고 하면서. 다음에는 내가 좀 근사하게 사야겠다.

오늘부터 쓰기 시작한 일기를 최소한 일 년간은 계속해서 써야 할 텐데. 그렇게 결심했고 이제는 그걸 꼭 지키고 싶다. 최소한 1년.

월요일은 오전에는 수업이 있고 오후부터 실습이라서 실습은 겨우 간만 봤지만 내일부터는 본격적인 실습이 시작될 것 같다. 뭐랄까? 기대감이랄까? 회진 돌 때 겨우 4,5명 환자밖에 안 봤지만 다들 늙고 병든 참 불쌍한 사람이었는데. 내일은 기분 상태가 오늘보다 가라앉을까? 그걸 평생 동안 하는 의사들은 어떤 느낌으로 환자를 대하는 걸까?

2002년 3월 5일 화요일 비

오전 회진은 박경욱 교수님과 레지던트 1년차에서 4년차까지의 4명과 우리 PK조 4명 이렇게 9명이서 입원 환자 25명을 돌았다. 25명이 많은 숫자인지는 감이 없었지만 그 회진 시간으로 세 시간이나 걸렸으니. 레지던트 샘[17] 말로는 박경욱 교수님이 원래 그렇다고 했다. 평소에는 두 시간이면 다 끝나는데 PK가 있어서 3시간은 걸린다고 했다. 시간이 많이 걸리는 것도 무리가 아닌 듯, 많은 것을 우리들에게 물어보고 숙제도 내고 그랬다. 환자들에게도 비교적 친절한 모습인 것 같았다. 레지던트한테도 자상한 것 같았고.

교수님이 한 10분 정도 자리를 비웠던 적이 있었는데, 그때 레지던트 샘들의 분위기를 느낄 수 있었다. 전혀 강압적인 것은 볼 수 없었다. 얼굴에 피곤한 기색이 역력하고 눈은 빨갛게 충혈되

---

[17] 샘 : 선생 또는 선생님의 속어.

어 있었지만 간간히 농담도 하면서 웃기도 하면서 일하는 것 같았다. 저 선배들은 정말 환자 보는 것이 천직이라서 저럴 수 있는 것일까?

12시까지 회진 돌고 점심 먹고 4시 30분까지 오라고 했다. 무려 4시간 30분이나 남아 있는 셈인데, 그러고 보니 어제도 4시 30분부터 시작한 셈이지. 호흡기 내과는 항상 오후는 이 정도 시간이 비는 걸까 싶었다. 금요일은 케이스[18] 발표한다 그랬으니까 다를 테고, 내일이나 모레는 아마 계속 이러겠지.

4시 30분부터 5시까지는 별 하는 일 없이 그냥 기다렸다. 내과 의국에 서서 시간 때우는 것은 그리 유쾌한 일은 아니었지만 그래도 조원 4명이서 같이 기다리는 일이기에 그리 힘들지 않았다. 5시부터 6시까지 저녁 회진을 돌았다. 오전처럼 그렇게 많이 또 자세히 한 건 아니고 한 명만 보고 끝났다. 왜 한 명만 봤는지, 그리고 교수님 없이 레지던트 4년차가 우리를 리드했는데 왜 그랬는지는 아직 전혀 아는 바 없다. 아마 시간이 좀 더 흐르면 이해될지도, 아니면 자연스럽게 그걸 받아들이게 될 지도 모르겠다.

오전에 환자를 앞에 놓고 교수님이랑 레지던트들이 토론을 하는 모습을 많이 봤는데, 사용하는 용어가 전부 의학 용어라서 환

---

18 케이스 : 특정한 한 환자가 가진 질환을 중심으로 그 질환에 대해 행하는 연구.

자는 절대 이해할 수 없는 말이다. 전혀 치유할 수 없는 말기 폐암 환자도 여럿 있었는데, 그네들 앞에서 치료법이 좀 힘들다는 말을 의학 용어로 하니까 어떻게 보면 좀 편리한 것일지도 모르겠다. 환자들이 소외감을 느낄 수도 있겠지만, 그래도 의학이 전문 분야라서 그 용어는 의료 전문인 말고는 전혀 알아들을 수가 없으니. 의학 용어를 한글로 전부 바꾸더라도 결과는 똑같을 거다.

집에 일찍 와서 부모님이랑 같이 저녁 먹었다, 병원 이야기 하면서. 7시에 무슨 회의 있다고 PK들은 전원 참석해야 한다고 연락이 왔는데 알게 뭐야. 지금이 7시가 넘었는데 지금 학교로 가서 뭘 하겠다고. 내일 뭔가 어떻게 되겠지. 근데 내가 과대표인데, 대표로 야단이라도 맞는 것은 아닌지 모르겠다.

2002년 3월 6일 수요일 흐리다가 맑음

오전 회진은 민성기 교수님이 했다. 어제 회진에서 박경욱 교수님이 무척 꼼꼼해서 거의 3시간이나 걸렸는데, 처음이라 이게 길게 하는 건지, 짧게 하는 것인지도 몰랐지만 오늘과 비교해 보니 엄청 길게 한 거였다. 오늘은 1시간 30분 만에 끝났으니. 민성기 교수님이 날림으로 한 걸까? 그냥 스타일이겠지.

오전 회진이 끝나고 레지던트 샘이 오후에 호출할 때까지 별

할 일이 없으니 케이스 준비나 열심히 하라고 했다. 그때 시간이 10시 30분이었는데 그렇다면 오늘은 완전 끝이란 말인가? 강의실로 돌아와서 이곳 저곳 돌아다녔다. 시간표 만드는 문제하고 각 과목 강의 계획 짜는 데 과대표로서 할 일이 많았으니. 그리고 주문했던 나머지 책들이 왔기에 받아 놓고 그러다가 점심 먹었다.

이제부터는 뭘 할까 하다가, PK가 되면 꼭 하리라고 마음먹었던 영어 공부하려고 도서관으로 올라갔다. 시간도 넉넉한 편이라 마음먹고 공부하려고 했는데 생각보다는 그리 많이 하지는 못했다.

케이스 준비하는 일로 애들이랑 그 준비 시간에 대해 논하다가 본4[19] 선배들에게 들으니 하루는 부족하다고, 오늘부터 해 놓으란다. 그래서 우리 조 애들이랑 같이 병원으로 가서 각자가 맡은 환자 차트를 베꼈다. 처음 하는 것이라 차트가 어디 있는지, 그리고 뭘 베껴야 하는지, 이래도 되는 것인지 전혀 아는 게 없었는데, 약간씩 눈치를 보면서 그냥 베끼고 있으니까 그래도 아무도 뭐라 하는 사람이 없었다. 10층 내과 의국에서 혼자 PK복을 입고 어정쩡하게 선 채로 차트 보고 다른 곳에 옮겨 적는 모습은 누구나 내가 초짜라는 걸 눈치챌 수 있을 것 같았다.

19 본4 : 의학과 4학년의 줄임말.

대강 양식에 맞추어 옮겨 적고 있는데 5시부터 방사선과에서 conference[20]가 있으니 PK들도 전부 참석하라고 했다. 시간 맞추어 가보니 4학년 PK 4명과 방사선과 레지던트 3명, 그리고 각과 교수님들이 속속 모여들고 있었다. 호흡기 내과 교수님 세 분 모두와 흉부외과 교수님 두 분, 임상 병리과, 해부 병리과, 정형 외과에서도 교수님들이 레지던트들과 오셔서 몇 환자에 대해서 질의 토론을 하는 것이었다. 처음 보는 광경이었고 또 교수님들 사이의 파워를 느낄 수 있는 좋은 기회라 생각하고 흥미롭게 바라봤지만, 아주 따뜻한 방사선과 판독실에서 OHP를 본다고 어두컴컴하게 만들어 버린 분위기상, 졸지 않을 수가 없었다. 실습을 시작한 지 이제 겨우 3일째라 그 정신적, 육체적 피곤함이 쌓여 있었는지 3학년 PK는 전부 다 조는 것 같았다.

   1시간 정도 회의 끝에 강의실로 다시 돌아와 저녁 먹고 모레 발표할 케이스 준비를 했다. 하다가 모지라는 자료가 있어 다시 병원 10층으로 가서 차트 내용을 옮겨 적기도 했다. 처음이라 이렇게 힘든 거겠지, 앞으로 케이스 발표도 어디 한두 번 할 것도 아니고.

---

[20] conference : 회의.

2002년 3월 7일 목요일 맑음

아침에 7시 20분까지 학교 간다고 6시에 일어났는데 가만히 생각해 보니 시간은 충분한 것 같았다. 평소에 8시 30분까지 가는 때라도 7시에 일어나는데 7시 20분까지 가는데 6시에 깼으니, 차 안 밀리는 걸 감안하면 여유 있는 편이지. 아침 먹고 신문도 다 보고 나섰는데 학교에는 7시 10분까지 충분히 도착할 수 있었다.

박상민 교수님이 하는 뭔가 신장에 대한 새로운 지식인 것 같았는데, 솔직히 PK를 위한 강의가 아니고 내과 레지던트를 위한 강의이니만큼 별 재미도 흥미도 없었다. 7시 20분까지 온다고 수고한 그 PK들을 위해서 출석 한 번도 부르지 않았으니, 아마 다음에 이렇게 아침 일찍 오라고 하면 빼먹을 PK들 참 많지 싶다.

오전 회진은 박나영 교수님이랑 돌았다. 박경욱 교수님은 천천히, 꼼꼼히 도는 스타일이고, 민성기 교수님은 무표정, 무관심으로 일관하는 데에 비해서, 박나영 교수님은 PK 앞이라도 전공의들을 무지하게 닦아 대는 스타일이었다. 꼬박꼬박 말을 높여 주기는 했어도 아직 젊은 여교수님의 날카로운 이미지가 여러 면에서 엿보였다. 재미있는 건 환자들 퇴원에 제일 신경을 많이 쓰는 것 같았다. 오늘 내일 퇴원하라는 환자가 전체의 한 1/5은 되었으니까. 박경욱 교수님이나 민성기 교수님은 퇴원하라는 말은 전혀 안 하던데.

　한 50대 아줌마가 입원을 했는데 무척 얼굴이 밝았고 사람도 좋아 보였다. 회진을 돌 때마다 무척이나 교수님이나 전공의에게 깍듯한 모습을 보였는데 병명은 말기 폐암이었다. 말기 폐암은 나을 수가 없다. 코메디언 이주일처럼 그렇게 될지도 모르는 병인데, 자신의 병을 그동안 잘 모르는 것 같은 느낌이 들었다. 그런데 오늘 박나영 교수님보고 '이제 퇴원하면 안돼요?' 이런 말을 하는 거였다. 후——, 퇴원이라. 저 사람 자기가 이제 곧 죽는다는 사실을 전혀 모르고 있구나. 다른 증상이 거의 없는 걸까? 말기인데 왜 저렇지? 무척 안됐다는 생각이 든다. 아직 젊은 나인데, 담배도 안 피는 사람이 왜 하필 암일까, 암 중에서도 제일 독하다는 폐암. 그런데 자기가 암에 걸렸다는 사실조차도 모르다니. 이제 퇴원하면 안 되냐는 환자 말에 박나영 교수님은 '아직 멀었어요.'이러고 그 병실을 나왔다. 앞으로 진단할 게 상당히 많다는 말이겠지. x-ray, CT, MRI부터 조직 검사까지 해야 할 거고, 그 후에 chemotherapy[21]를 할 것인지 수술을 할 것인지 그리고 방사선 치료도 해야 할 건지 결정해야 할 거고, 그 부작용과 환자의 의지력도 알아 봐야 할 텐데. 그런데 아직까지 환자는

---

21 chemotherapy : 약물 치료.

전혀 자신에 대해서 아는 것이 없다니.

그렇게 오전 회진을 돌고 점심 때에는 호흡기 내과 전공의들의 저널 발표하는 걸 참가해서 듣다가 오후에는 기관지 내시경을 참관했다. 기관지 내시경. 정말 아플 것 같았다. 저런 것 한 번 받으면 진짜로. 환자 신음 소리도 정말 상당했으니.

내일은 PK가 된 이후로 처음 하는 case 발표다. 상당히 걱정이 많이 된다. 박경욱 교수님이 휴가가고 안 계시다던데 그거 하나는 정말 잘된 거란다. 그래도 깐깐한 박나영 교수님이 계신데, 잘해야 할 텐데. 저녁때 교실에서 그동안 준비했던 case 발표 자료를 다시 훑어 보고 본4에게 물어보고 했다. 이거 몇 번만 더 하면 완전 도사된다던데, 뭐라도 처음하는 것은 힘 드는 거니까, 아마 다음 주 준비하는 건 훨씬 쉽겠지.

2002년 3월 8일 금요일 맑음

무척 맑은 날씨가 계속되고 있다. 얼마 전에 온 비 때문에 하늘이 굉장히 쾌청하고 공기가 맑아서 평소에는 잘 보이지 않던 저 멀리 팔공산까지 잘 보인다. 그렇게 날씨만큼은 좋은 날 아침 회진을 돌 때 사고가 터졌다. 준택이가 학교를 안 온 거다. 박나영 교수님하고 항상 있는 레지던트 선생님들 4분이서 같이 회진을 도는데, 끝나고 나서 교수님이 우리 보고 한 마디씩 했다. 왜 PK가 환자를 안 보냐고, 그러면서 공부를 하는 것 같지도 않는데 뭐하는 거냐고 그랬다. 다음 주에는 한 층에 한명 씩 꼭 환자를 보게 할 거라면서 가셨는데 가시고 나서 레지 3년차 선생님이 왜 무단 결석을 하냐며, 대구가톨릭대 학생들은 다 이러냐면서 화를 냈다. 그런데 오늘 ER[22]에서도 무슨 사고가 터졌다면서 김태영 레지 2년 선생님보고 화를 많이 냈다. 11시까지 내과 레지던트 1년, 2년차 전부 집합시키라고 하면서.

분위기 안 좋은 걸 뒤로 하고 강의실로 왔다. 그제서야 나타난 준택이. 평소에는 안 그러다가 오늘 왜 이러지? 핑계가 겨우 늦잠밖에 아니었을까?

오후에는 회진 후에 있을 케이스 발표 준비하고 도서관에서 영어 공부하고 그랬다. 난생 처음 하는 케이스 발표를 꽤 꼼꼼히 준비했는데 민성기 교수님 허무성은 정말 끝내줬다. 어제 친다던 oral test[23]도 '공부는 많이 했겠지?' 이 말 한 마디로 끝냈는데, 오늘 케이스 발표는 외래가 너무 늦게 끝나서 다음 주 월요일에 하잔다. 이런 일이…… 오늘 하루 종일 한 보람이 없어져 버린 셈이다.

22 ER : 응급실.
23 oral test : 구두 시험.

오전 회진에서 말기 암 환자가 박나영 교수님보고 '오늘 퇴원할랍니다. 시켜 주이소.' 라고 했었는데 보다 못한 교수님이 보호자와 얘기를 했다. 실상인즉 환자는 아직 자기가 폐암인 걸 모르고 있는 데다, 보호자는 지레 겁을 먹은 채 가망이 없으니 그냥 퇴원하고 싶다고 했다. 한 60세쯤 보이는 선량한 아저씨였는데 눈이 상당히 충혈되어 있었다. 말도 느릿느릿했고 환자처럼 인상이 참 좋았다. 그런데 저렇게 겁을 먹고 병원에 와서 한 건 아무것도 없이 퇴원시켜달라니. 반면 박나영 교수님은 무척이나 말이 빨랐다. 가뜩이나 서울말투라서 약간은 이질감이 드는 데다가 환자에게 퇴원하지 말고 검사 더 해보고 약물 치료라도 하자고 하는 모습은.

이렇게 병원 실습 첫 주가 끝난 걸까? 내일은 수업밖에 없는 날인데다가 토요일이다. 화창한 날씨 속의 토요일이 됐으면 좋겠는데.

저녁 회진 때 중환자실에서 몇 시간 전에 들어온 환자를 봤는데 상황이 무척 심각한 것 같았다. 무슨 병인지도 모르겠는데 아무튼 양 손가락과 한 쪽 발가락이 전부 없었다. 호흡기 내과로 들어왔으니 숨을 잘 못 쉬는 것도 틀림없을 거고. 무척 불쌍해 보였다. 무슨 병인지 인턴 샘한테 물어봤는데 잘 모른단다. 들어온 지 얼마 되지도 않았고 그렇다면서.

병원이란 곳, 정말 불쌍한 사람이 많은 곳 같다.

2002년 3월 9일 토요일 맑음

일주일 만에 다시 수업이 있는 날이다. 이제부터 월요일하고 토요일은 수업만 있는데, 다시 말하면 평소에는 계속 조끼리만 다니다가 토요일은 비로소 다른 애들도 좀 오래 볼 수 있는 시간인 셈이다. 학기 초에는 이런 날을 잘 챙겨 놔야 된다, 대표로서는.

김중규 교수님이 비뇨기과를 선택한 학생이 너무 적다고 시간표를 다시 짜라 해서 오전에 그 마이너[24] 시간표를 다시 짰다. 그거 짠다고 전에 얼마나 애썼는데 이걸 다시 해야 한다니. 다행히 1,2교시 수업이 거의 없다시피 해서 시간표 짜는 데 드는 시간 확보는 제대로 한 셈이었다. 다시 짜서 사무과에 넘기고 수업 복사물 돌리고, 전달 사항 말해 주고, 오전이 정신없이 지나갔다. 3,4교시에 예방의학 수업이 2시간이나 있었는데 손무경 교수님은 상당히 강의를 잘 하는 것 같았다. 학교의 장급이라서 학교 일에 신경을 많이 쓰다 보니 학생들에게 잔소리를 많이 해서 좁쌀 영감이라고 불리고 있지만 실력은 상당히 있다고 들었다. 앞으로 예방의학 공부를 좀 열심히 해야겠다. 나중에 내가 몸담을 학문이 될지도 모르니까.

---

[24] 마이너 : 내과, 외과, 소아과, 산부인과가 아닌 나머지 과들.

수업 후에 농구 하다가 다음 주 수요일 있는 공연[25] 대비해서 연습하고 있는 예과 2학년들 좀 살펴봐 줬다. 워낙이 실력 없이 열정으로만 하는 애들이라서 악보 보는 법조차 잘 모른다. 게다가 그저께 봤을 때는 악보 없이 그냥 외어 버린 기억만으로 합주를 하고 있었으니. 올해부터는 이드[26]에 관심 많이 안 두려고 했는데 이번 공연 때까지는 그렇게 못할 것 같다. 다행히 예과 2년생이 한다는 4곡 전부 웬만큼은 다 할 수 있는 곡들이라서 살펴봐 주기가 쉬웠다.

선배로서 후배들 연주하는 걸 들어 주고 뭔가 잘못하는 것을 고쳐 주려면 악보를 보고 해야지 그냥 들어서는 모른다. 그건 괜히 폼만 잡는 일일 뿐이다. 진정한 실력자라면 몰라도 학생 수준이라면 질내 그러넌 안 된다고 생각한다.

오늘은 개강 전부터 준비해 온 대면식이 있는 날이라서 학교에서 계속 있다가 경북대 후문 대면식 장소로 갔다. 6시 정각에 도착했는데 놀랍게도 신입생 전원이 다 와 있었다. 우리 학년들은 아무도 안 온 상태였는데. 이건 예상은 했지만 그래도 좀 뜻밖이었다. 신입생들, 저렇게 바짝 얼어 있다니. 대면식은 거의 한 7시가 되어서 신입생 소개로 시작되었다. 45명 신입생 각각 소개

---

[25] 매 학기초에는 항상 그룹사운드 동아리에서 신입생 환영 공연을 가진다.
[26] 이드 : 그룹사운드 동아리.

듣고, 간단히 우리 본과 3년생들 소개하고 그리고 술 진탕 마시고, 2차 가고. 2시가 넘어서 모든 행사들이 다 끝났다. 오늘 얘기한 후배가 기현이, 승욱이, 정헌이, 준후, 성은, 백진이, 민수 등이었다. 거의 한 10명과는 얘기했지 싶은데 지금 기억나는 건 이 정도네. 올해부터 신입생들이 본교에서 수업하는 바람[27]에 이제 얘들을 보고 내년이나 되어서 다시 볼 수 있다. 내가 얘네들을 내년에도 기억할 수 있을까? 얘네들은 그 수많은 선배들 중에서 나를 다시 기억해 줄까?

2002년 3월 11일 월요일 맑음

월요일 오전 수업 4시간은 이제 겨우 두 번째지만 참 듣기 싫었다. 1,2교시는 황석순 교수님이었고 3,4 교시는 구정완 교수님이었는데 두 분 다 참 학교에서 둘째 가라면 서러울 정도의 졸음 제조기다. 특히 구정완 교수님은 매뉴얼도 없이 불 끄고 수업했는데, 집중하기가 왜 그렇게 어려웠던지. 게다가 슬라이드기가

---

[27] 대구가톨릭대 캠퍼스는 3군데(남산동의 신학대학 캠퍼스, 대명동의 의과대학 캠퍼스, 그리고 경산시 하양읍의 본교 캠퍼스)에 흩어져 있는데, 작년까지는 의예과 학생들이 대명동의 의과대학 캠퍼스에서 수업을 받았으나, 금년부터는 40km 떨어진 하양의 본교 캠퍼스에서 공부하게 되었다.

고장나서 본과 4학년 교실에서 빌려왔는데 그것마저 불량품이었다. 사무과에 가서 다시 새 슬라이드를 가져오긴 했지만 정말 귀찮았다. 이런 것도 과대표가 하는 일이라니.

병원에 4시 30분까지 가서 한 실습은 무척이나 간단했다. 저번 금요일 날 해야 하는 케이스 발표는 오늘도 또 미뤄졌다. 회의실에 다른 팀이 먼저 하고 있어서 민성기 교수님이 또 내일로 미뤘다. 거참.

우리 병원 의사들은 의대 교수들이라서 보통 병원 의사들보다 할 일은 훨씬 더 많을 것 같다. 학생들 수업하고, 시험치고, 점수 내고, 또 PK들도 돌봐야 하고, 외래 환자도 있고, 입원 환자도 있고, 응급실에 중환자실, 외과 의사들은 수술도 해야 하고. 외래만 보면 되는 개업의에 비하면 하는 일이 몇 배 더 될 것 같다. 그런데도 돈을 더 많이 받는 것도 아니고 요즘 개원의[28] 수입의 거의 1/3 정도에 그치고 있으니. 하긴 개원의는 병원을 경영해야 하니까 좀 다른 일들이 있겠지, 게다가 인턴과 레지던트 없이 혼자서 모든 일을 다 해야 하는 그런 것도 있을 테고.

내일은 케이스 발표를 할 수 있을까? 이렇게 미룰 바에야 차라리 이번 주 금요일 날 하면 좋겠는데 그건 솔직히 기대가 너무

---

[28] 개원의 : 개인 병원을 개업한 의사.

크지.

낮에는 마이너 시간표 때문에 김중규 교수님 만나서 한소리 들었다. 저번에는 아무도 비뇨기과를 선택하지 않아서 다시 짜라고 해 놓고 다시 짰더니 이번에는 너무 많다고 다시 짜라니. 하여간 학기 초에는 과대표가 정말 할 일 많은 건 사실이다. 나니까 이 정도지 예과 1학년 과대표는 정말 오죽할까? 하양에서 여기까지 왔다 갔다 하는 것만 해도 여간 일이 아닐 텐데.

2002년 3월 12일 화요일

아침 회진은 휴가 끝나고 다시 돌아온 박경욱 교수님 덕분에 장장 3시간 동안이나 진행됐다. 주말에 많은 환자들이 퇴원하고 새로 들어왔는데 저번에 그 말기 폐암환자도 퇴원한 것 같았다. 완전히 포기한 걸까? 이제 퇴원해서 각종 민간 요법들 쓰고 있겠지. 좀 가슴 아프다. 떠나야 할 때를 아는 사람의 뒷모습은 아름답다고 하던데, 뒷모습이 아름답지 않아도 되니 떠나가지 말았으면 좋겠다. 하긴 그게 불가능하니까 뒷모습이 아름답다고 하는 것인지도.

박경욱 교수님은 정말 꼼꼼한 것 같다. 하나 둘씩 30여명은 되는 환자들을 저렇게 챙기다니. 한 사람 당 거의 7분 꼴인가? 그 정도면 엄청 긴 시간인 듯, 민성기 교수님이나 박나영 교수님은 2분도 채 안 걸리는데.

점심 먹고 케이스 발표를 했다. 민성기 교수님은 외래 환자 때문에 처음부터 참관 못하고 레지 3년과 4년차 선생님들 앞에서 했다. 내가 제일 먼저 했는데 발표가 끝나고 HRCT[29] 소견에 대한 질문은 대답 못했지만 그래도 잘 했다는 말을 들었다. 처음에 발표해서 그 칭찬이 정말 칭찬처럼 들리지는 않았지만 그래도 그럭저럭 괜찮은 것 같았다. 첫 발표인데 꾸중 안 들은 게 어디야?

케이스 발표는 4시에 했는데 끝나고 나니까 겨우 5시 정도밖에 되지 않아 오후 회진 참가하려고 하니 박문규 4년차 샘이 그냥 가라고 했다. 확실히 호흡기 내과는 헐렁한 과임에 틀림없다. 레지던트 샘들도 다 저렇게 마음이 좋으니. 교수님들도 뭐 거의 마찬가지고. 박경욱 교수님하고 회진 돌면 좀 피곤하다는 거야 뭐 어쩔 수 없는 거니까.

집에 일찍 갈려다가 도서관에 가서 어제 새로 산 해리슨[30] 신판 보고 영어 공부 좀 하면서 시간 보내고 왔다. 일찍 가 봤자 집에서 별로 할 일도 없고 차만 많이 밀리니까. 다만 저녁 사 먹는 수고를 해야 한다는 것만 빼면 학교에 있는 것이 훨씬 낫다.

---

29 **HRCT** : 고화질 CT 촬영.
30 **해리슨** : 의대생들이 가장 자주 보는 내과학 원서.

내일 이드 신입생 환영 공연이 있는 날인데, 후배들 연습은 잘 되고 있겠지. 내일 공연은 꼭 가 봐야겠다. 뒤풀이는 어떡할까? 가도 되겠는데, 갈까?

2002년 3월 13일 수요일 흐림

박나영 교수님 회진 돌 때 PK도 환자 한 사람씩 맡아서 보고 하라던데, 어떻게 해야 하는 건지 모르겠다. 그리고 두 번째 케이스 발표도 슬슬 다가오는데 의국에서 차트는 베껴 놓았지만 이번에는 박경욱 교수님이 직접 관전할지도 모른다. 이번에도 저번처럼 잘 넘어가야 할 텐데.

PK생이 된 지 얼마 지나지 않았지만 호흡기 내과 사정은 이제 조금은 알 것 같다. 이틀만 더 돌면 호흡기 내과는 영영 끝이지만 아직 다른 내과는 많이 남았으니. 근데 병원 생리는 별로 나랑 안 맞는다는 생각밖에 없다. 환자들 그 커다란 가래 뱉는 소리나 기침 소리는 다른 것에 비하면 약과니까. 중환자실의 신음하고 있는 환자들이나 말기 암으로 이제 치료할 수 있는 것이 아무것도 없어 그냥 포기하고 있는 환자들을 보면 솔직히 도망하고 싶을 뿐이다. 나중에 의사가 돼서 오늘 내일 하는 환자들 수백 명씩 보면 이 기분 없어질까? 그런데 그런 기분은 꼭 없어져야 되는 걸까? 꼭 그래야 하나?

2002 3월 14일 목요일 맑음

화이트데이라고 다들 떠들어댔다. 저녁에 아빠가 화이트데이가 3월 14일이라서 3.14를 딴 파이π 데이라고도 한다던데 나보고도 그걸 알고 있었냐고 물었다. 몰랐는데 나중에 보니 오늘 신문에 난 기사 내용이었다. 발렌타인데이는 분명 서양 풍습인데 화이트데이도 서양에 있는 날인지 좀 궁금했다. 이름이 화이트데이가 뭐지? 좀 촌스러운 걸 보면 우리나라에서 만든 것 같은데 왜 그렇게 유명한 날이 되어 버렸는지. 블랙데이나 로즈데이, 키스데이보다는 훨씬 더 유명한 날이니.

산부인과를 도는 조, 녀석들이 여자 레지던트들한테 사탕 선물한다고 5천 원씩 거두는 걸 봤다. 잘 보이려고 하는 것 같던데. 하긴 산부인과는 여자 레지던트 선생님들이 많은 데다 한 달이나 도니까 잘 보이면 좋겠지. 내가 도는 호흡기 내과는 전부 남자밖에 없는데다가 우리 조는 오늘하고 내일만 견디면 호흡기 내과 끝이니까, 발렌타인데이가 있었더라도 아무것도 안 줬지 싶다.

내일 있을 케이스 발표 때문에 컴퓨터가 필요하긴 한데 학교에서 발표 준비하는 건 좀 어려울 것 같아 집에 와 버렸다. 학교에서 다른 애들하고 같이 준비하는 게 제일 좋지만 4대밖에 없는 컴퓨터를 차지하는 경쟁이 치열해서 집에 올 수밖에 없었다. 오랜만에 집에서 저녁 먹고 케이스 준비했다.

이제 겨우 두 번째 케이스 발표 준비하는 건데도 지난주보다는 속도가 빨라졌다. 이렇게 1년 내내 한 주일에 한 번씩 계속하는 거라면 진짜 도사 될 거 같다. 앞으로도 점점 익숙해지겠지.

2002년 3월 15일 금요일 맑음

오전에는 박경욱 교수님하고 회진을 돌았다. 왜 그렇게 힘들었을까? 10시 30분부터 본과 2학년 수업이 있어서 끝났기에 망정이지 그것마저 없었다면 정말 상상하기도 싫다. 9시부터 시작된 회진이 1시간 30분 동안 참 질문 많이 받았다. oral test를 회진 때 한다고 하더니 그 환자들 병명으로 그렇게 희한한 문제를 만들어 물어 보다니. 대답을 못해 많이 혼났다. 준택이는 대답 잘한다고 칭찬들은 것 같았는데 나를 비롯한 나머지는 다 아니었다. 끝에 가서는 아는 걸 좀 묻기에 대답을 했지만 이미 차 떠난 후 같았다.

그런데 10시 30분쯤에 박경욱 교수님이 회진을 레지 4년차에게 맡기면서 다른 과에 가더라도 열심히 잘하라는 뜻으로 오늘 좀 심하게 한 거니까 PK 샘들은 너무 마음에 두지 말라는 말까지 했다. 와, 저런 면도 있었나? 학생들 달래 줄지도 아시다니.

오전 회진이 끝나고 강의실로 돌아오는 길에 우리끼리 궁시렁 댔다. 이번 예과 1학년 과대표가 박경욱 교수님 아들인데 내년에 대명동 캠퍼스로 오면 가만 안 놔둔다고. 농담반 진담반으로 말이다.

점심 때는 레지던트 저널 발표가 있어 그거 참관하고 김밥 얻어먹었다. 일주일에 한 번씩 이렇게 계속 저널 발표라는 걸 하는구나. 새로운 지식을 끊임없이 받아들이려는 노력이겠지. 그런데 시간이 없어서 이렇게 점심시간에 김밥 먹어가면서 하는 모습이란. 나는 상관없지만 나이 50이 넘은 교수님들의 저런 모습은 솔직히 좀 안돼 보이기도 했다. 정말 의사란 평생 공부하면서 지내는 그런 직업이라서 그런 걸까? 개업의들은 저 정도는 아닐 텐데.

오후 케이스 발표는 간단하게 끝났다. 박나영 교수님 하고 우리 조원들 4명 이렇게 5명이서 스터디룸에 들어가 했는데 1시간만에 네 케이스 발표가 끝났다. 물론 교수님이 일부러 시간을 그렇게 맞춘 거겠지만 아무튼 별일 없이 끝난 셈이다. 호흡기 내과 2주를 이제 마쳤다. 그동안 bronciectasis[31]하고 asthma[32]를 케이스 발표로 공부했고 해리슨 원서 좀 읽어본 거하고, 파워 내과[33] 몇 번 본거, 작년에 공부한 매뉴얼 몇 번 본 것으로 2주를 마치게 되었다. 호흡기 내과 환자들, 다들 나이도 많이 들었고, 절대 낫지 않는 환자들도 많았으며, 보호자들도 아예 포기하고 퇴원하는 경우도 있었다.

2002년 3월 16일 토요일 맑음

아침에 김승환 교수님 수업이 2시간 있었는데 수업 시간 중에 난데없이 나를 칭찬했다. '역대 과대표 중에서 아마 가장 침착하고 차분한 과대표가 아닐까?' 이러시면서 나를 추켜세워 주셨다. 내가 앉는 자리는 제일 앞 OHP기 옆 자리인데 오늘 약간 OHP가 좀 희미하게 보이자 나보고 포커스를 맞추라고 하셨는데 내가 보기엔 포커스가 잘못된 게 아니고 OHP기 위에 놓아둔 슬라이드 가장자리 부분이 약간 들려서 그 부분만 좀 희미할 뿐이었다. 그래서 슬라이드기를 OHP 중간 쪽으로 옮겨놓았는데 즉시 OHP는 선명히 보였다. 그 모습에 애들이 약간 웃었는데 그걸 보고 교수님이 훌륭하다고 말씀하시면서 내 칭찬이 시작된 거다.

---

31 bronchiectasis : 기관지 확장증.
32 asthma : 천식.
33 파워 내과 : 원서 해리슨을 번역 요약한 책.

기분이 무척이나 좋았다. 예전 예과 2학년 때 그때 내가 과대표 할 땐 과대표가 게으르다는 말을 수업 도중에 했었는데 그 일을 교수님이 기억할 리는 만무하다. 벌써 몇 년 전 일이니까. 아마 그때 그런 꾸중이 있어서 김승환 교수님을 대할 때는 나도 모르게 조심스럽게 행동했고 그게 겉으로 드러났기에 이런 칭찬을 받은 걸까?

    토요일 오전 수업 후에는 항상 농구를 한다. 작년에도 거의 일주일에 2,3번씩은 꼭 했었는데 이젠 실습 학년이라 평일에는 양복을 입고 있는 데다 워낙 조별로 움직이기 때문에 다 같이 모여 농구 같은 단체 운동을 할 시간이 없어져 버렸다. 그런데 토요일은 편한 옷 입고, 시간에 별 구애받지 않는 유일한 날, 이렇게 뛰는 날은 일주일에 이제 하루뿐. 수업 후에 뛰는 4대 4 농구 경기는 정말 재미있었다. 20점 내기 농구에서 거의 더블 스코어로 이겼는데 득점의 반 정도는 내가 하지 않았을까? 더구나 더블 클러치로 득점하는 순간은 참 통쾌했다. 내 인생에 농구가 있기에 어두울 때도 밝아질 수 있게 되었을 거다. 이렇게 재미있는 무엇인가를 계속 개발하고 새로 만들어야 할 텐데.

세상에서 의사는 모두 사라져야 한다

순환기 내과 실습 일기

2002년 3월 18일 월요일 맑음

그렇게 맑은 날씨가 이제 조금씩 흐려지고 있다. 그러고 보면 날씨가 흐려지는 게 아니고 잠시 걷혔던 매연이나 다른 공해 물질들이 서서히 제자리를 찾는 건 아닐까 한다. 자동차가 60만 대는 넘는 도시에서 매연도 엄청나겠지. 그러니까 호흡기 내과를 찾는 환자도 그렇게나 많지.

이제 오늘부터는 순환기 내과다. 지난 2주간 호흡기내과는, 뭐 그냥 그렇게 지나갔지만 이번 2주는, 솔직히 잘 모르겠다. 순환기 과정은 내가 의과대학에 들어와서 아마 제일 열심히 한 과

목이 아니었을까. 그런데 지금은 다 까먹고 제대로 기억해 낼 만한 것이 하나라도 있을지. 그래서 이것저것 다시 보고 그래야 할 텐데.

순환기 내과 레지던트 4년차인 이지민 선생이 차근차근 설명을 해 줬다. 앞으로 2주 동안 무엇을 어떻게 해야 하는지. 제일 기본적인, 몇 시에 병원에 와서 뭘 해야 하는지. 호흡기 내과보다는 체계가 더 잘 잡혀 있는 것 같았다. 아마 좀더 까다롭겠지. 솔직히 호흡기 내과는 정말 거의 긴장되는 때가 없었을 정도였으니까.

스케줄대로 각자 움직이려고 했는데 조은정 샘이 신환[34] 왔다고 신환 보고를 하라고 했다. 신환 보고? 다른 조에서 하는 걸 들은 적이 있어서 대강 어떤 건지는 알겠는데 해 본 적이 없다. 어떻게 하는 걸까 참 막막했는데 은정이 선배가 너무 잘해줬다. 레지던트 1년이라면 제일 바쁠 때일 텐데, 그렇게 자기 시간을 할애해 주다니. 형식에 맞추어 신환 보고서를 작성하는 데 거의 2시간 정도 걸렸다. 다 하고 나서 호출하라고 하던데 나름 하고 나서 연락했더니 이것저것 친절하게 가르쳐 주었다. 환자가 워낙 머리가 아프다고 그래서 제일 끝에 impression[35]란을 내가 신경과 transfer[36]라고 적었는데 그렇게 적은 게 자기하고 똑같다면서

---

34 신환 : 새로 입원한 환자.
35 impression : 진단명.

참 좋아했다. 이상하다. 내가 좋아해야 할 것 같은데.

　신환 보고서 작성한다고 PK 생활 3주 만에 직접 환자를 만나 과거력과 현재 어디가 어떻게 아픈지 묻고, 청진까지 해 봤다. 옆에 보호자들이 근심스러운 얼굴로 날 세심히 바라보던데, 솔직히 아는 거 없이 아는 체 하려니까 좀 그랬다. 처음에는 다 이렇겠지.

　오후 5시쯤에 순환기 내과 사람들이 다 모인 자리에서 신환 보고를 할 때, 교수님이 내 신환 보고서가 잘 되어 있었다고 칭찬했다. 청진 상 심잡음[37]이 들린다고 적었는데, 솔직히 정말 심잡음을 들은 게 아니다. 그게 들리면 당장 레지던트 2년 수준급이니까. 차트 진단명에 MS[38]도 있기에 그냥 그대로 적은 것뿐인데, 그리고 심잡음이 들린다고 청진 결과를 넣으니까 그걸로 칭찬까지 하다니. 약간 비꼬는 칭찬이었을지도 모르지.

　그래도 기분 좋았다. 역시 우리 학교 선배들이 잘 해 주는 것 같았다. PK들에게도 원래 말을 높여야 하는데 우리 학교 선배들은 말을 자유롭게 후배들에게 할 수 있으니 아무래도 다른 학교 출신들보다 훨씬 더 편하게 말할 수 있겠지. 저번에 호흡기 내과 때 태영이 선배도 잘 해 줬는데. 내가 만약 다른 병원으로 가면 이런 이

---

[36] transfer : 이송.
[37] 심잡음 : 심장에서 들리는 비정상적인 소리.
[38] MS : 승모판 경화증(심장 안에 있는 판막이 딱딱하게 굳는 질환).

익은 없겠지? 혼자서 모든 것을 다 알아서 해야 될 테니까.

2002년 3월 19일 화요일 맑음

순환기 내과가 호흡기 내과보다 훨씬 더 헐렁하다는 것을 오늘 확실히 알았다. 아침 회진, 저녁 회진 빼고는 다른 특별한 게 없으니까. 회진도 호흡기의 박경욱 교수님처럼 3시간씩 하면서 질문하는 사람도 없고 다 1시간 30분 만에 끝인데다가, 앉아서 있는 시간도 있으니. 등교 시간이 8시까지라는 거 빼면 다른 건 훨씬 낫다. 아침에 일찍 일어나는 것이 별로 힘들지 않는 나로서는 오히려 일찍 시작해서 일찍 끝나니까 더 좋은 편이다.

오전 회진 후부터 오후 회진 전까지 실질적으로 자유 시간이었다. 계획표상 holter ECG[39]를 봐야 한다고 되어 있었는데 오후에는 holter ECG 하는 사람이 없다나? 좀 불친절한 간호사의 말이었다. 앞으로 2주 동안도 하고 싶은 거 하면서 보내야지. 오후에 도서관에 앉아 『성문기본영어』 보고, 라디오를 듣기도 하다가 해리슨 보다가 저녁 회진 참가했다.

---

[39] holter ECG : 휴대용으로 가지고 다니면서 24시간 동안 검사하는 심전도.

때때로 마주치는 호흡기 내과 레지던트 샘들은 왜 그렇게 반가울까? 저 사람들만 보면 친정에 온 듯한 느낌이다. 다들 인간성도 좋은 것 같고. 지금 있는 순환기 내과 레지던트들도 괜찮지만 그래도 정들어서인지. 그건 그런데 순환기 2년차 김동준 샘은 솔직히 너무 더럽다. 회진 돌고 있는데 184는 될 듯한 키로 뻘쭘하게 서서 코딱지 후비는 모습이란. 난 못 봤지만 우리 조 애들이 김동준 샘이 손으로 귀지 파내서 입으로 훅 불어 날리는 광경을 몇 번 봤다고 했다. 거참. 저래가지고 어떡하나?

호흡기 내과는 환자의 1/4은 폐암 환자였는데, 순환기는 암 환자가 없어서 참 좋았다. 심장에는 암이 거의 없다. 의학에서는 100%라는 말은 절대 쓰지 않아야 하는데 심장암은 거의 100% 없다고 해도 될 것 같다. 그리고 폐암에 비하면 심근 경색도 가벼운 병이 아니지만, 순환기는 아무래도 고혈압 같은 만성적인 병이 많은 것 같아서, 분위기가 호흡기보다는 약간이나마 좋은 것 같다.

낮에 남는 시간에 공보의 카페에 들어갔다가 거기서 공보의에 관한 거의 모든 정보가 다 들어 있는 법조문을 뽑아냈다. A4로 50장이 넘는 방대한 분량이었는데 글자 크기가 좀 커서 그렇지, 무척 많은 양이었다. 졸업 후 공보의 진출에 대해서 이제 심각히 고민해 보고 그 가능성을 타진해 봐야 할 테니까.

시간 날 때마다 봐야겠다. 빨리 졸업했으면 좋겠는데.

2002년 3월 20일 수요일 맑음

저녁 회진 전에 journal conference가 있었는데 순환기 conference 분위기는 정말 화기애애했다. 김병극 교수님하고, 조은정 1년차 레지던트 샘하고 이규민 3년차 샘 이렇게 3명에서 3개의 저널을 발표했는데 이동익 교수님이 참 열심히 듣고 이상한 것 있으면 질문도 하고 그랬다. 1시간 남짓한 시간 동안 2년차 김동준 샘은 계속 졸다가 코 후비다가 졸다가 코 후비다가 이렇게 다 보냈으니. 184는 됨직한 키에 좀 말랐지만 인상이 참 어딘지 약간 모자란 듯 했다. 소문에 의하면 집에 돈이 그렇게 많다던데, 덕분에 1시간 동안 참 재미있었다. PK가 회의 때 할 일이란 그렇게 남의 얼굴 쳐다보는 거니.

journal conference 때문에 저녁 회진이 끝났을 때는 7시 30분이나 됐다. 지금까지 아마 제일 늦게 끝난 시간이 아니었을까 싶다. 소아과나 산부인과, 일반외과 같은 데는 거의 밤새는 PK들도 있는 것 같던데, 우리 조는 솔직히 요즘 너무 편한 것 같다.

저녁 먹고 도서관에서 1시간 정도 『성문종합영어』를 보고 영어 듣기를 하다가 집에 돌아왔다. 이어폰이 고장 나서 한 쪽에는 안 들리던데, 그걸 또 어디 가서 고쳐야 할까. 골치다.

2002년 3월 21일 목요일 흐림

황사가 몰아쳤다. 최악의 황사라고 떠들어 대던데, 내 생각에도 이런 황사를 본 적이 없다. 밖에도 제대로 못 나가고 황사 뿌리는 중국 원망만 하면서 보냈는데, 저녁 뉴스에 보니까 황사의 긍정적인 면도 많다고 했다. 토양의 산성화를 막고, 양분 증진에도 도움이 된다고 하면서 식물의 발육에 상당히 좋다고 했다. 그래? 그냥 기관지 천식 있는 사람이 불편해도 감수해야 되나?

호흡기 내과에 환자들 엄청 많이 왔겠다. 앞으로 이 황사가 심하면 더 심해지지, 약해지지는 않을 것 같은데 호흡기 내과나 안과, 이비인후과가 엄청 뜨겠지? 토요일까지는 없어졌으면 좋겠는데, 그때는 수업하고 농구해야 되는데 말이다.

오전 회진 때 명진이가 늦었다. 출석 점수가 깎이느니, 그런 말들이 레지던트들 사이에서 오갔다. 휴. 그러고 보니 우리 조가 너무 날라리 조라는 인식이 스며들지나 않았을까 싶다. 잘해야 할 텐데, 그동안 좀 심했나? 오전까지만 해도 이렇게 생각했었는데 오후에는 이 생각이 완전히 없어졌다.

1시 30분에 이지민 샘한테서 연락이 와서 좀 긴장했는데 알고 보니 이번 주 일요일 날 있는 순환기 내과 학회가 우리 학교 주최로 하는 것인데, PK들이 준비하는 데 좀 도와달라고 했다. 300장 정도 되는 카드에 도장 찍고 숫자 쓰고 그러기를 1시간 정도 하고 저녁 때 중국 요리 얻어먹었다. 탕수육에 깐풍기에 볶음밥에, 5명이 가서 그렇게 많이 먹었다. 그때 이지민 샘한테 병원 일들 물어 보고, 요즘 의사들 동향도 물어 보고, 내과 관련 질문도 많이 하고 했다. 이렇게 PK 때는 현역 의사들과 자연스런 접촉을 통해 더 많은 걸 알게 되는구나 싶었다.

그거 얻어먹고 다시 내과 에코[40]실로 가서 좀 더 도왔다. 이름표 만들어서 끼워 넣고 참가하는 의사들 면허 번호 체크하고, 다 하고 나니 8시 30분이나 됐다. 어제보다 1시간이나 늦게 끝났다. 일할 때 이지민 샘이 우리 조는 일을 많이 했으니까 점수를 잘 줘야겠다면서 농담처럼 웃으면서 얘기했다.

순환기 내과 2주간도 참 술술 넘어갈 것 같다. 그 다음은 산부인관데 그게 좀 문제라면 문제지.

2002년 3월 22일 금요일 맑음

황사가 좀 줄어들었다. 낮에는 비도 잠시 왔는데 그 비 덕분에 무수한 모래더미가 땅에 내려앉겠지. 내일은 토요일인데, 수업

---

40 에코 : 초음파.

끝나고 농구해야 되는데, 황사가 완전히 다 걷혀야 할 텐데.

다음 주에는 부활절 휴가[41]가 있는 주라서 본과 1, 2학년들은 수업이 월, 화, 수요일 밖에 없는 주다. PK는 휴일 없이 계속 진행되는 줄 알고 있었는데 작년에는 학생들이 담합해서 부활절 휴가를 챙겨먹었다나 어쨌다나. 이번에도 꼭 그렇게 챙겼으면 좋겠다. 다음 주에 월, 화, 수요일만 병원 간다면 얼마나 좋을까? 내일 수업 후에 애들 모아 놓고 그 얘기나 한번 해 봐야지.

순환기 내과 입원 환자는 19명으로 되어 있었다. 다들 2002년 2월 말이나 3월 초에 입원한 환자들인데, 한 환자는 2000년 6월에 입원한 것으로 되어 있었다. 세상에, 거의 2년이나 계속해서 병원 생활을 하고 있다니. 얼마나 답답할까? 이제는 그 답답함이 거의 당연하겠지. 입원비는 얼마나 나올까? 몇 천 만원은 나오지 않을까.

오늘 회진 돌 때 그 환자를 좀 눈여겨봤다. 정말 병원에 찌든 모습이었다. 보호자도 옆에 있는데, 왜 퇴원시키지 않는 걸까? 내가 아직 잘 모르는 무슨 사정이 있겠지. 외래 진료가 불가능한 어떤 환자겠지. 낮에는 진단명을 봐 두었는데 잊어 먹었다. 휴.

순환기 내과 환자들은 전부 공통적으로 가슴이 아프다고 한다. 가슴이 아프면 angina[42]아니면 MI[43] 둘 중에 하나다. 30분 이

---

41 **부활절 휴가** : 항상 일요일인 부활절 전 목, 금, 토 이 3일간의 휴가를 말한다.
42 angina : 협심증.

상 아프면 MI고, 아프다가 말고 그러면 angina고. 그런데 angina나 MI나 둘 다 진단을 확실히 하려면 angio[44]를 하는 것 같던데, 그건 진짜 힘들게 보였다. 멀쩡한 사람도 angio 한번 하면 왜 그렇게 힘이 쭉 빠져 가지고 다 죽어가는 사람처럼 아파 보이는지. 아직 좀 더 많은 걸 알아야겠다. 환자들이 정말 좋아지는지도 꼭 체크하고 말이다.

내일은 토요일이니까 실습 없는 날.

2002년 3월 23일 토요일 맑음

다음 주는 부활절 휴가가 끼인 주다. 본과 1,2년 때라면 목, 금, 토 이렇게 3일간은 노는 날인데 그 휴가를 만들어 보려고 본과 4학년 과대표하고 박상민 교수님 찾아갔는데, 결과는 참 좋았다. 교수님이 '휴가는 노는 날이 휴가다.' 이렇게 말씀하셨으니까. 각 조별씩 도는 과에 가서 허락을 맡아야 한다고는 하셨지만 1차 관문은 무난히 통과한 셈이다. 난 그거 알아본다고 예방의학 수업 시간 중에 나갔는데, 솔직히 애들은 그렇게 많이 좋아하는 것

---

43 MI : 심근 경색증.
44 angio : 심장 혈관을 보기 위한 진단 기구.

같지는 않았다. 어떤 조는 놀고 어떤 조는 안 노는 게 별로 좋지 않는 거 아니냐는 말까지 하면서.

젠장 그럼 뭐 어쩌란 말야? 꼭 휴일까지 다 같이 노는 거 아니면 다 같이 안 놀아야 되는 건가? 솔직히 이런 면에서 의대생들은 너무 꽉 막혔다. 나는 안 노는데 다른 애들 노는 게 배 아파서일까? 나는 노는데 다른 애들이 안 놀아서 미안해서일까? 과가 같아도 노는 애들도 있고 안 노는 애들이 있을 수도 있지. 그걸 꼭 그렇게 해석해야 하나? 괜히 휴일 한번 만들어 보려고 나 혼자 고생한 건가? 별 보람도 없이?

어쨌든 우리 조, 순환기 내과 팀만은 목요일부터 놀아야지. 절대 다른 조 눈치 안 보고 레지던트 샘한테 우리 놀겠다고 말해야지. 도무지 꽉 막힌 놈들.

2002년 3월 25일 월요일 맑음

황사가 끝났나 보다. 날씨가 맑고 화창해졌다. 저녁 때 회진 돌면서 김인정 교수님보고 넌지시 목요일부터 부활절 휴가라서 금요일 날 있는 케이스 발표를 당겨 달라고 했더니 그러라고 했다. 이제 완전히 보장 받은 셈이다. 아직 레지던트 샘들에게는 말도 못 꺼냈지만, 김인정 교수님이 다 하는 거니까. 뭐.

오전 수업 끝나고 저녁 회진 돌기 전에 조 애들이랑 노래방에 갔다. 별로 재미는 없었지만 그래도 산뜻했다. 계속 65 뭐라고 하는 국번의 전화가 오기에 병원에서 오는 건 줄 알고 안 받았는데 나중에 마음 단단히 먹고 받아 보니 병원이 아니고 정혜[45]한테서 온 거였다. 휴. 긴장했는데 다행이다. 정혜가 내일 저녁 사 준다고 했는데 그래서 저녁 먹지 말고 8시까지 오라고 했다. 수요일 날 하는 케이스 준비 좀 일찍 해 놔야겠군.

부활절 휴가가 생기면 목요일 우리 조 애들이랑 매화산에 등산 가려고 했는데 게을러터진 준택이가 자꾸 안 간다고 그랬다. 귀찮다는 이유 하나로. 이런 말도 안 되는.

부활절 휴가를 챙기는 과가 일반외과, 산부인과, 내분비 내과를 제외한 내과 전 파트로 확대됐다. 명실공이 본과 3학년 전체의 휴일이 된 듯하다. 이 일을 추진했던 과대표로서 참 뿌듯했다. 소아과 팀이 자기들만 못 놀게 됐다고 좀 그러던데, 걔들 진짜 안 됐다. 남들 다 노는 3일 휴가를 하루도 못 챙겨 먹다니.

---

[45] 한 학년 아래에 있는 사촌동생.

2002년 3월 26일 화요일 맑음

가슴이 따끔따끔 아파서 병원에 온 환자는 거의 순환기 내과로 온 것 같다. 아니 거꾸로 말하면 순환기 내과 환자 대부분은 다 가슴이 따끔따끔 아파서 온 사람들이다. 가슴이 아파서 밤에 잠도 못 잔 환자나, 평소에 그렇게 가슴이 아팠는데 방치해 놓고 있다가 길에서 갑자기 쓰러져 병원으로 실려 온 환자도 있다. 그런 환자들은 뇌에 산소 공급이 장시간 안 되었기 때문에 완쾌가 불가능할 수도 있다. 벌써 2주째 병원에서 말도 제대로 못하고 잘 알아듣지도 못한 채, 대소변도 보호자들이 받아 주면서 지내 온 40대 아저씨도 한 명 있다. 진짜 불쌍하다, 환자도 보호자도.

환자들 나이는 대부분 60대 이상인데, 오늘은 뜻하지 않게 엄청 어린 환자를 봤다. 그것도 중환자실에서. 어린아이 울음소리가 들리기에, 환자 아들이나 손자려니 했는데, 뜻밖에 4살은 되었을까 싶은 어린이 환자였다. 그 옆에 30대 쯤 되어 보이는 젊은 아버지가 간호하고 있던데 진짜 안 돼 보였다. 저렇게 조그만 아이가 뭐가 잘못돼서 이 중환자실까지 왔어야 했을까? 몸에는 여기저기 주사 바늘과 반창고를 붙인 채로 환자복에 쌓여 누워 있는데, 얼마나 괴로울까? 우는 아이를 달랜다고 옆의 아버지가 아이 머리를 쓰다듬고 있던데, 그 아버지 마음은 또 얼마나 아플까?

교수님 따라다니면서 곁눈질로만 봐서 그 아이 병명은 볼 수 없었지만 흉부외과 환자인 듯했다. 아마 선천성 심기형 질환이 아닐까. 제대로 낫게 할 수 있을까? 언제쯤 되면 저런 가슴 아픈 일도 그만 감정이 무뎌져서 아무렇지도 않게 지나가게 될까? 솔직히 조금은 괴롭다. 내가 이 병원에 이렇게 건강하게 서 있다는 사실이.

본과 1학년 때 환자들 설문 조사 관계로 병원을 찾았을 때하고 지금이랑 비교해 보면 확실히 많이 달라져 있다. 그때 보호자들에게 우리 병원에서 제일 커다란 불만이 뭐냐고 물었더니, 환자 침대만 있고 보호자 침대가 없는 점과, 병실에 있는 텔레비전을 보려면 돈을 넣어야 한다는 것이었는데, 이제는 보호자 침대도 있고, 텔레비전도 아무나 돈 없이 볼 수 있다. 그 때와 침대 수가 비슷하니까 전체 환자 수는 별 차이 없겠지만, 의사들 수는 훨씬 더 늘었으니, 아무래도 서비스 질도 좋아졌겠지. 병원이 발전하는 건 기분 좋은 일이긴 한데, 의사가 그만큼 늘었다는 건 환자도 더 늘어났다는 뜻이겠지? 세상에 의사가 아예 필요 없을 정도로 환자가 없어진다면 어떨까? 그건 정말 더 좋은 일이겠는데 말이다.

나중에 책 하나 써야지. 제목으로 '세상에서 의사는 모두 사라져야 한다' 이렇게. 의사가 쓴 책인데 제목은 '의사가 사라져야 한다'라는 거니까 참 파격적일 거다. 그런 만큼 잘 팔려야 할 텐데.

내일만 지내면 이번 주도 끝난다. 모레 우리 조 4명 모두 매화산에 단합 대회 가기로 합의 봤다. 마침내 준택이도 설득되었고. 일이 생각보다 좀 잘 풀리려나 싶다.

2002년 3월 27일 수요일 맑음

오후에 병원에 갔다가 끔찍한 소리 들었다. 저번에 호흡기 내과 돌 때 Tb pleuritis[46]라는 병명으로 들어온 25세 남자 환자가 지금은 sputum[47] 검사상 malignant[48]라고 한다는 거다. 25세 남자라면 평균 환자들의 나이가 60~70대인 것에 비하면 젊은 데다 나와 동갑이라서 많이 눈여겨보게 됐는데, malignant라니. 그러면 거의 폐암이란 말인가? 최소한 절제술 정도는 해야 할 텐데. 앞으로 제대로 운동이나 할 수 있을까? 결혼은?

오후 회진을 마치고 저널 발표에 참가했는데 좀 피곤했다. 보통 때 같으면 나도 모르게 졸게 되지만, 이번에는 자야겠다, 이런 심정으로 아예 눈을 감아버렸다. 그런데 그렇게 잔 게 나쁘만이

---

[46] Tb plueritis : 결핵 늑막염.
[47] sputume : 객담.
[48] malignant : 악성.

아니고 전부다 그랬다나? 내가 자던 중에 김동준 레지던트 2년 차 샘이 뭘 발표를 했다던데, 잘 모르고 하는 바람에 이동익 교수님한테 좀 혼났다고 했다. 실제로 봤으면 재미있었을 텐데, 아쉽기도 했다.

생명이 탄생하는 길

산부인과 실습 일기

2002년 4월 1일 월요일 맑음

산부인과 실습 첫날이다. 4주를 연속으로 도니까 오늘부터 4월 한 달을 꼬박 바쳐야 하는 과가 산부인과다. 그런데 첫 인상은 상당히 좋지 못했다. 게다가 이길 것 같았던 LG와의 프로 농구 경기도 졌으니.

1시 30분에 간단히 했던 산부인과 오리엔테이션 후에 3시 30분까지 워드[49]로 오라고 했다. 시간에 맞게 갔는데, 웬걸 거기서 2시간 30분이나 아무것도 안 하고 그냥 기다렸으니. 산부인과 레지던트들 중에 우리 학교 선배는 별로 없었다. 기껏해야 1년차에 한나 선배 정도? 다들 나이도 많고 인상이 별로였는데, 저번 달 내과 선배들에 비하면 진짜 하늘 땅 차이였다. 3시 30분부터 6시 10분까지 단지 서성거리면서 기다렸지만, 끝내 담당 교수님은 오시지 않았다. 응급 수술이 있다고. 하긴 이런 날이 종종 있다고 한다. 특히 월요일은 lecture[50]도 없으니.

저녁 먹고 다시 병원으로 갔다. 갑작스레 산부인과 당직을 서게 됐다. 원래는 민경이가 서야 하는데, 뭐 일이 있다나? 원래 당직은 저녁 7시부터 다음날 아침 7시까지다. 그런데 솔직히 PK가 할 일도 없이 날밤을 꼬박 샌다는 건 좀 그런 것 같다. 그래서인지 한 9시나 10시쯤 돼서 집에 보내 준다는데, 10시에 집에 올 수 있었다.

일단 7시에 분만실로 가서 김지선 샘을 찾았더니, 지금 제왕절개 수술이 있다고 올라가 보라고 했다. 이런. 수술실에 대한 오리엔테이션은 전혀 받지 않은 상태인데, 게다가 어느 수술실로 가라는 건지. 일단 올라가 봤다. 대강 수술복으로 갈아입고, 마스크 끼고, 모자 쓰고 했다. 본과 1학년 때 잠시 수술실에 가본 경험이 없었으면 진짜 아무것도 못할 뻔했다. 뭐라도 말해 줄 사람들이 아무도 없었으니. 저녁 시간이라 수술이 딱 두 군데였는데 당

---

49 워드(ward) : 병동.
50 lecture : 간단한 강의.

연히 제왕절개 수술이니까 젊은 여자가 있는 방이겠지 싶었다. 그런데 수술 받는 환자가 다 남자처럼 보였다.

몇 번 헷갈리다가 겨우 제왕절개 수술실로 들어가 수술 모습을 보게 되었는데, 좀 끔찍했다. 칼로 배를 가르고 끊임없이 흐르는 피를 수건으로 닦아 내면서 뱃속 기관들을 손으로 이리저리 돌리고 하다가 무언가를 꺼냈는데 그건 살아있는 아기였다. 짙은 색깔의 꼬불꼬불한 관 같은 탯줄이 보이고 곧이어 아기가 통째로 나왔다. 그 다음에 나온 태반과 피. 아기는 처음에는 천천히 울다가 곧 울음도 그친 채 다른 작은 침대에 뉘어졌다. 갓 태어난 아기인데도 얼굴이 쪼글쪼글하지도 않았다. 참 귀여웠는데 산모는 마취 중이어서 그 모습을 보지 못하고 있었다.

제왕절개 수술은 1시간이 조금 더 걸렸다. 일단 절개하는 데 10분 정도? 그리고 아기 꺼내는 데 한 10분. 나머지 시간은 꿰매는 데 걸렸다. 수술 후 꿰매는 것은 별로 힘들지 않을 거라고 생각했는데 굉장히 꼼꼼해야 할 것 같았다. 자궁부터 꿰매고 복부를 이루는 그 많은 피부층들을 하나씩 전부다 꿰매다니……. 그 일이 다 끝난 후 솔직히 거의 완벽하게 원상 복귀되는 모습이 참 인상적이었다. 그런데 마지막에 마취과 의사가 직접 환자를 깨우는 모습은 진짜로 인상적이었다.

"아줌마 눈 좀 떠봐요, 아줌마."

하여간 수술은 완벽하게 끝난 모양이다. 산모도 깼고, 아기도 무사한 것 같았으니까. 수술실을 나와서 다시 분만실로 갔다. 거기 산모 휴게실에 앉아 TV 뉴스 보면서 지루한 시간을 견디다 못해 한나 선배한테 가서 집에 보내 달라고 했다. 그런데 웬걸. 분명히 집에 보내 달라고 하면 짜증낼 거라고 각오했었는데, 무척 잘해줬다. 웃는 얼굴로 집에 가라고 하면서. "내일 일찍 올게요." 하니까, 한나 선배도 씨익 웃었다.

산부인과 첫 인상. 내일부터는 어떻게 달라질까?

2002년 4월 2일 화요일 맑음

어제 낮 기온은 강릉이 28도였다는데, 오늘 대구는 최소한 25도는 될 것 같다. 무슨 4월 초 날씨가 25도라니. 5월 날씨쯤 되어야 하는 건 아닌지. 꽃도 다 떨어지고, 이번 주말에 꽃놀이 간다는 건 생각도 못할 것 같다. 뭐, 갈 생각도 없었지만.

산부인과 아침 회진은 30분 정도만에 다 끝났다. 그리고 곧장 분만실로 가서 분만 대기환자가 있는지 알아보고 우리도 기다렸다. 저번 달, 내과 돌 때는 8시 30분부터 시작해서 회진이 최소한 1시간 30분은 걸렸는데 오늘 산부인과는 7시 30분에 시작해서 8시에 다 끝나버렸다. 오전 시간이 이렇게 길 줄이야.

가져온 핵심 산과학[51] 책을 들고 오후에 있을 lecture 공부했다. 1시간 정도면 충분히 공부할 분량인 데다가, 부담 없이 해서 마음이 참 편했다. 누가 와서 뭐라 그러는 사람도 없고.

드디어 정상 분만을 보게 되었다. 30대 초반처럼 보이는 한 산모가 분만 대기실에서 분만실로 건너가기에 우리도 따라가서 봤다. 처음부터 끝까지 끊이지 않는 산모 신음 소리, 그런데 생각보다는 그 소리가 크지 않았다. 영화나 만화에서 나오는 듯한 엄청난 고함 소리는 전혀 없었고, 단지 좀 큰 신음 소리였으니. 그런데 레지던트 샘하고 옆의 간호사들이 산모가 큰 소리 내는 걸 막고 있었다. 별로 안 아프니까 소리 내지 말라고 하면서. 총 분만시간은 30분 정도였는데, 태어난 아기는 어제 당직하면서 본 아기보다는 좀 덜 귀여웠다. 머리가 이상하리만큼 컸는데, 그래도 정상아겠지.

태아가 나온 후 태반이 다 나오지 않아서 좀 고생한 것 같았다. 김지선 샘이 산모에게 옛날에 유산을 많이 해서 태반이 자궁에 딱 붙어서 잘 나오지 않고 있다고 하던데, 그러면서 손으로라도 빼야 한다고 했다. 옛날에 유산 많이 했다는 건 무슨 뜻일까? 그만큼 임신이 힘들었다는 걸까? 아니면 낙태를 많이 했다는 말일까? 우리나라 여성들, 인공 유산 경험이 다들 있다고 하던데.

51 핵심 산과학 : 산과학 원서를 번역 요약한 한글 책.

어제 본 제왕절개 때는 태어난 아기를 산모가 보지 못했는데, 오늘은 아기가 태어나자마자 곧 엄마에게 보여 주었다. 옛날에 누구한테 듣기를 그 고통스러운 과정 속에서도 아기를 보면 산모 눈빛이 순간 달라진다고 그러던데, 별로 달라지는지 잘 모르겠다. 내가 남자라서 그런지, 아니면 눈썰미가 없는 것인지.

오후에 강시웅 교수님과의 lecture는 무척이나 유익했다. 1시간 동안 유산과 자궁외 임신에 대해서 수업으로는 들을 수 없는 많은 경험에서 나오는, 이해까지 동반한 lecture였다. 8명이 동시에 한 마디씩 거들면서. 이런 수업이 진정한 열린 토론식 수업인가? lecture가 끝나고 4시 30분부터 6시까지 김성기 교수님을 기다리면서 강시웅 교수님하고 같이 있었다. 결국 김성기 교수님이 안 오셔서 우리끼리 끝냈는데, 덕분에 산부인과학 특히 산과학에 대해 많은 걸 들을 수 있었다. 산과학에는 3p[52]가 있는데 그게 제일 중요한 거니까 잘 알아두라고 하면서, PK 때는 그렇게 성적 차이가 나지 않으니까 웬만큼씩만 하라고 했다.

내일은 김성기 교수님 수술이 6개나 잡혀있던데, 그걸 다 참관하려면 시간이 어느 정도나 걸릴까? 빨리 끝났으면 좋겠는데.

---

[52] 3p : passenger(태아 머리의 위치), power(자궁 수축력), pathway(골반의 통로)로 분만시 가장 중요한 3가지를 지칭한다.

2002년 4월 3일 수요일 맑음

오전 8시부터 오후 3시 30분까지 7시간 30분 동안 잠시도 쉴 새없이 6건의 연이은 수술 참관이 있었다. 점심시간도 없이 이렇게 계속되다니. 그 6건의 수술 중 제왕절개 수술이 5건이나 되었고 1건이 ovarian tumor[53] 제거술이었다. 왜 그렇게 힘들었던지. 그런데 나보다도 준택이가 더 힘들어했고, 민경이는 별로 힘든 내색을 하지 않은 것 같아 나도 힘내서 끝까지 견딜 수 있었던 것 같다. 아무리 그래도 그렇지, 점심시간도 없이 계속 수술이라니. 하긴 점심은 나만 못 먹은 건 아니다. 레지던트 샘들도 마찬가지고 수술 집도의인 김성기 교수님도 그랬고, 마취과 레지던트들도 전부 점심은 건너뛰는 것 같았다. 하여긴 오늘 배를 열고 그걸 다시 꿰매는 걸 6번이나 연속으로 봤으니. 한번 진짜로 시켜도 그렇게 당황할 것 같지도 않았다. 물론 해보면 100% 사고 치겠지만.

김중규 교수님 만나서 다음 주에 산에 가자고 하는 걸 결정지어야 하는데, 시간이 없어 큰일이다. 어제 3번이나 찾아갔는데 서로 어긋났고 오늘은 내가 시간이 없었으니. 확실히 수술이 있

---

[53] ovarian tumor : 난소 종양.

는 과는 없는 과보다 훨씬 더 바쁜 건 틀림없다. 수술 없는 과래야 내과, 신경과, 피부과, 소아과뿐이지만. 어찌됐건 간에 빨리 김중규 교수님 만나야 한다. 근데 좀 귀찮은데, 아예 생까고 찾아가지 말까? 그래서 다음 주 토요일 등산을 아예 무산시켜 버릴까? 휴, 이럴 땐 과대표 일이 귀찮고, 짜증나기도 하다, 진짜.

내일은, 수술 계획 없는 날이니까, 한 번쯤 찾아가 봐야 할 텐데. 오늘 하루 종일 수술하느라 『성문종합영어』를 거의 못 봤다. 영어 듣기도 하나 못했고. 내일은 달라야 할 텐데.

2002년 4월 4일 목요일 맑음

맑은 날씨가 연일 계속되고 있지만, 마음은 참 우울했다. 아니 화가 많이 난 걸까? 하여간 기분 안 좋았다. 하루 종일 분만하는 산모도 없는 분만실 스케줄이라 교실로 와서 그냥 놀았다. 오전에 영문법, 독해 1시간, 듣기 1시간 정도 공부하고, 오후에 새로 나온 대학 신문 영어 번역해서 보내고.

유영이 형이 내일 모이라고 한 이유를 가르쳐 줬다. 얼마 전에 내가 학교에서 다른 후배들이 보는 시선이 있으니 나한테 좀 너무 쉽게 대하지 말아 달라고 했던 것 때문에 모인다고 했다. 솔직히 짜증난다. 내가 한 말이 그렇게 잘못됐고 안 좋은 말이라면,

그 말 했을 때 뭐라고 하던가. 아니면 따로 불러내서 그러던가 하지, 그것도 아니고 동문회를 소집한다고? 그리고 줄빠따[54]를 한다고? 때리면 맞아야지. 앞으로도 그 사람들 앞에서 잘하겠다고 선언이라도 해야지, 가식적이라도. 그렇지만 이건 아니라고 생각한다. 진짜로.

집에 와서 아빠한테 물어봤다. 내가 유영이 형한테 그런 말 한 게 잘못인지. 전후 상황 없이 아주 짧게 물었지만 아빠는 내가 별 잘못 없다고 그러시던데. 따지고 보면 내가 좀 성급한 면이 없었던 건 아니었다. 즉흥적이긴 했지만, 그때 안 좋게 말한 것도 아니었는데, 그리고 그 말 처음 했을 때도 유영이 형 반응도 나쁘지 않았는데, 지금 완전 뒤통수를 맞은 것 같다. 별로 강한 사람은 아닌 건가? 아무리 내가 잘못했다고 하더라도 동문회까지 들먹이면서 그러고 싶은 걸까?

오후에 산부인과 첫 case presentation[55]이 있어서 참관했다. 명진이 하고 준영이하고 발표했는데 내가 보기에 준영이는 몰라도 명진이는 참 못한 것 같았다. 한 마디 정도 들은 것 같았는데, 저 정도 말로 끝낸다면 잘 넘어간 일인데, 명진이는 좀 마음에 두는

---

[54] 줄빠따 : 벌 받을 사람들을 한 줄로 세우거나, 팔 짚고 엎드리게 해서 막대기로 계속 때리는 일을 말하는 군대식 속어.
[55] case presentation : 환자가 가진 질환에 대한 연구 발표.

것 같았다. 별것도 아닌 걸 말이다.

내일 오랜만에 맞이하는 휴일이다. 솔직히 무슨 일이 벌어질지 예상이 안 되긴 한다. 때리려면 나 혼자 때리든가. 후배들은 왜 다 불러내서 때리냐고? 완전 단세포적인 생각인 것 같다. 무조건 동문회하고 관련시켜 생각하다니.

끝나고 밥이나 술 먹는다고 하면 어떡할까? 일단 5시에 약속이니까 그 전까지는 한번 있어 보까? 솔직히 뻔하지 싶은데. 먼저 일어서야겠다. 적으면 6대 정도 맞겠군. 10대까지 맞을 수도 있을까? 젠장.

2002년 4월 5일 금요일 맑음

1시에 찾아간 나의 모교 협성고등학교는 무슨 축구 친선 경기가 있는지, 운동장에 공간이 없다고 했다. 옆에 있는 경일여고 운동장에서 남자 12명이 모여 운동장 돌고, 엎드려 뻗쳐도 하고 엉덩이도 맞고 그랬다. 생각보다 그리 험하지 않았다. 유영이 형하고, 영식이 형하고, 예상보다 훨씬 덜, 줄빠따를 한다고 그랬었는데, 실제는 그러지 않았다. 유영이 형이 살살 영식이 형만 때렸고 영식이 형은 그냥 때리는 시늉만 하고 끝냈으니. 한 3분 엎드려 있었던 것 빼면, 그리고 운동장 4바퀴 돈 거 빼면 거의 한 게 없었다. 그거 끝나고 학교 근처로 가서 점심 얻어먹고, 농구했다.

유영이 형한테는 언제 한번 찾아가서 술이라도 하자고 그럴까?

2002년 4월 6일 토요일 비

수업이 월요일 오전 4시간, 토요일 오전 4시간밖에 없다. 실습하는 일에 비하면 수업 받는 건 얼마나 편한지. 계속 앉아 있다는 것만 해도 좋다. 그런데 사람이 어디 그럴까? 3월 초에는 많이 편했던 수업 시간도 이제는 슬슬 지겨워지기 시작한다. 더군다나 노유환 교수님의 그 예방의학 강의는 인내심을 너무 많이 요하는 건 아닌지. 항상 15분에서 20분 정도 늦게 끝난다. 아니, 왜 수업을 정해진 시간보다 더 많이 하는 걸까? 더 많이 가르치기 위해서? 어쨌거나 시간 어기는 사람이 제일 싫다. 아무리 사소한 약속을 해도 지키려고 노력하는 사람이 좋은데, 반면 아랫사람하고의 약속이라고 10분, 20분 늦는 걸 거의 일상적으로 하는 사람 참 싫다. 수업 시간이라면 학생과의 약속이 아닐까? 그럼 수업 시간도 좀 지켜줘야 하지 않나? 예과 때 항상 30분씩 수업을 더하는 교수님이 있었는데 그 교수님 생각도 많이 났다.

오늘도 어제도 영어 공부는 안 했구나. 내일은 꼭 해야 할 텐데. 마음먹고 뭔가 해 낸다는 것은 정말 힘든 일임에 틀림없다. 평일은 계획대로 하다가도 주말이나 휴일에는 마음이 흐트러지니. 계획은 틀림없이 평일, 휴일, 토요일 계획이 달라야 할 것 같다. 계획이 좀 더 세밀해야 실천하기도 쉬울 테니까.

2002년 4월 8일 월요일 흐림

아침까지는 잘 몰랐는데 오전부터 다시 황사가 거리를 뒤덮었다. 이거 분명히 안 좋은 건데…… 반면 황사가 없다면 국토의 산성화가 빨리 진행되고 토지의 유실이 심해진다던데, 어떻게 해야 하는 건지 모르겠다. 중국 사막 지대를 메우기 위해서 조림 사업이라도 벌여야 한다던데, 그럼 황사가 전혀 없어지면 우리 국토는 더 메말라 버리는 건 아닌가? 황사가 나쁜 점이라면 인체에 악영향을 미치는 거? 코로만 숨 쉬면 별 문제 없다던데.

황사 때문에 밖에 못 나갔다. 양복 입고 있어서 그리 나갈 일도 없었지만 아무래도 좀 주의하지 않을 수 없었다.

3, 4교시 박일균 교수님 수업은 외래 진료 때문에 휴강이었다. 보강할 시간도 없는데 이렇게 휴강해 버리면 나중에 어떡하려고. 지금 당장 수업이 없어서 좋지만 말이다.

시간이 많이 날 때 정혜가 지나가기에 점심 사줄까 했는데 계집애가 처음에는 좋다고 하더니 약속 시간을 13분이나 넘겨서 일방적으로 문자 하나 넣고 다음에 사 달랜다. 좀 짜증났다. 애가 왜 이렇게 굴까? 그냥 사주지 말고 넘겨 버릴까? 한 번 시간 내서 그러지 말라고 타이를까? 1Q[56] 끝나거든 꼭 한번 그래야지. 거절을 하려면 전화를 하든가. 문자로 이렇게 일방적으로. 못 받으면 어떡하려고 말야. 다른 데 가서는 그러지 말라는 의미로.

  오후에 병원에서 실습은 아무것도 없었다. 3시 30분에 허영숙 교수님 lecture가 있기로 했는데 교수님이 바쁘셔서 하지 못했다. 결국 1시 30분부터 5시까지 실습 시간은 아무것도 못하고 보내고 말았다. 5시부터 한 10분 정도 회진 도는 걸로 오늘 실습을 마쳤다. 산부인과 환자 중에 분만 때문에 입원한 환자는 아기와 같이 붙어 있었다. 그래서 커튼으로 침대를 완전히 가리고 있었는데 우리가 회진 돌 때는 아무런 인기척 없이 그냥 커튼을 열어 젖혔다. 거기에 기분 나빠하는 듯한 산모는 아무도 없었지만 그래도 우리의 행동은 매너 없이 보이기도 했다.

---

[56] 1년 학사 일정의 첫 1/4. first quarter.

2002년 4월 9일 화요일 흐림

어제처럼 오늘도 황사가 거리를 뒤덮었다. 어제보다는 훨씬 덜했지만 그래도 목 안에 뭔가 끈끈한 게 느껴지는 건 비슷했다. 황사만 빼면 더할 나위 없이 좋은 날이었을 텐데. 게다가 오늘 하루 종일 거의 할 일도 없었다. 오전 회진이 끝나고 8시부터, 오후 3시 30분의 lecture가 있을 때까지 자유 시간이었으니.

그 시간 동안 같이 놀 사람이 있었으면 뭘 해도 할 수 있었을 텐데. 영화를 봐도 좋았을 걸. 그러고 보니 후회되네. 한일극장 가서 뭐라도 봤으면 됐을 텐데. 공짜 쿠폰은 언제 쓸까?

영어 공부 2시간 하고, 저번에 날려 버렸던 순환기 내과 case 발표 다시 타이핑했다. 그리고 밥 먹고 빈둥거리고 놀았지, 아마. lecture할 때는 왜 그렇게 졸리던지. 정말 엎드려 자고 싶었는데 그때 나랑 눈 맞은 준영이는 나보다 10배는 더 졸려 보였다. 그 모습이 왜 그렇게 위로가 되던지, 그 다음부터는 졸음을 좀 참을 수 있었다.

하루 종일 수술 방에서 서 있기는 힘들다. 내일은 우리 조도 수술 참관 4건 있는데. 그리 시간이 많이 걸리지는 않겠지만, 그래도 5시간은 족히 서 있어야 할 텐데 오늘보다는 많이 힘들겠지?

저녁 회진 돌 때 병실 여기저기 놓인 축하 꽃들에 눈길이 많이 갔다. 병원 병실에서 나는 그 축축한 냄새가 아니라 산부인과 병동에는 항상 장미 향기가 난다. 누구누구 득녀 득남을 축하한다는 메시지가 있다. 그래서 그런지 분만 환자들이 있는 병동은 그 분위기도 그리 나쁘지 않다. 회진 도는 이규찬 교수님 얼굴도 밝은 편이고 환자들도 웃으면서 맞이하는 편이다. 이규찬 교수님이 환자들에게 신경을 참 많이 쓰는 것 같다. 회진 시간은 오래 걸리지 않지만 그래도 환자들과의 교감이 상당히 많은 듯 보였다. 저런 위치에 있는 의사라면 보람도 많이 느끼겠지.

2002년 4월 10일 수요일 흐림

이규찬 교수님 수술 4건 있는 날이다. 지난 주에 김성기 교수님 수술 6건은 거의 제왕절개 수술뿐이어서 많이 지겹기도 했고 또 힘들었는데, 오늘 수술은 소파술 2건, laparoscopy[57] 1건, my-omectomy[58] 1건 이렇게 다양했을 뿐더러, 총 수술 시간도 4시간이 채 걸리지 않았다. 당연히 우리도 볼 만했다. 제왕절개술은 아기 꺼내는 데 걸리는 시간이 10여 분 정도밖에 안 되는데 워낙이 배를 길게 째서 하는 수술이라 그걸 다시 꿰매는 데 1시간은 더 걸

---

[57] laparoscopy : 내시경 수술.
[58] myomectomy : 자궁 근종 제거술.

린다. 그런데 laparoscopy는 진짜 책에 나와 있는 대로 수술이 빠르고 간단하고 회복이 좋을 수밖에 없는 이유가, 배를 째는 크기가 비교도 안 될 만큼 작으니까. 그러니까 수술이 빠르고 따라서 마취제도 적게 들 테고, 그럼 환자가 수술 후 회복도 빠를 거고, 병원에 오래 있을 필요도 없으니까 경제적으로도 이득이다. 이런 것이 바로 이론의 실제 적용을 통한 지식 습득일까?

    laparoscopy 수술은 거의 한 40분 만에 salpingectomy[59]를 해 냈다. 자궁 외 임신인데 salpingectomy를 해도 괜찮을까 모르겠지만 어쨌든 빠른 시간 내에 수술에 성공한 것 같았다.

    오늘 본 수술 중 제일 뇌리에 남는 것은 뭐니 뭐니 해도 소파술[60]이 아닐까 싶다. 우리 병원에는 소파술이 없을 줄 알았는데, 그럴 리가 없지. H-mole[61] 같은 병은 소파술을 하지 않을 수가 없을 테니까. 그 소파술이라는 건 거의 한 20여 분 만에 다 끝났다. 몸 어딘가 칼을 전혀 대지 않고 하는 수술이니까 그 속도는 역시 빨라질 수밖에 없겠지. 유산만 세 번 했던, 한 번도 출산 경험이 없는 49세의 환자였는데 이런 게 다 H-mole의 위험 요소이긴 하다. 질 입구에다 수술 도구를 넣어서 자궁 내 물질을 긁어 내는

---

59 salpingectomy : 자궁 부속기 제거술.
60 소파술 : 임신 중절술.
61 H-mole : 비정상 수정란.

일은 그리 어려워 보이지도 않았다. 그런 소파술을 두 건 하는 데 합쳐서 한 시간 정도밖에 안 걸렸다.

myomectomy 수술할 때는 처음으로 내가 직접 교수님 수술 보조를 섰다. 이미 입은 수술복 위에 다시 수술 집도의를 위한 수술복을 입고, 손 씻고 장갑 끼고, contamination[62]을 막기 위해서 절대로 손을 가슴 아래쪽으로 내려서는 안 된다는 것을 머리 속에 되새긴 후, 1시간여에 걸쳐서 비교적 별일 없이 수술을 끝마쳤다. 내 손에 맞지 않는 커다란 장갑을 낀 것과, 수술 도중 안경이 내려와 팔을 올렸다가 그러면 안 된다는 교수님 말을 듣고 다시 내린 것 이외에는 별 문제 없었다. 옆에 레지던트 샘이 내가 몇 번 해본 줄 알고, '처음 하는 것도 아니면서 그러면 어떡해?' 그런 말까지 했으니. 그 말을 칭찬으로 해석해도 되는 걸까?

그렇게 오전 시간을 다 수술로 보냈는데 이규찬 교수님이 소파술할 때는 친절하게도 수술 순서까지 다 하나하나 설명해 주셔서 그리 힘들지도, 괴롭지도 않았다. 학생들에게 제일 관심 많이 가져주는 staff[63]이 아닐까 하는 생각이 들 정도로 이규찬 교수님의 다른 면을 찾은 것 같았다.

오후에 점심 먹고 회진 돌 때까지는 자유 시간이었다. 3시 30분

---

62 contamination : 오염.
63 staff : 간부. 여기서는 '교수'의 뜻.

lecture는 허영숙 교수님이 미국 학회 가시는 바람에 취소되었다.

내일 스케줄은 거의 비었던데 미리 받은 케이스 준비나 해 버려야겠다. 발표는 다음 주에 하겠지만 시간 날 때 해버리지 뭐.

2002년 4월 11일 목요일 흐림

이번 황사는 상당히 오래 간다. 저번에는 진한 황사가 2~3일 만에 완전히 물러났는데 이번에는 벌써 4일째인데 내일 더 커다란 게 온다고 했다. 이러다가 토요일 산행할 때도 황사가 몰아치는 건 아닌지. 인간의 코의 필터 기능으로 충분히 황사의 유독 성분을 가려낼 수 있다고 들었는데 그건 코로 숨쉴 때 말이고, 입으로 거칠게 숨을 쉴 정도의 운동을 할 때는 어떡하나? 자칫 토요일 날 우리 과 애들 집단 기관지염에 걸리지는 않을까 걱정된다. 걱정하는 것도 과대표로서의 일이 아닐까 하는데, 내가 생각해도 별 쓸데없는 걸 걱정하는 것 같다. 산행에 동반하는 의사 교수들도 상당수 있을 테니 말이다.

학교에서 하루 종일 자유 시간이었다. 오전 회진이 8시에 끝났고 저녁 회진 5시까지 무려 9시간 동안 자유. 아마 학교 다닌 이래로 가장 기나긴 자유 시간이 아니었을까? 나름대로 유익하게 보냈다고 자부한다. 영어 공부하는 데 2시간, 순환기 내과 케이스하고 이번 산부인과 케이스 준비와 출력에 거의 한 2시간, 그리고 밥 먹고.

저녁 때 산부인과 당직 서는 문제로 좀 옥신각신했는데 우여곡절 끝에 내가 서기로 하고 분만실로 갔다. 이한나 샘한테 당직 몇 시까지 서야 하느냐고 슬쩍 물어보니 그냥 가고 싶을 때 가라고 했다. 농구 보고 잠시 병원에 들렀다가 이런 횡재를 만나다니.

2002년 4월 12일 금요일 맑음

산부인과 중에서도 이규찬 교수님이 이끄는 부인과 부분의 마지막 날이다. 그동안 이규찬 교수님의 그 열성 어린 관심과 정성에 좀 힘들기도 했는데, 마지막 오후 회진은 참 화기애애하게 끝났다. 다른 날과 마찬가지로 회진 후 질문 공세가 있었는데 나한테 cervical effacement[64]가 뭐냐는 질문에 내가 배처럼 생긴 자궁이 공 같은 모양으로 바뀌는 거라고 대답하니까 옆에 있는 민경이하고 준택이가 그냥 웃어버렸다. 교수님은 웃지는 않았지만 그때부터 계속 질문도 대답도 엉뚱하게 되어 버렸다. 조 애들이

---

[64] cervical effacement : 자궁 경부 소실.

웃음을 참을 수가 없었는지 가만히 있다가도 픽픽 웃기도 했다. 그렇게 밝은 마음으로 부인과를 마쳤다.

　다음 주는 안영준 교수님의 부인과 종양학 쪽이다. 아마 힘든 주가 되겠지. 지난주에는 아침저녁 각각 5분 정도의 회진 후에 교수님의 그 질문 공세만 빼고 나면 수요일 4시간 수술실에 있었던 것과, 화요일 lecture 있었던 것 그게 다였다. 다음 주는 안영준 교수님의 빡빡한 수술 스케줄에 동참해야 한다. 하루에 7,8건씩 수술이 있는 주가 될 텐데. 그래도 우리 조는 좀 나은 편이다. 다음 주 목요일은 파견 가는 날로 되어 있는데 목요일 역시 안영준 교수님 수술이 꽉 잡힌 요일일 테니까.

2002년 4월 13일 토요일 맑음

　김중규 교수님과의 등산은. 정말 만신창이가 된 게 아니었을까? 내가 과대표가 된 이후로 최대 위기다. 정말 이럴 수가 있다니. 이렇게 단세포적인 행동을 하는 인간들이 저렇게 많았다니.

　등산 시작 집결 장소에 모인 애들 수는 서른 서너 명. 교수님 네 분 포함하면 대강 마흔 명 정도였는데 올라가기 시작해서 10분 후 휴식 시간에 무려 열 서너 명이 도망쳐 버렸다. 전부 여학생들이다. 우리가 올라가는 걸 보고 여학생들이 그냥 단체로 다

내려간 것이다. 우리들끼리 가는 것도 아니고 교수님이 네 분이나 계셨는데 어떻게 그럴 수가 있단 말인지.

김중규 교수님 바라보고 같이 따라온 다른 교수님들, 다들 참 혀를 끌끌 내찼다. 그네들 앞에 김중규 교수님 위신도 말이 안 되게 떨어졌을 것이고, 다른 교수님들 앞에서 학생들에게 화를 낼 수도 없는 입장이고. 빨리 여학생들에게 연락을 취해서 오라고 했더니, 내가 전화한 가희는 "잘못한 건 맞는데 지금 올 수는 없다"고 했다. 어떻게 이럴 수가 있단 말이지?

등산이 끝나고 대경식당에 5시까지 오라고 전화를 했었는데, 아무도 오지 않으면 어떡하나 걱정도 많이 했지만, 다행히 선영이, 희영이, 복길이, 유경이, 호은이 누나 이렇게 6명이 참가를 해줬다. 교수님 마음이 좀 누그러들어야 할 텐데. 오늘 많이 실망했다는 말씀을 많이 하셨다. 어떻게 올라오다가 말도 없이 단체로 집에 갈 수가 있단 말일까? 정말로.

산을 내려오면서, 또 회식 장소에서 곰곰이 생각해 봤다. 내가 애들을 너무 무르게 대했나? PK쯤 됐으면 자기 일은 자기가 스스로 판단하고 결정할 거라고 너무 과대평가했었나? 저렇게 개인적이고 이기적일 수가 있단 말이지? 이번 일은 결코 그냥 넘어가서는 안 될 것 같았다. 그건 나만의 생각이 아니고 다른 교수님들, 좀 나이 많은 형들, 남학생들, 그리고 늦게나마 온 여학생들의 생각에도 포함되어 있었다. 결코 그냥 넘어가서는 안 되겠지.

월요일 수업 4교시 후 산에 한 마디 말도 없이 오지 않은 사람, 그리고 와서는 말없이 도망간 사람, 이 두 부류의 인간들 모아놓고, 길게 말할 필요 없이 그냥 토요일 일은 크게 잘못되었다는 것을 뇌리에 박히도록 인식시켜야겠다. 그런데 어떻게? 남학생들이라면 엉덩이 두 방씩 때리면 될 텐데, 여학생들은 어떻게? 점심시간에 점심 못 먹게 하고 꿇어앉혀 놓을까? 그 꿇어앉은 자세로 반성문을 쓰게 하면 어떨까? 1시간 내내 꿇어앉은 채로 김중규 교수님에게 보내는 사과문을 쓰게 하면 어떨까? 얼마나 깊이 깊이 반성하고 있는 건지, 글로 쓰게 한다면 어떨까?

정말 오래오래 생각했다. 이것저것.

희영이, 유경이, 복길이는 늦게나마 와서 끝까지 있었는데, 걔들은 좀 차별을 둬야지. 선영이, 호은이 누나도 왔으니까. 그리고 민경이는 물론 핑계지만 산에 못 갈 거라고 말을 했으니 봐주고. 그러면, 대강 한 열댓 명 되겠군. 월요일 날은 그냥 넘어가서는 안 될 거다. 정말로.

김중규 교수님은 나랑 별로 눈도 안 마주치려 하시는 것 같았다. 계속 옆에 있었는데 그리 말을 거는 것 같지도 않았고. 이런 젠장. 노래방에서 노래 부를 때 참 잘 부른다는 말뿐. 그렇게 1차 대경식당, 2차 노래방, 3차 대덕식당, 4차 인디안 카페까지 오후 5시부터 12시 30분까지 계속 먹고 마시고 먹고 마시고. 기분만 좋았더라면 얼마나 괜찮았을까?

진짜 뭐 같은 계집애들.

2002년 4월 15일 월요일 흐림.

아침부터 날씨도 흐렸는데 그런 날씨만큼이나 마음도 무거웠다. 점심시간 때까지 머릿속에는 토요일 날 산에 안 왔던 여자애들 어떻게 기합을 줄까 하는 생각으로 가득 차 있었으니.

결국 점심시간에 1시간 동안 무릎 꿇고 앉아서 반성문 쓰는 걸로 했다. 참가한 인원은 산에 연락도 없이 안 온 8명과, 왔다가 아무런 말없이 가버린 6명, 이렇게 14명이었는데 3명이 빠져버렸다. 꼴난 학번 높다는 이유로 빠진 사람. 학번이 높으면 그만큼 처신을 잘해야지 이런 일에 끼일 정도로? 휴. 상철이 형이나, 권재철이나, 진짜 별로 내 동료로 생각하고 싶지 않다. 그냥 같이 데리고 놀 상대 정도?

11명의 학생들, 꿇어앉아서 진짜 오랜만에 반성문이란 걸 썼겠지. 제대로 글이나 나올까? 염려했었던, '나는 도저히 못 꿇어앉겠다.'라든가, '나는 이런 거 도저히 못써.' 이러는 사람은 없었다. 하긴 그럴 배짱도 없는 애들이니까. 제일 앞에 앉아서 1시간 그냥 시간만 때우다가 끝내 버린 김은실이나, 경희 같은 애들은 머릿속에 뭐가 들어있을까? 겨우 반성문 4줄 적은 김미경은 도대체 어떤 애일까? 정말 미안한 마음이 없는 걸까? 내가 그 반성문 받아서 교수님한테 직접 가져다준다는 것을 생각하고 그렇게 쓴 걸까? 아니면 될 대로 되라는 식일까? 이걸 한 번 더 다시 쓰라고 할까? 하여간 뭐 저 따위가 있지?

성의 있게 쓴 사람도 꽤 많았다. 그래도 제일 든든한 건 역시 석환이. 끝나자마자 나한테 와서 미안하다고 하면서 같이 밥 먹었다. 밥은 내가 사줬지만 얼마나 좋아, 이렇게 자기 잘못한 거 시인하고 앞으로 안 그러겠다고 하고 기분 좋게 얘기하면. 여자들은 이런 면이 없는 걸까? 이런 여자들 진짜 정말 싫다.

점심시간에 그 난리를 치고 오후에 병원 회진을 끝으로 오늘 일을 마무리했다. 저녁에 SK와의 농구도 계속 앞서가다가 1점 차로 져버리고, 기분 풀러간 게임방에서도 재미가 없었는데 과외 소개소에서 과외가 하나 들어왔다. 고1 남학생이라던데 수학만 한 주에 2일 정도면 뭐 그럭저럭이지. 공통수학 하면 될 테니까.

내일 만나기로 했는데, 내일은 안영준 교수님 수술 있는 날인데, 공부 하나도 안 해서 참 큰일이다. 첫날 어떻게 잘 넘겨야 할 텐데.

2002년 4월 16일 화요일 비

아침에 일어났을 때는 거의 안 오듯 하던 비가 학교 갈 때에는 엄청나게 쏟아졌다. 드디어 황사 때문에 얼룩진 차가 말끔히 씻기겠군. 기대만큼이나 비는 많이 왔고, 내 다마스 차뿐만 아니고 눈에 보이는 모든 차량이 깨끗해졌다. 그런데 하루 종일 왜 그리 후덥지근했던지. 병원에서는 진짜 땀이 계속 흘러내렸다. 김지홍 교수님 수술 중에 내가 스크럽 서고[65] 수술대 바로 앞에 서 있었는데 땀이 환자에게 떨어질 것 같아 '교수님 땀 떨어질 것 같은데요.' 이렇게 말했다. 밖에 나가 세수라도 하고 오라 할 줄 알았는데 돌아오는 교수님 답변이 참 신기했다.

'참아.'

세상에 땀 떨어지는 걸 참을 수 있는 사람도 있다니.

다른 수술 중에 24세 여자 환자가 있었는데 myoma[66]로 LEEP[67] 수술했다. 수술 시간이 겨우 30분도 되지 않은 듯싶었는데 vagina[68]로 접근했기 때문에 몸에 칼자국도 전혀 안 났다. 그 여자 환자 얼굴은 별로였는데 몸매는 참 좋았다. 그래도 여자라기보다 환자라는

---

65 스크럽 : 수술 집도의 옆에서 집도의를 돕는 역할.
66 myoma : 자궁 근종.
67 LEEP : 자궁 경부 절제술.
68 vagina : 여성 음부.

생각밖에 안 들었다. 다들 그렇겠지.

어제 기합 준 일 때문에 학교 강의실 내에서 마음 편하게 있기는 좀 힘들었다.

산행 사건의 일환으로 과비에 책정된 등산 비용 중 등산하고 남은 돈이 30만 원 정도 있어서 등산 온 애들한테 그 돈 나눠 준다고 칠판에 적어 놨는데, 진짜 세상에서 항상 도움 안 되는 재철 선배가 그걸 그냥 지워 버렸다. 더 큰 파장 일어나기 전에 그러지 말라고 하던데, 다시 주워 담고 싶은 생각 추호도 없다. 이미 몇 명한테는 지급된 상태인데 다시 빼앗을 수도 없지.

저녁때 명석이 형과 민경이의 얘기도 들어보고 그들을 완전히 내 편으로 설득시켰다. 난 그냥 돈만 주고 끝내려고 했는데, 토요일 시간 내서 왜 내가 돈을 주는지도 설명을 해야겠다는 생각이 들었다. 일이 또 하나 늘어났군.

산에 안 온 애들 약 올리려고 돈 주는 게 아니고 산에 온 애들한테 고마움을 표시하는 의도다. 순전히 그게 다다. 사실 그 가라앉은 분위기에서 산에 올라간다고 힘들게 땀 흘리는 모습이 내 눈에는 왜 그렇게 고맙게 느껴졌던지. 안 온 사람에게 악감정을 느끼는 것도 아니다. 그냥 단지 아무 연락 없이 안 오거나, 와서 교수님에게 일언반구 없이 떠난 게 나쁠 뿐이지, 자기 시간이 없어서 산에 못 온 건, 나로서 어쩔 수 없는 일이다. 그런 상황에서 자기 시간 내서 산에 와준 급우들이 너무 고마워서, 그리고 등산 비용도 남은 데다 다른 곳에 쓸 데도 없고 해서, 사기 진작 차원에서 지급한 게 다다. 아무리 재철 선배가 지랄을 해도 꼭 이 일만은 전부 다 강행할 거다.

토요일 또 무슨 일이 생길지도 모르겠군. 그래도 어쩔 수 없지.

2002년 4월 17일 수요일 맑음

오늘따라 바람이 많이 불었다. 별로 잘 만들어지지도 않는 머리 하루 종일 날렸다. 머리 깎아야 되는데, 왜 이렇게 귀찮은지. 평일은 평일대로 바쁘고, 주말도 뭐 마찬가지고.

학교에서 오늘 처음으로 외래 참관을 했다. 안영준 교수님의 오후 외래에 들어갔는데, 평소에는 전국에서 환자가 구름처럼 몰려온다는 안영준 교수님이었는데 오늘 오후는 좀 달랐다. 언론에서 오늘 병원 의료 파업한다고 보도했었고, 밖은 황사에다가 바람까지 저렇게 불고 있었으니 환자가 평소보다 적을 수밖에. 오는 환자 대부분은 자궁암이나 자궁 경부암 진단 받으려고 오는 것 같던데, 참 안된 사람도 많았다.

자궁암 진단을 받고 남편과 같이 이제 겨우 1살 정도 된 아들을 안고 벌벌 떠는 젊은 환자가, 다행히 초기에 발견을 해서 생명에는 아무런 지장이 없다는 교수님 말씀에 안도의 한숨과 함께 몇 번이고 '괜찮겠지요?'라고 되물으며, 눈물을 보이기도 했다. 지난 일 주일 동안 불안해서 숨도 제대로 못 쉬었다고 하는 순진한 사람. 사람이 생명에 위협을 받으면 어떻게 될까? 저렇게 불안해질까? 이젠 괜찮다는 말을 들었으니 얼마나 시원해질까? 옆에 서 있는 남편은 미소를 띤 채 아무렇지도 않은 듯 있었지만 그 역시 얼마나 힘들었을까? 내가 저 사람들 마음을 잘 이해할 수는 있는 건지, 회의감이 들기도 했다.

오후 이규찬 교수님 lecture에 참가하고 안영준 교수님 회진에 참가했다. 산부인과 과장답게 안영준 교수님 회진 때에는 전 스탭과 레지던트 모두가 동참하는 것처럼 보였다. 지금까지 어떤 교수의 회진보다도 화려한 행진이 아닐까, 근데 이규찬 교수님은 안 보이던데, 확실히 둘 사이에는 어떤 알력이 있긴 있나 보다.

저녁에 동양이 화끈하게 SK 이기는 거 보고 들뜬 기분으로 집에 왔다. 내일은 칠곡 가톨릭병원 파견 가는 날인데, 하루 휴식인 셈이다. 가고 오는 것만 좀 고생하면 별 문제 없는 그런 날.

산에 간 애들에게 15,000원씩 나눠주는 일을 19명에게 다 했다. 이번 주 토요일 수업 후에 이런 내 입장을 좀 밝히긴 밝혀야겠다. 어차피 재철 선배라는 넘어야 할 산이 있긴 하지만, 내가 한다는 것에 대해서 선배가 반대 입장을 취하는 건 큰 의미는 없다고 생각한다. 그것 때문에 솔직히 신경 쓰이는 것도 많고, 괜히 일을 크게 벌린 건 아닌지 후회감도 들지만, 15,000원 돌려주는 일에 대한 내 생각은 변함이 없다. 그게 틀린 것이 아니라는 것도 여전하고.

2002년 4월 18일 목요일 맑음

칠곡 가톨릭 병원은 무척이나 조용했다. 새로 만든 건물이라 깨끗했지만 환자가 워낙 없어서 약간은 삭막하게까지 느껴졌다. 그런 건물에 7시 30분에 도착을 해 버렸으니.
 좀 늦게 가도 되는 곳이었지만 차 밀리는 시간 피하려고 일부러, 그리고 항상 나가는 시간에 나가려고 7시에 집을 나섰는데 불과 30분 만에 도착해 버렸다. 무려 20km나 떨어져 있는 곳인데, 시내에서 평균 40km의 속도로 달렸다니. 대구는 역시 도로 여건이 상당히 좋은 곳임이 틀림없다.
 김진우 교수님 잠시 뵙고 10시 30분쯤 되어서 병원을 나섰다. 5조와 6조가 같이 병원을 나서서 팔공산에 가서 밥 먹고 드라이브도 했다.
 같이 밥 먹는데 왜 그렇게 분위기가 싸늘했는지. 솔직히 우리 조끼리만 있으면 재미있게 놀 수 있지만 5조가 끼는 바람에 썰렁해졌다. 여자가 둘만 있는 게, 걔네들은 소외감만 느끼고 가만히 있어서 전체적으로 분위기가 더 가라앉지 않았을까 했다. 왜 조물주는 인간을 자웅이체로 만들었을까? 자웅동체로 만들었다면 인간사가 훨씬 더 간편하고 편리했을 텐데.

요즘 들어 나의 여성에 대한 안 좋은 편견증이 심해지는 것 같다. 그거 좀 뭐라 그랬다고 앞으로 다시는 학급 일에 참석 안 한다는 말을 하는 애가 없나. 나랑 눈도 안 마주치려고 하는 애가 있질 않나. 석환이는 그 기합 받고 나서 오히려 더 가깝게 지내고 있는데, 여자란 동물은 왜 그리 속이 좁아빠졌을까?

팔공산에서 돈까스로 점심 먹고 시내로 가서 게임방도 가고, 오락실도 가고, 카이저 호프에 가서 술도 한잔 마셨다. 술 마시면서 남자들끼리 여자 흉 참 많이 봤다. hysterectomy indication[69]을 새로 만들었는데 제일 중요한 것은 역시 싸가지라는, 이런 식으로 놀았다. 크크.[70]

2002년 4월 19일 금요일 맑음

하루 종일 바쁜 하루였다. 좋은 일이라면 드디어 동양이 정규

---

[69] hysterectomy indication : 자궁 절제술 적응증.
[70] 자궁에 문제가 생겨 자궁을 덜어내는 수술을 하면 임신과 생리 같은 여성만의 특징이 사라지게 된다. 버릇이 나쁜 여자들은 자궁을 떼어내 버린다는 농담이다.

시즌 양대 우승을 다 차지했다는 점. 오늘도 짱구 반점에서 저녁 먹으면서 시청했는데, 정말로 짜릿한 순간이었다. 대구와의 연고 프로팀은 필패한다는 되도 않은 이론은 드디어 깨졌다. 얼마나 기쁘던지! 그리고 오늘 과외 첫날 수업은 내가 생각해도 무척 멋지게 수업한 것 같다. 고등학교 1학년 수학이라면 진절머리가 나도록 많이 대한 거라 아무 예습 없이도 잘 할 수 있었지만 그것보다는 내 열성 때문에 좋은 수업을 하지 않았을까 싶다. 과외 끝나고 집에 오자마자 걔네 집 엄마가 전화 와서 잘 가르쳐 줬다고 고마워했으니. 원래 오늘 과외 돈을 준다고 했었는데, 집에 없었던 걸 보면 일부러 자리를 피하지 않았을까 싶다. 그러고 아들 반응을 살폈겠지. 그런데 뭐 그 반응이 좋았을 테니까 다음에는 돈 주겠지.

여기까지는 좋은 일인데 오늘 병원에서 안 좋은 일들이 있었다. 하루 종일 희비가 교차되는 그런 날이지 않았을까? case presentation 할 때 내가 뭘 그리 잘못했는지 다음 주에 숙제를 다시 하나 하라고 했다. 이런 젠장. H-mole에 대해서 내가 follow-up[71]하는 것에 대해 약간 헷갈린 것을 두고 말하는 건지. 다음 주에는 발표할 사람도 아무도 없는데, 혼자 하게 생겼다. 그냥 개겨버릴까? 다음

---

71 follow up : 향후 관찰.

주 금요일이 마지막 날인데 말이다. 그거 안 하고 그냥 넘어간다고 해서 점수에 지장도 없지 싶은데, 다음 주 금요일 날 강시웅 교수님 자기가 했던 말 다 잊어버렸으면 좋겠다.

자야겠다. 벌써 12시 30분이나 됐군. 내일도 일찍 가야 할 텐데.

2002년 4월 20일 토요일 맑음

오늘 정말, 정말 수업 후에 시간이 얼마나 걸리든 간에 애들 다 앉혀 놓고 등산 일에 관해서 말하려고 했다. 그것 때문에 제대로 수업이 머리에 들어오지도 않을 정도였는데, 그만 못하고 말았다. 여자들에게 내가 왜 반성문 쓰게 하고 산에 온 사람들에게 왜 15,000원씩 줬는지 설명하고 그 동의를 구하려고 했는데.

손성권 교수님 강의가 너무 지루했다. 중간 쉬는 시간도 없이 2시간 연강을 한 데다 10분이나 오버해 버렸으니, 다른 애들은 물론이고 나까지 너무나 지쳐버렸다. 게다가 오늘 따라 애들도 왜 이렇게 많이 안 왔는지, 반 정도는 왔을까? 그 와중에 다음 주 월요일 4교시가 비어 있기에 월요일에 할까 하는 생각에, 그만 넘겨버렸다. 월요일에 할지, 아니면 아예 안 하고 넘겨 버릴지. 너무 시간을 끌어서 좋을 건 없겠는데 말이다. 아예 안 해버리는 건 어떨까?

2002년 4월 21일 일요일 맑음

　대구 마라톤이 열리는 월드컵 경기장은 마라톤 참가자들로 인해 그 넓은 경기장이 가득 차 보였다. 총 참가자가 9000명 정도 된다는데, 이렇게 사람들이 많이 모이다니. 그런데 가만히 생각해 보니까 이 경기장은 대략 7만 명이 들어가는 경기장이다. 그렇다면 거의 오늘보다 8배는 많은 사람들이 모이는 곳이 이곳이군. 엄청나다.

　여기서 마라톤이라고 하기에는 많이 짧은 5km를 완주했다. 내가 잰 시간으로는 27분이었는데 지금까지 연습했던 것 중에서 제일 좋은 기록이었을 거다. 연습이라 해야 뭐 4번 정도 뛴 게 다였고, 그 중에서도 시간을 잰 건 2번뿐이었으니. 어쨌든 5km를 뛰면서, 걸으면서, 뭐 재밌게 보냈다. 다 뛰고 완주 메달도 하나 받았으니. 기왕이면 홈페이지에 올리게 완주증도 줄 것이지.

　종훈이, 용석이, 재오, 정환이와 또 5명, 그리고 최현석 교수님, 김중규 교수님, 박일균 교수님, 내가 직접 보지는 못했지만, 최병규 교수님과 조용훈 교수님까지, 많은 사람들이 이 경기에 참여했다. 교수님들 가족들까지 합치면 더 많은 인원이 여기 왔겠지. 생각보다 의사들이 많이 뛰는군. 출발은 우리 본과 3학년생 5명이 다 같이 했지만, 골인은 나랑 종훈이가 한참을 앞서서 했다. 5km는 거의 5000명이나 뛰는 거리였는데, 내가 그 중에서 대강

한 50등은 했다고 형이 그랬다. 그렇게 빨랐나? 다들 연습 안 하고 한번 뛰어보는 거겠지? 조금만 연습한 사람은 다들 10km로 빠질 테니까. 어쨌거나 기분이 되게 좋았다.

마라톤을 끝내고 교수님들 하고 만나서 점심이나 먹고 싶었는데, 그냥 헤어졌다. 김중규 교수님 아들이 2시에 수학경시대회에 나간다나? 지금 성서에 태워줘야 한다면서, 다음에 보자고 했다.

우리끼리 교수님 흉보면서 점심 먹고 만화방 가고 게임방 가고 그랬다. 대낮이라 그런지 왜 그렇게 할 게 없던지, 만화방 1시간, 게임방 1시간 있다가 그냥 각자 집으로 헤어졌다. 내일 다시 만날 걸 기약하면서.

오늘 처음 해본 마라톤. 솔직히 5km라서 마라톤 타이틀을 붙이긴 좀 그렇지만 하여간 별것도 아닌 거였는데 아침에는 좀 떨렸다. 내가 무슨 선수나 된 양, 약간은 의기양양해지기도 했고, 가슴에 12004번이라는 번호판 달았을 때는 참 좋았다. 다음에는 10km 정도에 참가하고 싶기도 하고 그랬다. 그런데 겨우 5km 뛴다고 연습 4번, 일 주일에 한 번씩, 한 달 한 것도 이렇게 피부가 검게 타는데, 하프 코스 뛰는 사람들은 얼마나 검을까? 그러고 보니까 3시간 40분 만에 풀코스 완주한다는 김중규 교수님은 정말 검었다. 저 검은 피부 나중에 나이 들면 다 기미로 바뀌겠지? 나도 저렇게 될 것 같은데.

그래도 한 10km 정도는 기록 하나 가지고 있는 것도 좋을 것 같은데 말이다. 계속 취미 삼아 슬슬 한번 뛰어 볼까? 일 주일에 한 번 정도 계속 뛴다? 뭐 못할 것도 없긴 한데, 거기에 또 너무 얽매이고 싶지는 않네. 사실 마라톤 하면 산소 요구량이 너무 증가해서 최종적으로 몸에도 별로 안 좋을 텐데 말이다.

오늘 경기장에 형이 디지털 카메라를 들고 와서 사진 많이 찍어 줬다. 저녁에 보니까 거의 100장은 될 듯. 그 중에서 마음에 드는 사진을 하나 골라 카페에나 올려야겠다. 오늘 하려고 했는데 내일 내 홈피에 올려준다고 하니, 기다려야겠다.

2002년 4월 22일 월요일 맑음

오늘 하루 종일 무슨 일이 있었지? 아, 오후 회진 돌 때 이규찬 교수님한테 찾아가서 산부인과 실습이 거의 끝나 가니까 회식이나 한번 하자고 했다. 우리 조 남자 4명 모두와, 5조 석환이하고 명석이 형까지 합쳐서 6명이 찾아가서 그렇게 말했다. 쾌히 승낙하신 이규찬 교수님이셨고 목요일로 날짜까지 즉석에서 잡아버렸다. 이렇게 빠르다니.

교실에 앉아있는데 최현석 교수님이 어제 마라톤하고 그냥 헤어져서 섭섭하다면서 저녁 같이 먹자고 했다. 문제는 내일 먹자던데, 내일 과외 하는 날인데 말이다. 평소 과외 하는 날이라면 하루 정도 조정해도 괜찮지만 내일은 과외 돈 받는 날인데, 이 일을 어쩌나 싶다. 1시간 정도만 미루고 저녁 먹고 갈까? 아님 깨끗이 저녁 포기하고 과외 돈 기쁜 마음으로 받을까?

한 달 간의 산부인과 실습이 이제 거의 다 되어 간다. 내일 하고 모래는 제일산부인과 의원으로 파견 가는 날이고, 그 다음 날은 산부인과 종합 시험, 또 그 다음 날은 명목상 케이스 발표하는 날이다. 그럼 이제 토요일이 될 거고. 다음 주부터는 소화기 내과로 옮겨가겠지.

산부인과 돌면서 재밌었던 적도 많았는데, 특히나 이규찬 교수님하고. 준택이 말에 의하면 이규찬 교수님은 웃을 때 진짜 재미있단다. 교수님의 그 큰 덩치가 웃을 때 '오호호호' 이렇게 소리 내 웃다니 말이다. 흉내 내는 준택이가 훨씬 더 웃긴 것 같기도 한데.

이번 주는 무척이나 바쁜 주가 될 것 같다. 새로 시작한 과외 때문에 주중에 거의 2일이나 시간을 빼야 한다니. 바쁘게 살아야지 뭐.

2002년 4월 23일 화요일 비

어제 밤 일기 예보에 오늘 비 올 확률이 40%에서 100%라고 했는데, 정말 아침부터 비가 많이 왔다. 비올 확률 100%라. 그렇게 말해 놓고 비가 안 오면 어떡하려고 100%라는 말을 쓸까? 그만큼 자신 있다는 거겠지. 실제로도 이렇게 비가 왔으니.

한국산부인과 병원으로 파견 갔다. 오전 내내, 유전자 검사법에 의해서 나타난 46개 염색체를 분류하는 작업을 했는데, 아니 작업이 아니고 공부였다. 어떻게 염색체를 분류하는지 설명 듣고 직접 한번 해 보았으니. 내일은 이걸로 시험 친다는데 어떡할까 싶어진다. 7번 염색체나 8번 염색체나 그게 그거였는데, 이걸 어떻게 구분한다는 말일까? 하긴 그 흰 가운 입은 20대 여자는 잘 알아보더라. 근데 우린 처음이니.

유전자 실습이 끝나고 석환이하고 팔공산으로 점심 먹으러 갔다. 일인분에 8,000원 하는 갈비살 4인분 먹었다. 여기 맛있는 곳이라고 몇 번이나 얘기하던데, 솔직히 나는 뭐 음식 맛을 그렇게 따지는 편이 아니라서. 미식가도 아니고 꼭 맛있고 비싼 음식 찾으러 돌아다니지는 않으니까. 점심 먹고 차 엔진 오일 갈고 머리 깎고 사진 찍었다. 운전면허 갱신일이 다가오는데, 다행이다. 면허증 분실한 지 6개월 만에 운전면허 갱신일에 맞추어 다시 면허증을 찾는 날이 돌아왔으니 말이다. 그 일 하고 다시 학교로 가서 최현석 교수님하고 회식했다. 낮에도 고기 먹었는데 저녁에도 돼지갈비 먹었다. 마라톤 뛰고 나서 못 만나서 섭섭했다면서 이렇게라도 저녁 먹자고 그러셨다. 오늘 과외 있는 날이라서 안 오려고 하다가, 저녁만 먹고 일찍 나왔다. 나머지 애들하고는 맥주도 한잔 하는 것 같던데, 난 오늘 술 마시면 안 되지. 회식 후 과외하러 가서 돈까지 받았는데, 최소한의 매너는 지켜야지.

오늘 참 많은 걸 했다. 내일도 한국산부인과 파견 가는 날인데, 오전 내로 끝나겠군.

아, 좀 전에 메일에 낯선 이름의 김대근 씨가 보낸 편지 봤다. 내 홈피에 있는 글들 많이 읽어 보고, 참 진솔한 글 같다고 칭찬하는 메일이었는데 기분이 왜 그렇게 좋던지. PD까지 하는 사람이 내 글을 칭찬한다는 사실에 무척이나 좋았다. 허준 감상문은 평론에 가까운 감상문이라고? 내가 평론을 썼구나. 앞으로도 좋은 글 많이 부탁한다고 하던데, 이런 독자들을 위해서라도 계속 글은 써야지. 요즘 좀 뜸하고 있긴 한데, 내일은 학교 가서 글이나 쓸까?

2002년 4월 24일 수요일 맑음

한국병원 파견 이틀째, 신진식 원장님 강의를 듣고, 염색체 번호 쓰기 시험을 쳤다. 강의는 한 시간 정도 원장님 노트북의 파워포인트를 보면서 진행되었는데, 무척 지루했다. 사람이 저렇게 강의를 지루하게 할 수도 있구나 싶을 정도로. 원장님 바로 앞에서 그냥 강의 듣다가 딴 생각하다 그랬는데, 내 뒤에 다른 애들은 엄청나게 졸았다고 했다. 하긴 어두운 곳에서 그 느릿느릿한 원장님 말을 1시간 이상이나 연속해서 듣는다는 건 맨 정신으로는 좀 불가능할 것도 같았다.

오전 내로 오늘 스케줄이 끝나 버리고 조원들은 각자 자기 길로 떠났다. 염색체에 관해서 이것저것 좀 많이 배운 이틀이지 아니었을까? 거기 전혜정이라고 우리한테 염색체 알려준 그 선생님이 참 친절했는데, 준영이는 다음 달 다른 조가 여기 실습 올 때 따라오고 싶다고까지 했다. 난 뭐 그냥 그렇던데.

학교로 와서 책 좀 보고 애들하고 놀다가 저녁 때 유철이하고 영화 보러 갔다. 시네마M에서 '재밌는 영화' 봤는데, 제목과는 달리 그리 재미있지는 않았다. 개봉 첫 주만 반짝 하다가 그다음 주부터 관객이 많이 줄었다던데, 아마 입소문이 잘못 났겠지. 그런데 잘못 날 만도 했다. 코미디를 패러디하면 재미없어진다고 그러던데, 그러고 보니까 웃긴 장면을 참 많이도 패러디 한 것 같았다.

2002년 4월 25일 목요일 맑음

지난 4주간의 산부인과 실습을 마무리하면서 종합 평가 시험을 쳤다. 그 시험 시간이 오후 4시라고 생각했었는데, 원래 3시였다나? 여유롭게 일찍 회의실로 와서 다행이지 그렇지 않았으면 시험 시간에 늦을 뻔 했다. 미리 찍어준 20개 중에서 10문제를 출제한다고 그랬는데, 탈족보[72]한 문제가 거의 세 개나 나왔다. 오늘 아침부터 한 서너 시간 정도 공부했는데, 그리 많이 공부한 게 아니라서 100% 맞는 답안을 작성할 수도 없었다. 게다가 세 문제나 탈족보를 했으니.

시험 보고 저녁 회진 돌고 이규찬 교수님하고 회식했다. 우리 6조 전원과 5조에서 석환이하고 명석이만 데리고 와서 교수님하고 일곱 명이서 같이 했다. 은지랑 민경이가 빠진 것은 정말 다행이었다. 여자애들이 없다고 교수님이 홍어회 집으로 갔는데, 그 맛이 아주 특이했다. 암모니아 냄새가 나는 음식이라던데, 말이 좋아 암모니아지, 완전 화장실 냄새가 나는 음식이었다. 무슨 발효 식품이라던데, 옛날에는 진짜 거름으로 쓰는 두엄을 이용해서 발효시켰단다. 그러면 위생 상태는 괜찮을까? 홍어회가 나오기 전에 육회가 나왔다. 태어나서 처음 먹어보는 육회. 육회가 홍어회보다는 훨씬 더 맛있었다. 명석이 형이 말하기를 홍어회는 처음 먹어보는 사람은 절대로 못 먹는다고 그랬는데, 앞으로 다

---

[72] '족보'란 의대에서 과거에 출제되었던 문제들을 모아 둔 책을 말하는데, '탈족보'는 이 책에 들어 있지 않은 문제들을 말함.

시 홍어회 먹을 날이 생기면 또 먹고 싶어질까?

　이규찬 교수님하고 분위기 좋게 회식 잘 했다. 육회도 먹어 보고, 난생 처음 홍어회라는 걸 입에 넣어 봤으니. 이규찬 교수님 참 괜찮은 분 같다. 학생들 점수를 잘 안 줘서 그렇지, 그것만 빼면 관심도 많으신, 아주 인자한 사람이 아닐까?

2002년 4월 26일 금요일 맑음

　마지막 산부인과 실습 날이다. 수술 5건 모두 c/sac[73]이었다. 저번 주에 본 수술은 안영준 교수님 부분 4건이 전부 다른 수술이었는데 오늘처럼 같은 수술만 연달아서 5번이나 보게 되면 지겹지는 않을까?
　그런데 수술 5건이 1번 수술 방과 2번 수술 방에서 동시에 이뤄졌다. 김성기 교수님은 중요한 순간에만 와서 번개처럼 빨리 두 방을 다 커버했고, 뒤처리와 준비 작업은 레지던트 샘들이 했다. 그렇게 하니까 5건 수술하는 데 평소 같으면 6시간은 걸릴 것을 오늘은 3시간 30분 정도 만에 끝나버렸다. 동시에 두 군데 수

---

73 c/sac : 제왕절개술.

술실에서 일어나는 수술 참가한다고 PK도 상당히 바쁘게 보낸 셈이었고. 나도 오늘 스크럽 한 번 섰다.

저번에 처음 봤던 c/sac은 전신 마취로 했었는데, 오늘 수술 중 한 건은 국소 마취로 제왕절개를 한 것도 있었다. 두 눈 또렷이 뜨고 말도 하고 듣기도 하는데 배를 열고 자궁 열어서 그 안에 든 아기를 빼낼 수 있다니. 아무리 가슴 아래로 느낌이 없다고 해도, 심리적으로 불안하진 않을까? 또 어떤 느낌일까? 배를 열고 그 안에 다른 사람의 손과 칼이 들어가는 느낌이란?

수술 후, 저번 금요일 날 나한테 냈던 숙제 검사 받으러 강시웅 교수님에게 갔더니, 레지 4년차한테 검사 맡으라고 했다. 최진석 샘을 찾았는데, 약간은 혼내는 분위기가 만들어지기도 했지만 그래도 총괄적으로 참 신경을 많이 써 주는 것 같았다. 덕분에 choriocarcinoma[74]와 H-mole에 대해서 좀 더 잘 알게 되었으니까. 오후 회진이 끝나고 PK 8명 모두 교수님들과 레지던트 샘들에게 이제 끝났다고 인사드렸다. 지난 한 달 동안 그래도 정들었다면 정들었을 텐데, 또 김태림 간호 조무사 쳐다보는 재미도 있었는데, 이젠 다 끝났다. 마지막에 잘 가라고 하는 교수님들이나 레지던트 샘들 전부 다 친근하게 보였다. 이제 산부인과를 공부

---

74 choriocarcinoma : 자궁 내벽암.

할 순간은 실질적으로 국시 전에는 없다. 또 국시를 끝내고 나면 다시 산부인과를 공부할 기회는 거의 사라질 거다. 다른 건 몰라도 난 산부인과는 안 할 것 같으니까.

2002년 4월 27일 토요일 맑음

수업 끝나고 학과의 총무 일을 맡은 선영이가 과비 잃어버린 것 때문에 애들한테 얘기하려고 남으라고 했는데 뜻밖에 상철이 선배와 설전이 벌어졌다. 나의 승리로 끝났다고 평가했지만 그래도 낮 시간 동안 기분이 가라앉지 않았다. 저번에 얘기하려다가 말았던 거라서 난 좀 준비한 게 있긴 했지만 상철이 선배는 완전히 아무렇게나 말하는 것 같았다. '감정적으로 나는 기분 되게 나빠.' 이런 말을 하는가 하면 '동기가 동기한테 무릎 꿇고 반성문 쓰라고 한 게 어디 말이나 되는 건가?' 이런 식으로. 그래도 그런 상황을 잘 넘긴 것 같았다. 분명히 마지막에 '다른 말 하실 분 있으면 또 말해 주세요'라는 내 말에 말하는 사람은 아무도 없었으니까. 뭘 좀 따지려면 생각이나 제대로 하고 올 것이지, 그렇게 감정만으로 일이 될 게 아니지.

오늘은 내 생일이다. 학교에서는 기분 안 좋은 일이 있었지만 그래도 즐거운 내 생일이다. 저녁때 고교 동문회 했었는데 후배들이 케이크까지 사가지고 축하해 줬다. 오늘 동문회 때는 동철 선배하고 태영이 형도 와서 분위기가 상당히 좋았다. 덕훈이 형 안 온 것만 빼고 나면 거의 모든 인원이 다 참가한 셈이었으니까. 동문회가 5시였는데 학교에서 계속 농구하다가 중국집에 가서 자장면 먹고 술 마시러 갔다. 일찍 시작해서 그런 건지, 12시가 돼서 다 끝나버렸다. 오늘 술을 좀 과하게 마셨던지, 2차가 끝나고서 길가에다 오바이트까지 해버렸으니. 2차에서는 계속 꾸벅꾸벅 졸았고 말이다. 2차 끝나고 놀이터에서 남자 10명이 모여서 씨름했는데, 생각보다 상당히 재미있었다. 그런데 씨름이 얼마만이지? 초등학교 다닐 때 한참 하다가 중학교 때 한 번 정도 해보고 거의 10년 만이지? 어쨌든 첫 번째 상대인 재석이는 가볍게 이겼다. 그런데 무슨 씨름을 승자 승 원칙에 따라서 이긴 사람이 계속 새로운 사람하고 붙게 하는 희한한 룰을 적용했는데 술 마시고 밤 11시에 씨름을 한다는 게 힘들었다. 3판 2승제를 다 이기고 나서 새 사람과 다시 붙는다는 건 정말로.

　재석이 이기고 그 다음에 현욱이하고 했는데 1승 2패로 졌다. 그래도 첫 판은 이겼으니 나름대로 선전은 한 셈이지. 3차로 간단히 맥주 마시고 집에 왔다. 많이 취한 것 같다.

위 내시경과 대장 내시경

소화기 내과 실습 일기

2002년 4월 29일 월요일 맑음

월요일 수업은 왜 이렇게 듣기 싫을까? 일주일에 수업 있는 날은 월요일하고 토요일인데, 여유 있는 토요일에 비해서 수업이 있다는 것이 같은 월요일은 한 주가 시작한다는 부담 때문에 수업 듣기 힘든 걸까? 오전에 수업 듣고 있으면 오늘이 토요일인지 월요일인지 가끔 헷갈릴 때가 있던데, 오늘이 토요일인 줄 알았다가 그게 아니라는 걸 알면 그때 느끼는 허탈감은 진짜 상당하다.

그런데 오늘 수업은 상당히 재미있었다. 윤정해 교수님 시간이 두 시간이나 있었는데, 진짜 웃기면서 진행하는 수업이었다. 내용은 별로 한 것도 없었는데, 거의 2시간 동안 계속 웃으면서 보낼 수 있었다. 흉부외과 과장님인데, 이젠 인생의 마지막 즐거움을 맛보는 때일까? 자기 나이가 52세라고 하던데, 아직 20년은 더 살면서, 별로 고민 없이 지낼 수 있겠지. 약간은 부럽기도 하고, 아직 젊은 내가 더 낫다는 생각이 들기도 하고.

오늘부터 새롭게 소화기 내과를 실습한다. 내과 중에서는 3주라는 제일 긴 시간을 실습하는 과. 다시 말하면 모든 의학의 중심이 바로 이 소화기 내과가 아닐까 싶어진다. 내과 중에서도 제일 힘이 센 곳이니까. 그래서인지 소화기 내과는 다른 내과와 외래 위치가 아예 달랐다. 스탭 수도 6명이나 있어서 다른 내과보다도 두 배 이상 많고. 그만큼 환자도 훨씬 많을 거고.

첫 날 스케줄은 별다른 게 없었다. 그냥 오후 회진 참가하는 것과 그 전에 내시경 몇 번 보는 것이 다였는데, 한 10여 분 정도 참관한 colonoscopy[75]는 정말 아찔했다. 아프다는 환자를 달래 가면서 그 짧은 시간에 길이 80cm, 지름 1cm는 될 듯한 내시경 관을 항문으로 집어넣는데, 아, 그 느낌은 도대체 어떤 걸까? 내 배 안에 지름 1cm는 될 것 같은 두꺼운 관이 들어가서 안에서 막 움

---

[75] colonoscopy : 대장 내시경.

직인다면, 개미 1억 마리가 몸 안에서 움직이고 있는 느낌은 아닐까?

오후 회진 마치고 레지던트 3년차 샘이 22명의 소화기 내과 입원 환자들을 간단히 설명해 줬다. 지금까지 이렇게 해 준 레지던트 선배는 아무도 없었는데, 참 고맙기도 하고, 한편으로는 다리 아픈데 설명이 길어져서 빨리 끝났으면 하는 맘도 들고 그랬다.

2002년 4월 30일 화요일 비

학교에 오는 중에 차내 라디오 방송에서 오늘이 4월 마지막 날이라는 말을 들었다. 그렇군. 이제 명실공히 PK 실습을 돈 지 두 달이 된 셈이네, 이렇게 열 달이 되면 2002학년도 실습도 끝이다. 그런데 요즘 왜 이렇게 자꾸 피곤한 건지. 한 삼사 일 쉬었으면 참 좋겠는데. 작년 4Q[76]부터 올해 2월달까지 너무 많이 놀아서 그 후유증이 남아 있는 걸까? 그러니까 몇 달은 논 셈이지? 거의 너댓 달은 놀았으니.

아침에 회진 돌고 난 후에 김재훈 교수님한테 한 소리 들었다.

---

[76] 4Q(fourth quarter) : 의대에서 1년을 4등분한 마지막 학기.

회진 돌 때 적극적으로 참여하지 않고 뒤에서 그냥 형식적으로 따라다닌다고. 그렇게 할 거면 실습 왜 나오냐면서. 이상하다. 상당히 마음 좋은 교수님이라 들었는데, 오늘 아침에 사모님하고 싸우고 병원 왔나? ㅋㅋ

회진이 끝나고 자기 스케줄대로 움직였다. 내가 하루종일 해야 할 스케줄은 오전 오후 모두 환자 파악. 환자 파악은 실질적으로 스무 명이나 되는 입원환자들의 차트를 검토하고 환자와 직접 문제점도 의논해 보고 잘 모르는 거 있으면 공부하고 또 물어가면서 하는 것이지만 옆에서 누가 간섭하는 사람도 없고, 관례적으로 거의 안 하는 것이 되어 버려서 그다지 열심히 하지는 않았다.

빗줄기가 굵어지다가 가늘어지다가 해서 농구나 투바운드는 전혀 하지 못했고 그냥 교실에서 책도 보고 애들하고 말도 하고, 탁구를 거의 한 시간이나 쳤다. 그리고 기타도 좀 만지작거렸는데 종혁이가 나보고 한 시간 동안이나 기타만 친다고 했다. 그래? 한 시간이나 쳤었나?

오후 회진이 끝나고 뜻밖에 신환 보고 하라는 연락이 왔다. 각각 한 사람씩 네 명의 신환을 목요일 아침까지 보고하라는데, 그러고 보니 내일은 근로자의 날이라 쉬는 날이었다. 학교는 안 놀아도 병원이 노니까 근로자의 날이 쉬는 날이 되어버리는군.

신환 보고 작성은 좀 힘들었다. 내가 맡은 최수현 씨. 이름 보고 여자라고 생각했는데 할아버지였다. 그런데 10층 워드ward[77]에서 아무리 차트를 찾으려고 해도 찾을 수 없었다. 찾다 못해 간호사한테 물어보니까 ERCP[78]한다고 밑에 갔다던데. 1층에 내려가 ERCP 방에서 최수현 할아버지를 먼 거리에서 잠시 보기도 했다.

신환 보고할 때는 환자를 직접 만나서 history taking[79]을 해야 되는데, ERCP 때문에 환자가 잠에 빠져 있어 보호자하고 면담했다. 보호자는 내가 의사라고 굳게 믿는 듯, 그리고 심심한데 잘 됐다는 생각에서인지 참 말을 많이 했다. 그걸 잘 적어놓았다가 종이에 다시 정리해서 차트에 끼워 놓았다. 목요일 아침에 검사한다고 했는데, 그렇겠지. 잘 넘어가야 할 텐데.

집에 와서 늦게까지 컴퓨터하고 전화하고 그랬다. 내일이 휴일(근로자의 날)이라는 여유감이 이렇게 사람을 푸근하게 만들다니.

2002년 5월 2일 목요일 맑음

간 기능이 좋지 않아서 온몸은 물론 눈까지 노랗게 변해버린 단무지 같은 환자에서, CBD cancer[80]인데도 오늘 퇴원하고 싶다

---

[77] 워드(ward) : 병동.
[78] ERCP : 내시경과 초음파로 위장관을 동시에 보는 진단 기구, 또는 그 기구로 하는 진단.
[79] history taking : 병력 청취.
[80] CBD cancer : 간담관 종양.

고 조르는 환자까지 아주 다양한 환자들 봤다. 하루에 담배 한 갑, 소주 한 병씩 10년간 마셔서 췌장에 염증이 생겨 입원한 37세 여자 환자, 얼굴을 보니까 좀 끼가 있는 것 같던데, 술집 여자인가? 매일 하루에 담배 한 갑씩 피다가 입원해서 못 피면 얼마나 피고 싶을까? 저러니 자꾸 퇴원시켜 달라 그러지.

두 다리가 없어서 170 정도의 키에 정상 몸을 가지고 있는데도 몸무게가 37kg 정도 밖에 안 나가는 사람이 있었는데 아마도 조직 폭력배 같아 보였다. 옆에 문병 온 듯한 사람도 상당히 신경질적으로 불평하던데, 그 말하는 투가 살기가 상당히 느껴진다. 병명도 장결핵이란다. 워낙이 생활을 불규칙하게 하다 보니까 결핵에 걸린 거겠지, 다리도 없이. 소화기 내과 입원 환자는 참 다양한 것 같았다.

그저께 김재훈 교수님이 저녁 회진 돌면서 이제 겨우 40살 밖에 안 된 환자의 보호자에게 오늘 밤을 넘기기 힘들 것 같다는 말을 했었는데 역시나 그 환자가 보이지 않았다. 아마 5월 1일날 세상을 떴을 것 같다. 숨을 상당히 거칠게 억지로 쉬고 있었는데, 두 눈을 부릅뜨고 입을 벌린 채로 큰 소리로, 그 상태는 월요일이나 화요일 오전과 오후 회진 때 항상 같은 모습이었다. 마침내 영안실로 갔구나.

환자가 완쾌해서 퇴원할 때면 환자나 보호자 못지않게 담당 의사도 기분 좋겠지, 그런데 그 반대가 되면 어떨까? 보호자의 기분처럼 의사 기분도 축 가라앉을까? 항상 봐 오던 거라서 안 그럴까? 환자들이 병원에서 아무리 많이 죽어가도 의사는 다른 환자를 계속해서 돌봐야 한다. 죽은 환자를 생각하면서 그것 때문에 다른 환자들을 소홀히하면 안 되겠지. 의사가 냉정해야 되는 것은 정말 반드시 갖춰야 할 덕목인 것 같다. 일반인들이 별로 좋아하지 않는 전형적인 의사의 특징이긴 하지만 말이다.

요즘에 계속 잠을 4시간 정도 밖에 못 잔 것 같다. 오늘은 좀 일찍 자고 내일 개운하게 일어났으면 좋겠는데.

2002년 5월 3일 금요일 비

날이 조금 어둡다 싶었는데 학교 가는 길에는 비가 퍼부었다. 예전에는 홍수 피해가 많았다던데 요즘은 가뭄이 더 문제인 것 같다. 태풍이 아닌 홍수 피해는 그다지 들어본 적이 없는 것 같으니. 아마 댐 시설이 좋아서일까? 그래서인지 요즘은 비가 많이 오면 나갈 때 불편한 것만 감수하면 되는 것 같다. 온종일 실내에 있다면 억수처럼 쏟아지는 빗줄기를 바라보는 것도 재미있을 듯. 오후에 비가 그치더니 저녁때에는 완전히 개었다. 내일은 5월의 어느 날처럼 맑고 깨끗한 하루가 되겠군.

오늘 소화기 내과, 내 스케줄은 이번 주 들어 제일 빡빡한 날이었다. 오전에는 운동 기능 검사였고 오후에는 colonoscopy[81]였는데 운동 기능 검사길래 예전에 순환기 내과에서처럼 환자가 운동하며 하는 검사인 줄 알았는데, 전혀 다른 것이었다. 식도의 반사 운동을 체크하는 검사, 즉 물을 삼키고 식도 부위별로 근육의 움직임을 체크하는 방법이 운동 기능 검사였다. 좀 신기하기도 했지만 왜 그렇게 졸리던지, 앉아서 보는데 잠깐씩 졸고 그랬으니 옆에 교수님이 없었고 간호사만 있었던 게 그래도 다행이었다. 하긴 교수님이 있었으면 애초에 졸지 않았을 수도.

오후에 본 colonoscopy는 상당히 재미있었다. 김재훈 교수님이 설명도 많이 해 주셨고, 그리고 환자들 대장에 있는 polyp[82] 떼어 내는 걸 많이 봤는데, 한 사람당 거의 2cm 정도 되는 polyp이 항문에서 80cm쯤 들어가는 위치에서 한두 개 정도는 관찰되었다. 즉석에서 보호자의 동의를 받아 polyp을 제거하곤 했는데 그 polyp을 찾는 일이 그래도 재미있었다.

항문으로 굵기 1cm 정도의 관을 집어넣었지만 그리 아파 보이지 않았다. 간혹 어떤 환자들은 많이 아파하는 것 같았는데, 오늘 본 3명의 환자들은 특별한 반응이 없었다.

두 번째 환자는 대장암 진단을 이미 받았는데 그래서 대장암

---

81 colonoscopy : 대장 내시경
82 polyp : 용종, 소화 기관 내부에 혹처럼 솟아 있는 작은 조직.

조직을 직접 볼 기회가 있었다. 암 조직을 다른 정상 대장 조직들 속에서 찾는 것은 정말 쉬웠다. 전혀 의학에 식견이 없는 사람이 보더라도 저건 이상하다는 생각을 하지 않을 수 없다. 저렇게 검고 거칠게 보이다니. 대장암이라…… 우리나라에는 대장암이 그렇게는 많이 없는 걸로 아는데.

저녁 회진은 6시 30분이나 되어서야 끝났다. 소화기 내과 환자뿐만이 아니고 정형외과에서 consult[83] 받은 게 있었는지 정형외과 환자도 두 명이나 봤으니 시간이 오래 걸리지 않을 수가 없었다. 다리가 진짜 아팠다. 오후에도 계속 colonoscopy 본다고 두어 시간 서 있었는 데다, 회진도 두 시간이나 걸렸으니. 근데 신기한 건 김재훈 교수님은 나보다 훨씬 더 오래 서 있었던 것 같았는데, 전혀 아픈 내색이 없다는 것. 의사들은 다 다리 근육이 정말 튼튼해 보인다. 나도 저렇게 될까?

회진 후에 오랜만에 동네 모임 한다고 시지동에 가서 술 마셨다. 예과 후배들이랑 같이. 예과생들 보는 것은 언제나 유쾌한 일 같다, 정말.

---

[83] consult : 의뢰.

2002년 5월 6일 월요일 비

오후 실습 스케쥴은 ERCP였다. ERCP가 무슨 뜻인가 찾아보니 endoscopy retrograde collangeal pancreaticograpy라는데 잘 모르겠다. 실제로 보니까 내시경으로 들어가는 것과 동시에 외부에 x-ray 정도의 해상도를 가진 췌장 촬영을 동시에 하는 게 ERCP였다. 물론 뭐 x-ray보다야 좀더 선명한 편이었지?

그 동안 저번 주에 ERCP를 본 애들한테서 ERCP가 상당히 힘든 실습이라는 말을 많이 들었는데 생각보다 그리 힘들지는 않았다. 오늘 환자가 2명 밖에 없는 데다, 워낙이 내가 대비를 많이 해서 그런 게 아니었을까 싶다. 지난주에는 거의 환자가 대여섯 명은 되어서 ERCP 한다고 대여섯 시간은 소모한 거 같았는데 이 무거운 납 옷 입고 그 시간 동안 환자가 뀌는 방귀 냄새 맡으면서 서 있기란 솔직히 많이 힘들었겠지. 이상하게 ERCP 받는 환자들은 방귀를 많이 뀌어 댔다. colonoscopy[84] 받는 환자들은 전혀 안 뀌던데, 이건 우연인지.

첫 번째 환자는 식도 본다고 입으로 내시경을 집어넣었는데, 두 번째 환자는 대장 본다고 colonoscopy를 했다. 환자가 검사하

---

[84] colonoscopy : 대장 내시경.

다 말고 지금 화장실 가고 싶다고 하던데, 그때 교수님이 싸고 싶으면 그냥 싸라고 했다. 환자가 정말 쌀까 싶었는데 진짜로 쌌다. 방귀 뀌면서 적지 않은 양이 물똥으로 튄 거 같은데 거참 냄새가 정말 끝내줬다. ERCP 하다가 환자가 똥도 싸는구나. 거참.

2002년 5월 7일 화요일 비

소화기 집담회[85]에서 햄버거 준다는 말 때문에 3학년 PK들이 많이 참가했다. 그 햄버거 덕분에 4학년 민성이도 참가할 정도였으니. 당근의 효용이란 정말 무시 못할 것 같다. 햄버거 한 100개 정도 주문하는 데 드는 비용과 참석률을 높이는 실익을 비교해서 실익이 더 높다면, 많이 써먹을 수 있는 방법이 아닐까 한다. 옛날 선교사들처럼.

소화기 내과 환자들은 거의가 남자다. 지금까지 돌았던 다른 내과에 비해서 남자의 비율이 훨씬 더 높은 것 같았다. 아마 전부 술담배 때문에 소화기 관련 질환이 남자에게 많이 오는 거겠지. pancreatitis[86]가 참 많은 것 같고, liver cirrhosis[87]나 gastric ulcer[88]도 상

---

[85] 집담회 : 의사들이 모여 한 환자에 대해 토론하는 모임.
[86] pancreatitis : 췌장염.

당히 많았다. 우리 병원에서는 pancreatitis가 다른 병원보다 훨씬 많다고 하던데, 하긴 소화기 내과 교수진이 상당한 수준이지. 이 아무개 교수님만 빼면.

오늘은 하루 종일 환자 파악이었는데 교실에서 참 많은 일을 했다. 그동안 밀린 일기도 쓰고 탁구도 많이 치고, 또 대학신문에 영문 번역도 하고 그걸 다시 부치고. 맞아 또 『상도』도 많이 봤지. 그러고 보니까 요즘에는 영어 공부 안 한 지가 꽤 된 것 같았다. 『성문종합영어』 한 번 다 본 게 그러니까 두 달 만이고, 또 다른 목표를 찾긴 찾아야 할 텐데.

하루 종일 비가 참 많이도 왔다. 어제부터, 장마철도 아닌데 비가 이렇게나 많이 오다니. 밤에 비 오는 데 운전하는 건 솔직히 좀 위험한 편인 것 같다. 뒤가 거의 안 보이니까.

2002년 5월 8일 수요일 흐림

오전 스케줄은 내시경 참관이었고 오후에는 EUS[89]다. 그런데

---

[87] liver cirrhosis : 간경화.
[88] gastric ulcer : 위궤양.
[89] EUS : 위장관 보는 진단 기구, 또 이 기구로 진단하는 일.

오후 5시에 있는 case 발표 때문에 오후 스케줄은 그냥 건너뛰었다. 명석이 형하고 같이 가는 거였는데 오전에는 내시경 환자 두 번 보고 오후에는 그냥 명석이 형만 들어갔다. 나는 케이스 준비한다는 핑계로 안 들어갔는데 솔직히 진짜로 핑계였지. 명석이 형한테 미안한 생각도 들었다. 오후 내내 『상도』 보고 탁구 치고 오랜만에 맑은 날씨 속에서 농구까지 했으니.

신현주 교수님과 케이스 발표는 빨리 끝났다. 워낙이 바쁘신 분이라서 지금까지 아무도 신현주 교수님 하고는 케이스 한 적이 없었다고 했는데, 그래서 나도 오늘 하게 될까 생각하고 있었는데, 참 뜻밖이었다. 대신 한 사람당 한 4분씩 둘이 합쳐서 10분이 채 흐르지 않았으니, 진짜 초고속이었다.

아, 오늘 아침에 신현주 교수님이 김광욱 샘을 엄청나게 혼냈다. 워낙이 인상부터가 자신감이 없어 보이는 김광욱 샘인데다가 표정도 어두웠고 그리 튼튼해 보이지도 않는데 나이도 많은 편이다. 레지던트 4년차 이은욱 선배보다 3살이나 더 많으니. 그런데 일을 뭔가 잘못한 것 같았다. 신현주 교수님이 저렇게 화내는 모양은 본 적이 없었으니. 한 번만 더 이런 일이 생기면 시말서를 써내라고 할 정도였는데. 그 정도라면 환자가 잘 몰라서 그렇지, 알게 된다면 의료 사고 소송이라도 낼 만한 수준일까? 그래도 드라마 종합 병원 같은 데서 나오는 레지던트 폭행은 없었다. 그냥, 말로 좀 오랫동안 뭐라고 그러는 수준이지. 요새는 외과 파트에서도 전공의 폭행은 없어진 지가 상당히 됐다고 했다. 일반외과에서도 그런 일은 없다고 하니까 다른 데도 그렇겠지.

케이스 발표하기 전에 『상도』 1권 다 봤다. 전 5권까지 되어 있는 것, 이제 1권을 다 보긴 했는데 내 책이 아니라서 좀 그랬다. 준영이가 과연 5권까지 다 살 것인지도 궁금하고, 생각보다 그렇게 재미있게 읽은 것도 아니고, 그래도 내일부터 2권 볼 거다. 영어 공부도 해야 되는데…….

내일은 하루 종일 환자 파악이니 꼭 해야겠다.

2002년 5월 9일 목요일 맑음

아침 7시 30분 내과 집담회에 참석은 했지만 한 시간 내내 완전히 자고 말았다. 뭐 처음부터 그 집담회를 들어보겠다는 생각으로 참석한 건 아니었지만 끝나고 나니 그래도 좀 찝찝했다. 게다가 우리 조에서는 나밖에 참석하지 않았는데, 더군다나 준택이는 학교에 일찍 와 놓고도 가기 귀찮다는 이유로 안 갔다. 그래도 오늘부터 도는 소화기 내과 태희 선배가 나만 집담회에 참가했다는 것을 알고 있었다. 참석했다고 따로 칭찬한 건 없었지만 그래도 내가 참석했다는 걸 알아주는 사람이 있을 테니 기분이 조금 좋아졌다. 물론 집담회 내용은 전혀 모르지만.

류인혁 교수님이 도는 아침 회진 마치고 환자 파악을 강의실에서 대강 했다. 오전 내내 『상도』 보고, 탁구 치고, 인터넷 잠시 하고. 재오하고 탁구를 8세트나 했는데, 전부 다 이겨버렸다. 표현은 안 했지만 정말 속이 다 후련했다. 자식, 지가 몇 번 이겼다고 콧대 세우고 다니는데 고거 참 쌤통이었다.
　오후 한 4시쯤 9층 병동으로 가서 내가 맡은 환자 차트 보면서 이것저것 보고 있었는데 태희 선배가 신환 왔다면서 가서 history taking하고 내일 presentation하라고 했다. 상당히 점잖게 보이는 60대 남자 환자였는데 보호자 없이 혼자 있는 모습이 좀 심심해 보였다. 그래서인지 묻는 말에 참 순순히 대답해 주는 것 같았다. 내 가슴에 있는 의과대학교 김민섭이란 이름표도 보았을 텐데 별로 거리낌 없이 말해줬으니. 별로 뚜렷한 증상이 없어서 impression 잡기가 좀 힘들었다. 식중독이 있었다고 해서 그냥 태희 선배한테 식중독일 거라고 했었는데 가만히 생각해 보니 그게 벌써 20일 전쯤이었다. 이런, 20일이나 계속되는 식중독이 어디 있담? 그래도 태희 선배 잘 해줬다. 회진 다닐 때 해야 할 일, 하면 안 되는 일 친절하게 설명도 해 주면서, 농담도 곁들이고. 확실히 학교 선배들이 병원에 포진해 있으니까 이런 점들이 좋은 것 같았다. 내일 아침에 신환 presentation할 필요는 없다고 했다. 왜냐면 오후 회진을 김진용 교수님이 돌았는데 내일 아침도 김진용 교수님이 돌 거라고 하니까 오늘 오후에 태희 선배가 전부

다 말한 걸 내일 아침 내가 다시 말할 필요는 없다는 뜻이지 뭐.

내일은, 아침 8시 30분까지만 오면 되는 날이었나? 그래도 7시 30분까지 도착해야겠다. 영어 공부도 할 겸.

2002년 5월 10일 금요일 맑음

이상하리만큼 피곤한 하루였다. 아침 7시 30분에 학교에 도착해서 8시까지 라디오 영어 듣기 하다가 너무 졸려서 교실로 가서 한 30분 잤으니. 낮에 휴게실에서 탁구 치다가 옆 소파에 누워 한 30여 분 또 잠들었다. 준영이가 병원 가자고 일어나라고 하던데 나도 모르는 사이에 10분만 더 자고 가자고 했으니. 올해 들어 이런 일은 처음이다.

우리 병원 신관은 11층까지인데 1층에서 5층까지는 각 과별 외래 진료실과 각종 검사실, 수술실, 중환자실, 교수 연구실 등으로 꽉 차 있다. 6층부터 10층까지가 각종 병실이 있는데 대략 한 층에 베드[90]가 60개 정도 되는 것 같다. 그러면 신관에는 침대가 300개 정도 있다는 뜻이다. 구관도 크기는 비슷하니 우리 병원은

---

90 베드 : 환자가 쓰는 병원의 침대.

대강 6~700베드 정도?

  그중 각 층 중앙 라운지 바로 옆에 있는 병실은 정도가 좀 심한 환자들이 있는 곳이다. 거기서 소화기 내과 환자들을 참 많이 본 것 같았는데, 이곳에서 영안실로 가는 환자들도 많았다. 여기 있는 환자 보호자들 중에는 헌신적인 사람들이 참 많았다. 환자가 거동도 잘 못하거나 정신 상태도 혼미해서 옆에 있는 것만으로도 상당히 힘들 텐데, 소화기 내과를 돌기 시작한 2주 전부터 아침저녁 회진 때 항상 옆에 있는 보호자들을 보면 가슴이 뭉클해지곤 한다. 대개 이런 환자들은 나이가 많아 보호자들은 아들, 딸이나 손자, 손녀들이 대부분인데, 대부분 아들이 아닌 딸 같았고 손자 아닌 손녀 같았다. 그녀들이 회진 도는 담당 교수님이나 레지던트 주치의 샘에게 보내는 눈빛은 참 애틋했다. 몇 마디 하지 않고 끝내는 의료진들에게도 꼭 '수고하셨습니다'라고 끝인사하는 것도 그렇고.

  오후 스케줄은 colonoscopy[91]였는데 환자가 별로 없었다. 김재훈 교수님 옆에 있었더니 교수님이 궁금한 거 없냐고 그러시기에, 환자가 얼마나 아픈지 궁금하다고 그랬더니, 다음 주 화요일쯤에 내시경을 한번 받아 보라고 했다. 그래? 한번 받아 볼까?

---

[91] colonoscopy : 대장 내시경.

병원 일이 모두 끝나고 호진이 집에 가서 놀았다. 생일 파티를 한다고 놀러갔는데 한 열세 명 정도가 같이 갔다. 거기서 술 먹고 놀고 게임하고 그랬었는데 술을 생각보다 좀 많이 마셔버렸다. 그래도 내일은 뭐 1,2교시가 없는 날이니까.

2002년 5월 11일 토요일 맑음

옛날에는 견일수 교수님 별로 안 좋아했다. 그랬는데 사람은 역시 변하나 보다. 오늘 3,4교시는 듣기 힘든 수업일 거라고 생각했는데, 쉬는 시간도 없이 두 시간을 꽉 채운 수업을 별 무리 없이 소화해 냈다. 게다가 교수님에 대한 반감도 전혀 없이 꽤 즐겁게 들었다. 오늘 수업 때 과대표가 참 잘한다고 칭찬까지 했으니, 그러니까 나보고 잘한다고 칭찬한 교수가 김승환 교수님에 이어 두 번째군. 정말 뭔가 잘 하기는 하나 보다. 그런데 그게 뭔지 참 궁금하다.

수업 마치고 애들하고 농구나 하면서 어제 마신 술독 다 빼내려고 했는데, 뜻밖에 농구장에서의 행사 준비로 그냥 집에 가게 됐다. 오늘이 speech contest[92] 하는 날이었군.

날씨가 정말 좋았지만 그냥 집에 와서 이것저것 했다. 5시쯤에 삼성하고 LG 야구 중계 보면서 오랜만에 여유를 즐겼다. 저녁 먹고, 컴퓨터하고 TV 보면서 계속. 오랜만에 글이나 한 편 써서 홈피에 올려야겠는데 잘 안 되고 있는 것 같다. 예전에는 글감이 없어서 글쓰기가 좀 힘들었는데, 요즘은 주위에 글감이 넘쳐나고 있는데 시간 때문에 거의 쓰지 못하는 것 같다. 마라톤 이야기를 써도 좋을 텐데 말이다.

2002년 5월 13일 월요일 맑음

어제 일기 예보에 오늘 낮 최고 기온이 28도라고 하던데, 별로 안 움직여서 그런지 땀은 전혀 흘리지 않았다. 체질이 조금이나마 변한 걸까? 예전에는 그렇게 흘리던 땀도 오늘 같은 초여름 날씨에 전혀 흘리지 않았다니.

수업 끝나고 ERCP 실습을 하는데, 항상 환자 나이가 60살이 넘었던 것에 비해서 오늘은 15세의 작은 환자가 ERCP 침대에 누워 있었다. 참 애처롭기도 하지, 저렇게 말랐다니. ERCP 자체가 신체 기관에 해를 끼친다. 그래서 검사하는 사람은 항상 무거운 납옷을 입어야 하는데 그것 때문에 ERCP 실습은 좀 힘든 편이

---

92 **speech contest** : 대구가톨릭대 의대에서 해마다 하는 영어 말하기 대회

다. 그런데 15살 밖에 안 된 어린 아이가 ERCP를 할 정도로 몸이 안 좋아진 걸까? 상당히 말라 보이는 데다, 얼굴빛도 많이 희었다. 빈혈기도 있겠지. 검사하는 도중 무척 아픈 듯 몸을 많이 움직여 댔다. 입으로 내시경이 들어가는 거라 고함은 못 치지만 그래도 아프다는 소리를 표현하기에는 충분했다. 교수님이 나보고 환자가 못 움직이도록 꼭 잡고 있으라고 했는데, 마음이 아팠다. 왜 이런 일을 해야 하는지. 아니 왜 저런 몹쓸 병에 걸려가지고 이 고생을 해야 하는 건지.

ERCP 검사는 3명뿐이었고 3시간 30분 만에 끝났다. 다른 날에 비해서 그리 일찍 마친 것도 늦게 마친 것도 아니었다. 오후 회진이 끝나고 신환 보고를 한 사람씩 하고 오늘 일과를 끝냈다. 내일은 스승의 날 행사가 있는 날이고 그래서 김중규 교수님 선물도 사야 되는 날인데, 바쁘네. 영어 공부는 언제 할 수 있을까?

2002년 5월 14일 화요일 맑음

오전 회진이 끝나고 하루 종일 그냥 쉬었다. 화요일하고 목요일 날 하루 종일 있는 환자 파악은 참 소화기 내과 실습 기간을 편하게 만드는 것 같다.

오전에 백화점에 가서 스승의 날 기념 선물 사고, 회진이 다 끝난 후에는 스승의 날과 성년의 날 기념행사와 그 뒤풀이에 참석했다. 항상 있는 것처럼 다 끝난 후에는 담임 교수님하고 노래방에 가서 노래 부르고 술 마시고 했는데, 별로 재미없었다. 아무래도 김중규 교수님이 나를 바라보는 눈매가 영 별로였는데, 그렇다고 다른 학생들을 바라보는 눈매는 안 그런 것 같았으니. 잘 모르겠다. 서로 모른 체할 수밖에 없는 건지. 다행히 노래방에 온 애들 숫자는 스무 명이나 됐고 교수님들도 서너 분이나 오셨다. 분위기도 처음부터 끝까지 화기애애했고 노래방이 끝난 후 따로 맥주 한잔 하러 갔을 때에도 거의 열댓 명이 넘는 애들이 따라올 정도였으니. 오늘 행사 뒤풀이는 대성공이었다.

내 기분만 좋았으면 정말 괜찮았을 텐데, 옛날 사람들이 '나 자신이 우주다'라고 말한 게 이럴 때 공감이 간다. 다른 사람들 모두가 다 좋아해도 나만 기분이 안 좋으면 아무 소용없는 것이 꼭 내 자신이 우주라서 그런가? 내 자신이 없으면 어떤 모든 것도 없는 거나 마찬가지니까. 지금도 그냥 기분이 좀 그렇네.

2002년 5월 16일 목요일 흐림

오랜만에 집에 일찍 와서 저녁 먹었다. 일찍 와서 저녁도 먹고 케이스 준비도 하고 또 스코틀랜드와 축구 평가전도 봤다. 뜻밖에 안젤라 누나하고 경식이가 있었는데, 내가 오자마자 한 시간 정도 후에 갔다. 축구는 편한 마음으로 볼 수 있었다.

4대 1이란 점수 차로 이기다니. 우리나라가 잘한 건 사실이지만 솔직히 스코틀랜드가 너무 못한 것 같았다. 아무리 시차 적응이 힘들고 비까지 오는 악천후였다고는 해도 저렇게 못하다니. 축구 보고 스포츠 뉴스에서 이승엽이 홈런을 두 개나 쳐서 송지만 하고 공동 1위로 올랐다는 보도도 들었다. 오늘 홈런 두 방으로 삼성은 더블헤더 두 경기 다 이기고 게다가 이승엽은 타점도 선두로 올라갔다. 홈런도 선두고. 올해 이승엽이 아시아 홈런 기록을 갱신했으면 좋겠는데.

축구 다 보고 인터넷으로 스포츠 기사까지 읽은 후에야 케이스 준비했다. 내용이 많지 않은 케이스라서 다 하는 데는 얼마 걸리지는 않았지만 그래도 내일까지 알아 오라는 이태길 교수님 말씀을 적은 종이를 학교에 놔두고 오는 바람에 좀 기분이 찝찝했다. 집에서 보려고 해리슨[93]까지 들고 왔는데 이렇게 되다니.

내일이면 소화기 내과도 마지막이다. 내일 케이스를 마지막으로 모두 끝나겠지. 그렇게 되면 이제 국시[94] 칠 때까지 소화기 내과 볼 시간은 언제나 생기게 될까?

---

93 해리슨 : 의사들과 의대생들이 가장 많이 보는 내과학 책.
94 국시 : 의사 자격 취득을 위한 국가 고시.

이번 주도 거의 다 끝났네. 다음 주부터는 흉부외과 실습이고. 그 다음 주부터는 일반외과다. 곧 월드컵이 우리나라에서 개막되는데 힘든 외과 쪽들이 그 기간에 몰려 있어서 좀 그렇다. 미국 전은 표까지 끊어 놓았는데.

2002년 5월 17일 금요일 비

벌써 며칠째 계속 비가 오고 있는 건지. 이번 주 일요일은 동문회 체육대회도 있는데 그날 비는 안 오더라도 운동장의 빗물은 각오해야 할 것 같다.

어제 방사선과 집담회가 끝나고 신환 보고 줄까 싶어 우리 조 네 명이 다 도망쳤는데, 아침에 그것 때문에 태희 선배한테서 완전히 혼났다. 한 10여 분 동안 계속해서 혼났는데 솔직히 우리가 잘못한 거니까 억울할 것도 짜증나는 것도 없었다. 다만 송구스러울 뿐이었지. 서보건 교수님이 회진하러 오시는 바람에 태희 선배도 입을 다물었는데 마지막에 한 말이 '너희는 점수 없다.' 이 말이었다. 얼마나 어깨가 축 처지는지. 회진 도는 1시간 내내 계속 기분이 별로 안 좋았다. 그런데 회진이 끝나고 뜻밖에 태희 선배가 웃으면서 앞으로는 그러지 말라고 했다. 나보고 기운 좀 내라고 그리고 준택이 보고는 인상 펴란 말까지 농담처럼 말하곤 했다. 태희 선배, 참. 내가 가장 이상형으로 생각하는 여자 성격이 바로 저런 모습인데, 그런 성격의 소유자를 이제야 만나게 되다니. 그런데 태희 선배는 유부녀인데…….

오후에 colonoscopy[95]를 보는데 17살 여고생이 환자로 왔다. 지금까지 거의 60대들만 보다가 10대 환자를 보게 되다니, 그것도 colonoscopy를. 김재훈 교수님도 기분이 좀 달랐는지 그 환자한테 colonoscopy 하는 도중에 말을 걸기도 했다. 좀처럼 말 수가 적은 분인데 말이다. 오후 4시로 잡혔던 류인혁 교수님과의 case는 presentation은 없이 그냥 report 제출로만 끝났다. 내일 학회 가신다고 하더니 좀 바빴겠지.

마침내 소화기 내과 실습도 끝났다. 3주간 소화기 내과 실습. 8분과를 거느리고 있는 내과에서 제일 실습 시간도 길고 환자도 많고, 스탭 수도 다른 과에 비해서 거의 두 배는 많은 과, 그런 만큼 실습 과정도 힘들다는 과가 오늘 끝났다. 배 아프면 찾는 병원이 바로 소화기 내과니까 거의 뭐 의학의 기본이 바로 이곳이 아닐까 하는 생각이 들 정도로 대단한 과.

실습 끝난 기념으로 실습기라도 쓸까?

---

[95] colonoscopy : 대장 내시경.

2002년 5월 18일 토요일 비

벌써 며칠째 비가 오는 건지 모르겠다. 거의 3일째 계속 비가 내리는 것 같은데 이건 뭐 장마가 와 버린 건지. 격년차로 비 오는 양이 차이가 이렇게 많이 나다니. 하여간 오늘은 그칠 줄 알았는데 오전 내내 가랑비 같은 빗줄기가 계속해서 떨어졌다. 수업 마치고 농구라도 한 게임 하려고 옷도 거의 아주 간단하게 입고 갔는데 아무것도 한 것 없이 집에도 그냥 일찍 왔다.

1,2교시는 흉부외과 수업이었는데 교수님이 어제 술 마시고 아주 집에 늦게 가셨다나? 덕분에 수업 안 하고 놀았지만 그 두 시간 다시 보강할 생각하니까 아찔하다. 교수님들이 수업에 너무 관심 없는 건 아닌지. 다음 주부터는 토요일 오후에 차츰 보강 수업으로 들어간다. 전부 외과학 수업들이다. 확실히 과에 따라서 사람 성격이 변하는 건 틀림없는 것 같다. 내과는 아무래도 좀 꼼꼼하고, 외과는 털털하고, 특히 최재진 교수님 같은 분은 그걸 스스로도 인정했으니까.

2002년 5월 19일 일요일 맑음

드디어 날이 개었다. 하루 종일 해도 쨍쨍 났고, 바람도 불고,

좋은 날씨가 오랜만에 펼쳐졌다. 아침부터 체육대회한다고 영남고까지 갔다. 그런데 원래 계획과는 다르게 사람들이 너무 안 와서, 또 운동장에 물이 많아서 다시 학교로 왔다. 거기서 농구를 했는데 30점 내기 경기에서 한 점 차로 지고 말았다. 내가 실수만 안 했어도 이길 수 있었을 텐데. 그래도 재밌게 했다. 영남고 팀의 창진이가 솔직히 너무 잘했다. 그 녀석 혼자서 팀 전체의 한 40% 이상은 해버리지 않았을까? 우리 팀은 솔직히 고루고루 다 잘했었는데.

농구 마치고 점심으로 중국 음식 시켜 먹고 팔씨름 시합을 했다. 5대 5로 단체전이었는데 여기서는 우리가 이겼다. 내가 첫 판에 나가게 되었는데 그리 어렵지 않게 이길 수 있었다. 성재라고 파릇파릇한 20살 02학번하고 하게 되었는데 뭐 두 판 연달아 이겼으니.

세 번째 경기로 옆의 경혜여중으로 가서 계주를 했는데 우리가 졌다. 마지막에 뛴 우리 팀 준석이가 솔직히 많이 느리더라. 그 녀석 웨이트 트레이닝만 했는지 몸무게가 82kg이란다. 키는 177인데. 그러니까 몸이 빠를 수가 없지.

하여간에 다 끝나고 그냥 집에 가려다가 근처 술집에 가서 간단하게 한 잔씩 했다. 쿵쿵따[96] 했는데 참 재미있었다. 처음 할 때는 참 못했는데 슬슬 게임에 적응이 되는 것 같았다. 그래서 더 재미있었던 건 아니었는지.

집에 가려다가 오랜만에 재민이 만났다. 그 녀석 세상 고민은 혼자 다 짊어지고 있는지 참 힘들어 보였다. 그래도 요즘 참 바쁘게 살아가는 것 같았다. 바쁘게 사는 게 훨씬 더 좋지 뭐.

내일부터는 흉부외과 실습이다. 한 주일만 도는 거지만 첫 외과 파트 실습이기에, 그리고 약간은 힘들다는 말을 들어서인지 걱정된다. 그리고 기대도 되고. 아, 어제 박일균 샘한테 마라톤 가서 찍은 사진 메일로 보냈었는데, 답신이 왔다. 고맙다고. 근데 내일부터 실습 돌면서 얼굴 맞대고 보겠군. 정말 고맙다면, 좀 잘해 주겠지. 기대도 해봐야겠다.

96 쿵쿵따 : 말 잇기 놀이.

가장 기본적인 술기[97]들

흉부외과 실습 일기

2002년 5월 20일 월요일 맑음

흉부외과 첫날은 별일 없었다. 다른 과와는 다르게 약간 특이한 거라면, 레지던트 4년차 강병석 선배가 오리엔테이션 한다고 우리 네 명 불러 놓고 어떤 의사가 되고 싶냐는 질문을 했다는 것. 참 오랜만에 그 질문 받아 본 것 같았다. 그러고 보니 어떻게 대답해야 할지 고민도 되었는데, 생각하기에 좀 괜찮은 대답을

---

97 술기 : 의술이 들어간 기술, 의사가 하는 손기술.

한 것 같았다. 대중을 교육하는 의사가 되고 싶다. 무척 독창적인 대답이지 않았을까?

인턴 샘이 나하고 준영이한테 드레싱[98]이랑 ABGA[99]하는 것 보여줬다. 그리고 혈당 재는 것도 보여줬지. 그러고 보면 가장 가까운 미래에 하게 될 일을 보고 배운 셈인 것 같았다. 인턴 샘은 환자들한테 상당히 인기가 있는 것 같이 보였는데 덕분에 우리도 음료수 한 병씩 얻어 마실 수 있었다. 그리고 흉부외과 회의실과 ER[100] 돌아다니면서 구경하고 그랬다. ER은 PK 들어가고 나서 처음 들어가 본 곳인데 생각보다 그리 전쟁터 같지는 않았다. 그래도 ER답게 상당히 많은 사람들이 오가고 있었고 다른 곳보다 특히 의사들의 숫자가 많은 곳이었던 것 같다.

이번 한 주 왠지 그리 힘들게 생활하게 될 것 같지는 않은데. 아직은 모르겠다. 참, 금요일 케이스 발표하고 나서 아무래도 회식이 있을 것 같은데, 저번 주 애들은 낮 4시부터 6시까지 막걸리를 얼마나 마셨으면 학교에서 오바이트까지 했겠나 싶다. 하여간에 흉부외과는 일반외과와 더불어 가장 외과적인 냄새가 많이 풍기는 과인 것은 틀림없다. 레지던트 샘들은 밤마다 술 마신다

---

98 드레싱 : 소독.
99 ABGA : 동맥 혈액 검사.
100 ER : 응급실.

던데, 저렇게 4년 살고 나오면 중독이나 되지 않을까 싶다.

금요일은 회식할지도 모르겠는데 좀 바쁘겠군.

2002년 5월 21일 화요일 맑음

잉글랜드와의 축구 평가전에서 1대 1로 비겼다. 2대 1로 지더라도 참 잘한 경기지 않을까 생각했는데 비겼다. 잉글랜드와 축구를 해서 패하지 않은 것이다. 참 우리나라 많이 좋아졌다. 학교 근처 중국집에서 저녁 시켜 먹으면서 봤는데 모였던 여섯 명 중 담배를 피지 않는 사람은 나하고 범석이밖에 없어서 그 좁은 공간에서 담배 연기 때문에 좀 고생했다. 그것만 빼면 참 좋은 경기를 쾌적한 곳에서 볼 수 있었던 것 같았는데.

축구는 축구였고 오늘은 하루 종일 정말로 힘든 하루였다. PK 생활이 시작된 이래 거의 가장 힘든 하루가 아니었을까 싶을 정도로. 8시 30분에 흉부외과 회의실에서 discussion[101]하는 것 듣고 오전 내내 레지던트 샘 따라다니면서 환자들 드레싱하고 ABGA, 혈당 체크, CBC[102] 하는 것 봤다. 보면서 돕기도 하고. 1시까지

---

101 discussion : 토의.
102 CBC : 혈액 검사.

그렇게 병원 돌아다니다가 그래도 다행히 점심은 먹었는데 먹자마자 곧바로 수술 방에 들어가서 5시 30분에서야 나왔다.

chest wall mass[103]가 있는 환자였는데 알고 보니까 carcinoma[104]여서 수술 시간이 처음 생각보다 많이 길어졌다. 내가 스크럽[105]을 섰는데 이건 뭐 산부인과 스크럽하고 왜 그렇게 많이 다른지. 수술 한 건당 평균 두 시간이 걸리지 않는 산부인과 수술과 비교해서 시간이 네 시간은 걸렸으니, 좀 길다 싶기도 하지만 내가 스크럽을 선 것인지, 수술복 입고 옆에서 그냥 구경한 것인지 헷갈릴 정도로 할 일이 거의 없었다. 괜히 스크럽 선다고 네 시간 동안 거의 꼼짝도 못하고 한 자리에 서 있었던 건 아닌지.

전형적인 외과답게 흉부외과 환자들은 타박상 환자가 많았다. 어떤 환자는 교통사고로 온 몸이 상처 투성이어서 드레싱하는 데 한 시간은 걸릴 정도로 몸이 엉망이었다. 가까이서 보니까 훨씬 더 심했다. 왼쪽 무릎에는 피부가 완전히 날아가 버려 무릎 안 근육이나 혈관들이 다 보였다. 그 안에다 소독약을 묻힌 솜을 집어넣어 드레싱을 하니까 얼마나 따가울까?

그러고 보니 지금까지 거의 내과 계열만 돌다가 외과에는 처

---

103 chest wall mass : 흉곽에 생긴 혹
104 carcinoma : 악성 종양.
105 스크럽 : 수술시 집도의 옆에서 도와주는 작업.

음 온 셈이다. 산부인과도 외과라면 외과겠지만 내과의 특징도 엄연히 가지고 있는 과니까. 순수한 외과 실습은 이번 주가 처음이다. 다음 주에 도는 일반외과의 전초전이라는 생각이 든다. 내과에서는 한 번도 안했던 드레싱 환자가 이렇게 많은 것도 외과의 특징이겠지.

내일은 나랑 준영이가 오전에 수술 들어가고 준택이 하고 명진이가 병동 실습 한다. 내일은 좀 편해야 할 텐데. 실은 오늘 운전면허 갱신한 것 찾으러 갔어야 했는데, 도저히 시간이 안 났으니. 내일은 새 운전 면허증 보고 싶다.

2002년 5월 22일 수요일 맑음

아침부터 수술실에 들어가서 오전 내내 수술 견학했다. 그 유명한 VSD[106] 수술이었는데 VSD답게 한 살도 안 된 영아가 수술대 위에 올라가 있었다. 저렇게 작은 아이를 이제 곧 가슴에 칼을 대서 심장을 들어내겠지. 그 아이의 주먹 만한 심장을 대신할 집채 만한 인공 심장도 바로 옆에 있었다.

---

106 VSD : 심장에서 심실 사이에 있는 벽에 구멍이 뚫림.

8시부터 오후 2시까지 거의 여섯 시간 동안이나 수술했었는데, 심장 수술의 특징상 인공 심장기보다 심장이 높이 있어야 되기 때문에 서서는 도저히 수술 광경이 눈에 들어오지 않았다. 수술 광경을 제대로 볼 수 없는 상황에서 거의 여섯 시간 넘게 가만히 서 있는 건 불가능한 것일지도 모르겠다. 그래서인지 오늘 오전 내내 수술실 들락날락 한다고 시간 다 보냈다.

수술 도중에 준영이하고 수술실 옆에 있는 식당에 가서 공짜로 밥 먹었는데, 꽤 괜찮았다. 게다가 이런 게 공짜라니. 앞으로도 종종 이용해야지 싶다. 저녁 때도 하는지 모르겠지만 말이다.

오후에는 교실에서 좀 쉬다가 5시에 방사선과 집담회에 참여하고 그거 끝나고 병석이 선배하고 숙제로 나눠 준 흉부외과의 전반적인 상식에 대해서 discussion했다. 참 친절히 잘 설명해 주는 거 같았다. 공부 거의 안 했는데 시작 두 시간 전에 준영이가 스터디해 준 걸로 거의 묻는 말에 대답하곤 했다. 거참 이렇게 고마울 데가.

모레까지 있는 흉부외과 케이스 발표를 병석이 선배가 내일 하는 데까지 해서 자기한테 먼저 검사 맡으라고 했다. 원래는 이런 거 없었는데 워낙 아무렇게나 해서 교수님한테 보이는 경우가 많다고 그걸 막기 위해서라고 했다. 참 꼼꼼한 거 같았다. 그게 학생들한테는 원망의 소지가 될 수도 있겠지만.

집에 와서 mdjunior.net[107]에서 내가 맡은 disease review를 한

번 찾아봤는데 없었다. 이런! 흉부외과 스터디라서 그런지 그곳에는 관련 자료가 적었다. 내일은 좀 힘들어질 수가 있을 것 같은 불길한 예감이 든다. 그러고 보니 외과 책은 가진 게 아무 것도 없는 것 같은데 내 케이스 발표인 cold abscess[108]는 어떡해야 하나.

2002년 5월 23일 목요일 맑음

어제부터 굉장히 더워지고 있다. 요 근래 계속해서 비가 와서 그랬던지 날씨가 그리 덥고 그러지는 않았는데 이제 슬슬 예년 기온을 찾아가는 듯 보였다. 그런데 남들은 다 덥다고 하던데 이상하게 난 뭐 별로 안 더웠던 것 같다. 내가 참 더위를 많이 타는 체질인데. 진짜로 바뀌었나?

준택이 하고 명진이가 수술 참관하러 갔고 나와 준영이는 그냥 있었다. 인턴 샘 따라다니면서 드레싱하는 것 보고 그랬는데 조금 보다가 case한다고 교실로 왔다. 오전에 9개월 된 아기 혈액 sampling[109]했었는데, 무척 힘들었다. 그 조그만 아기가 계속해

---

[107] mdjunior.net: 의대생들이 만든 학습 인터넷 사이트.
[108] cold abscess: 염증이 일어나고 구멍이 뚫려서 그 속에 고름이 고인 상태지만 화끈거리는 느낌이 없는 농양.
[109] sampling: 혈액 채취.

서 버둥거리며 울어대는데, 피부에 바늘을 꽂아 피를 뽑는다는 것이 진짜 힘들었다.

이제 7kg도 안 되는 아기 피 뽑는데 평균 몸무게가 70kg나 되는 남자 셋이서 거의 30분이나 땀을 뻘뻘 흘리며 뽑았다. 마음이 참 그랬다. 꼭 이렇게까지 해야만 하는 건지. 내 마음도 이렇게 아픈데 이걸 쳐다보는 아기 엄마는 도대체 어떤 마음이 들까? 그걸 우려해서인지 보호자보고 잠시 밖에서 대기하라고 그랬다. 병실 안에 있다면 아마 아기 엄마는 틀림없이 울었겠지.

오후에 레지던트 샘 따라다니면서 회진 돌았는데 AICU[110]에서 고래고래 고함을 지르는 사람이 있기에 봤더니, 보호자의 고함 소리였다. 가족이 멀쩡했는데 기관지 내시경을 하고 난 후 좀 위독해진 것 같았다. 흥분한 보호자가 '내시경 왜 했노, 내시경 뭐 할라고 했노, 응? 왜 했냐고?' 이렇게 고함을 치고 있었다. 가만히 들어 보니 호흡기 내과를 방문한 환자에게 bronchoscopy[111]를 했었는데 그때 유난히 아파하던 환자가 결국 AICU까지 오게 됐다는 거다. 내가 모르는 어떤 기전mechanism으로 환자가 저렇게 안 좋게 되었나? 아님 진짜로 의료진 실수일까? 어느 쪽이든 간에 환자 가족 측에서 보면 정말 까무러칠 것 같기도 하다. 그

---

110 AICU : A동에 있는 중환자실.
111 bronchoscopy : 기관지 내시경.

보호자 옆을 지나가는 나를 붙들고 때리면서 욕 비슷한 말도 했었는데, 내가 무슨 할 말이 있으랴?

2002년 5월 24일 금요일 맑음

케이스 하는 날이었지만 아침부터 수술실로 들어갔다. 수술이 두 건이나 있었는데, 한 건당 대여섯 시간은 걸리는 흉부외과 수술이라 무척 부담이었지만 오늘은 한 시간이 채 걸리지 않았다. sympaticotomy[112]라고 되어 있던데, 무슨 수술인가 했더니 다한증 환자에게서 교감 신경을 자르는 수술이었다. 시술도 laparoscopy[113]로 했기 때문에 suture[114]하는 것도 시간이 거의 걸리지 않아서 빨리 끝난 것 같다. 오후에 케이스 발표하는 것도 있는데, 병석이 선배의 케이스 발표 시간이 통상 3시였지만 오늘은 2시로 당겨져 난감해 했는데, 수술이 빨리 끝나 정말 다행이다.

오전 내로 수술 다 하고 수술실 옆에서 점심 공짜로 얻어먹고 교실에 와서 케이스 막바지 준비했다.

---

112 sympaticotomy : 교감 신경 절제술.
113 laparoscopy : 내시경.
114 suture : 꿰매는 것.

케이스 발표는 교수님은 안 오셨고, 강병석 샘하고 다 했다. 김경진 샘하고 인턴 샘하고 흉부외과 전문 간호사도 같이 와서 참관을 했는데 모든 진행과 질문은 전부 강병석 샘이 다 했으니. 2시부터 4시까지 한 사람당 거의 30분씩 했는데, 무척이나 꼼꼼했다. 아주 세심한 것까지. 알짜만 뽑아서 질문하고 discussion했는데, 무척 도움이 많이 됐다. 우리 네 명 모두 다 내일 아침까지 부족한 걸 첨가해서 다시 제출하라는 말을 들었는데 전혀 부담되지 않았다. 아마도 진정 공부했다는 생각이 들어서일까?

이 케이스 발표를 끝으로 흉부외과 실습이 끝났다. 다음 주부터 있는 일반외과의 전초전 성격을 띤 흉부외과. 그 흉부외과 샘들, 모두 다 참 잘해 준 것 같다. 강병석 샘을 필두로 김경진 샘도 바쁜 와중에 설명도 많이 해 주고, 음료수도 하나씩 챙겨 주고. 이규진 인턴 샘도 마찬가지고.

오늘 있었던 케이스는 아마도 지금까지 했던 어떤 케이스 발표보다도 많은 도움을 주지 않았을까 하는 생각이 든다. 첫 외과 케이스라 당황도 많이 했고 disease review에 대한 내용을 찾지 못해 허둥댔던 상황도 많이 접했는데, 그렇게 차츰 성숙해 가는 것이 아닐까 하는 생각이 들 정도니.

그래서인지 기분이 상당히 좋다. 별로 피곤하지도 않고 말이다.

2002년 5월 25일 토요일 맑음

다음 주 토요일에 체육대회가 있다고, 오늘 수업 후에 그 체육대회에 있을 각종 경기에 나갈 참가자들을 뽑았다. 문화 복지부가 추진하는 일인데, 선수 선발은 각 학년 과대표가 해야 한다나. 처음부터 뽑는 과정에서 무리가 있지 않을까 걱정이 됐었는데 생각보다 쉽게 뽑았다. 한 시간은 예상했지만 삼십 분도 안 걸렸고 별 무리 없이 다들 웬만큼 웃어가면서 뽑았다. 큰 짐 하나 덜어놓은 듯한 기분에 마음이 참 가벼웠다. 오늘 전원 출석에 한 명이 모자랐었는데 그 한 명이 바로 부과대표[115]인 것만 빼면 거의 완벽에 가까웠겠지.

수업 후에 밥 먹고 농구했다. 농구도 상당히 재미있었고 농구하고 나서 탁구도 했는데, 오늘도 재오를 세 번 연달아 이겨 버렸다. 상당히 괴로워하던데, 근데 이 녀석이 자기가 지는 것이 자기 실력이 모자라서라기보다 순전히 운이라고 생각한다는 말을 했다. '솔직히 말해 봐요. 내가 더 낫지요?' 이런 말을 했으니. 근데 세 세트 연달아서 지는 놈인데.

일찍 집에 와서 저녁 먹고 TV 보고 그랬다. 내일은 폴란드하

---

115 부과대표 : 학과 부대표.

고 성남 일화하고 평가전이 있는 날인 데다가 우리 대표팀 하고 프랑스 팀하고 평가전이 있는 날이다. 두 경기 다 중계해 준다는데, 그거나 볼까나? 날씨가 너무 좋다.

월드컵과 함께한 외과 실습

2002년 5월 27일 월요일 맑음

처음 시작한 일반외과는, 첫 날부터 약간 무시무시했다. 1시 30분에 김성환 교수님이 4시에 보자고 할 때까지는 좋았는데 4시부터 밤 9시까지는 쉴 틈이 전혀 없었다. 김성환 샘 강의는 무려 두 시간이 훨씬 더 걸렸다. 그 좁은 회의실에서 전부 다 넥타이 매고 양복에, 게다가 아홉 명이나 있었으니 더울 수밖에. lecture가 끝나고 곧장 최재진 교수님한테서 오리엔테이션 듣고, 회진 따라갔다.

우리 병원 일반외과 환자는 총 60여 명. 이건 정말 상당한 숫자

다. 내과에서 제일 환자가 많은 소화기 내과도 40명 정도였는데 일반외과는 60명이라. 일반외과를 다시 G part[116]와 H part[117]로 나누어서 H part에는 30명 정도 환자가 있었는데 이것도 많은 편이다. 이 환자들 회진 돌고 그리고 신환 보고서 작성하는 데 걸린 시간까지 합치면 오늘 GS[118] 첫날 신고식은 제대로 한 것 같다.

저녁 먹을 시간도 없어서 집에 와서 그냥 빵하고 콜라하고 먹었다. 밤 9시에는 먹을 것이 아무것도 없었다. 학교 식당도 문 닫은 지 오래고 그렇다고 병원 주위 식당이 문 연 곳이 있는 것도 아니고, 있다 한들 혼자 가서 한 개 시켜 먹기에는 가게 주인도 싫어할 거고. 할 수 없이 집에 와서 먹었다. 밤 10시에 먹었는데 그렇게 늦게 먹어 본 적은 참 오랜만인 것 같다. 앞으로 한 달 동안은 이 고생을 계속해야겠는데. 오늘은 그렇다 치고 당직 설 때나 수술 들어갈 때는 어떻게 되는 걸까?

회진 돌다가 배를 많이 꿰맨 한 여자 환자를 보았는데 그 배를 눈으로 보는 게 참 힘들 정도로 배 대부분이 굵다란 실투성이었다. 또 18살짜리 예쁘장한 여고생 환자가 신결석인데 수술 안 하고도 가능할 거라고 주치의 샘이 얘기하니까, 아직 시집도 안 간

---

[116] G part : 위장관 부분.
[117] H part : 간담도계 부분.
[118] GS : General Surgery. 일반외과.

처녀가 수술 받으면 어떡하냐고 낙망했는데 수술 안 해도 된다니 정말 다행이라고, 정말 고맙다고 보호자가 끼어들기도 했다. 회진 때 본 그 아줌마 배의 엄청난 께맨 자국이 한 동안 머릿속에 꽉 눌러앉아 있었다. 일반외과란 이런 곳이지. 아주 터프한 과. GS의 G는 general이 아니고 Great이라는 말이 있을 정도로 자부심이 강한 일반외과.

첫날이지만 나는 도무지 일반외과하고는 안 맞는 것 같은 느낌이 든다.

2002년 5월 28일 화요일 흐림

저녁 회진은 항상 이정희 샘을 필두로 도는 것 같았다. 적어도 오늘하고 어제는 그랬으니까. 이정희 샘은 예전에는 무척이나 예뻤는데, 지금도 예쁜 편은 맞지만 살이 너무 많이 쪘다. 시집은 갔을까? GS에 들어와서 워낙 술을 많이 먹다보니 저렇게 살찐 거겠지. 외모는 바뀌었지만 성격은 그대로인 것 같았다. 아니 오히려 GS 때문에 더 화통해진 것 같아 보였다. 환자들에게 저렇게 자신 있게, 씩씩하게 대할 수 있는 것도 능력일 거다. 웃으면서 때로는 환자에게 용기도 북돋우면서, 가끔씩 짜증도 내면서. 오늘 회진은 어제보다 많이 일찍 끝났다. 신환 보고서 제출한다고 집으로 간 건 8시가 넘어서였지만 어제보다 한 시간이나 일찍 마친 셈이다.

GS는 수술이 없는 한, 하루 종일 거의 자유 시간인 것 같아서 어제부터 다시 영어 공부 시작했다. 3월, 4월 두 달 동안 꼬박 하다가 5월 한 달 완전히 재낀 것 같은데 이제라도 다시 해야지. 늦었을 때가 제일 빠르다는 말은 여전히 내 마음속에 자리 잡고 있는 것 같다. 늦었기 때문에 하지 말자라는 생각은 전혀 안 드니까.

낮에 탁구 치다가 뭔가가 느껴졌다. 탁구공의 그 회전이 눈에 와 닿던데, 탁구도 좀 더 잘 치도록 해야지. GS 돌 때 할 일이 상당히 많은 것 같다.

2002년 5월 29일 수요일 흐림

일반외과 당직한다고 집에는 거의 밤 12시 30분이 돼서야 도착했다. 12시 정각에 보내주던데 그 12시란 시간을 레지던트 선생님들은 아주 좋아하는 것 같았다. 운이 좋아서 오늘 일반외과 레지던트 모두가 회식하러 가 버렸는데, 그래도 PK 당직은 12시 시간을 꼭 지키다니.

낮 시간에는 하루 종일 그냥 놀았다. 점심 먹으러 밖에 나갔다가 탁구 치고, 그리고 영어 공부도 조금 더 하고.

아침에 저널 발표한다고 7시까지 회의실로 갔는데, 7시 정각에는 레지던트 샘들은 아무도 안 온 것 같았다. 15분 쯤 지나서 이강희 샘이 발표를 시작했는데, 발표가 끝나고 송인혁 교수님이 늦게 한다고 잔소리했다. 그러면서 다른 걸로 좀 한두 마디 하는 거 같았는데, 그 모습 보니까 참 한숨이 나왔다. 의과대학 6년 후 인턴하고 레지던트, 군대까지 다녀와서 fellow하다가 staff로 발령 받을 때까지, 그리고 그 staff 중에서 그 과의 과장급이 될 때까지 다른 사람에게 잔소리 듣는 일을 비롯해 혼나는 일은 평생 계속될 것 같아 보였다. 상하 관계가 중요한 의료계에서 개업하지 않는 이상 윗사람에게 저 정도로 혼나는 건 정말 아무것도 아닌 듯.

우리도 오늘 저녁 7시에 태수 선배가 PK 생활 제대로 안 한다고 따까리[119] 하러 온다고 바짝 긴장하고 있었는데, GS PK는 아무도 참석 못해서 나도 못 봤지만 그냥 웃으면서 좋게 이야기하고 끝냈다고 했다. 본과 3학년이 되어도 아직 따까리 받는다고 한숨 푹푹 나오던데, 결혼을 해서 아이가 둘이나 있다는 레지던트 3년차 이강희 샘도 저 정도이니. 뭐 끝이 눈에 보이는 것도 아니고 참 힘들겠다. 일반인들은 이런 거 전혀 모르겠지.

---

119 따까리 : 단체 기합을 의미하는 군대식 속어.

이제 곧 월드컵 한다고 야단법석이던데, 일반외과 때문에 영 아무것도 보지도 못하는 건 아닌지 걱정스럽다.

2002년 5월 30일 목요일 흐림

그저께 김성환 교수님 lecture 시간에, "위암으로 위 절제 수술을 받은 환자의 수술 첫날밤을 넘기고 다음 날 아침 인사말로 어떤 것이 좋을까?"라는 질문이 있었다. 김성환 교수님 표현대로라면 위 절제 수술을 받은 환자는 다음 날 아침에 '끝내주게 아프다'고 했다. 수술이 아침 8시에 시작해서 한 6시간 정도 걸리니, 오후부터 ICU[120]에서 밤을 보내고 다음날 일반실로 온 환자는 지난 밤부터 지금까지 무지무지하게 아프다는 거다. 그런 환자에게 제일 먼저 해야 할 말이라면, 많이 아픈 건 당연하니까 걱정하지 말라는 그런 메시지를 지녀야 한다고 했다. 무지하게 아프다고?

1999년 말에 조기 위암 수술 받으신 아빠도 아팠겠지? 수술 받은 날부터 그 다음날까지 잠 한숨 못 자고 밤새도록 끙끙 앓으

---

[120] ICU : 중환자실.

면서, 이 수술이 잘못돼서 내가 이렇게 아픈 걸까? 이렇게 생각하며 불안해 하셨겠지? 끝이 없을 것 같은 그런 고통 속에서 밤을 꼴깍 넘기셨겠지? 휴.

PK 시작한 이래로 환자의 입장을 가장 오랫동안 생각하게 만들어 준 lecture였다.

오늘 낮에 병동에서 드레싱하다가 김재군 샘한테 심하게 한소리 들었다. 태도가 그게 뭐냐며 또 나에 대해서 익히 들어 알고 있다고 했다. 일단 죄송하다고 말씀드리고 상황을 넘겼는데, 마음에 걸리지 않을 수가 없었다. 옆에 있었던 준택이도 그 때 내 태도가 좀 불량했다고 그랬다. 예전에도 가끔 그런 말을 들었지만 최근 1,2년 내에는 다시 들어본 적이 없어서인지, 버릇이 고쳐졌다고 생각했는데, 다시 한 번 반성하게 되었다. 그동안 PK 생활을 너무 쉽게만 해서 그런 행동이 나도 모르게 나왔는지도. 병원에서 PK는 어쩌면 간호사보다도 훨씬 더 낮은 지위의 사람이겠는데, 그런 내가 레지던트들 앞에서 크게 잘못했을지도.

하루 종일 그거 생각하다가 저녁 회진 때 명진이 하고 농담하고 장난치고 놀면서 완전히 잊어버렸다. 게다가 위암 학회 때문에 저녁 회진은 돌지도 않은 채로 끝나서 기분도 좋아졌다. 이게 다행인지 불행인지.

모르겠다, 내일부터 월드컵 시작하는데, 우리나라 대한민국이 꼭 16강에 들어야겠지?

2002년 5월 31일 금요일 맑음

월드컵 개막전이 오늘 벌어졌다. 8시 30분이었는데 하필 그때 과외 시간하고 겹쳐서 11시 45분에 하는 재방송 보려고 했었는데 그것도 못 했다. 현욱이 하고 유철이하고 정환이가 지산동에서 축구 보면서 술 마시고 있다고 해서 거기 놀러갔다가 그만 결과를 들어버리고 말았다. 게다가 11시 45분 재방송을 볼 여건도 안 됐고.

병원에서는 내가 수술 참관하러 들어갈 차례였는데, 예정된 수술이 취소됐다나? GS 수술은 한 번 들어가면 6~7시간은 기본이라서 바짝 긴장했었는데, 뜻밖에 취소되는 바람에 시간이 많이 남았다. 전에 GS 의국실 청소하고 수고비로 만 원 받았는데, 그걸로 학교 식당에서 조원들이랑 같이 밥 먹었다. 그렇게 오늘 실습은 무난히 지나갔다. GS 첫 주는 이렇게 무난히 지나가는구나. 이런 식으로 앞으로 남은 3주만 더 견디면 이제 방학이 다가온다. 3주밖에 안 되는 여름 방학이지만 그때는 얼마나 좋을까?

저녁때 과 후배들이랑 같이 한 술자리는 생각보다 재미있었다. 정환이가 자기 초등학교 친구라면서 여자애 한 명을 데리고 나왔는데, 따로 애인은 있다나? 성격이 참 좋아보였다. 말도 잘 했고. 그냥 가만히 앉아서 주는 술이나 따라 마시고 그러면 재미없지. 담배 핀다는 거하고 전문대 나온 것만 빼면 더 괜찮을 텐데.

맥주 마시고 노래방 가서 노래 부르고 집에 왔다. 거의 2시가 넘었던데. 내일도 학교 가야지.

2002년 6월 1일 토요일 맑음

수업이 여느 때처럼 끝나고 4대 4 농구 한 게임 했다. 20점 내기였는데 한 5점 차로 졌다. 승패는 별로 중요한 것이 아니다. 내가 공을 얼마나 오래 점유했었느냐가 문제지. 뭐 그렇게 잘한 경기는 아니었지만 상당히 선전했다. 다시 말해서 재미있게 경기한 셈이다.

오늘은 다른 날보다 일이 많았다. 체육대회 한다고 1시 30분부터 거의 7시까지 뙤약볕에서 얼굴 태웠고, 그거 끝나고 학교에 가서 독일과 사우디아라비아 경기 보고 집에 갔다.

체육대회에는 애들이 많이 왔다. 생각보다 재미는 하나도 없었고, 게다가 햇볕이 따가워서 빨리 끝내고 싶은 생각이 간절했다. 햇볕이라는 것이 너무 커다란 장애물이었을까? 내년에 또 이 체육대회 한다고 오라 한다면? 가긴 가더라도 솔직히 진짜 가기 싫은 마음으로 갈 거다.

계주할 때 본과 2학년 성민이가 넘어져서 다리를 다친 것 같았다. 병원 응급실로 간다고 하던데 영민이 형이 나보고 좀 같이 가라고 했지만 그냥 거절했다. 윗 학년이 한 명 정도 따라가 주는 건 맞는데, 그러면 자기가 따라가지 왜 나보고 시켜? 기왕 따라갈 거면 학생회 간부 명목으로 가는 편이 훨씬 더 좋을 텐데. 내가 다른 사람 시키라고 하니까 다른 말 하지는 않았다. 자기도 시키면서 기대를 별로 안 한 것처럼 보였다. 지금만큼은 할 일도 없는 학생회 간부인데, 이런 일 터지면 자기가 하지 말야……. 학교까지 갈 차도 없는데, 갔다가 올 때는 어떡하라고. 또 병원에 별로 들어가고 싶은 생각도 없으니.

밤에 집에 와서 보니까 사우디하고 독일 경기에서 독일이 무려 8점이나 득점했다는 말 들었다. 대단하군. 8년 전에 우리하고 할 때 독일은 3대 2로 겨우 이겼는데, 우리랑 거의 비슷한 사우디하고 하는 경기에서 8점이나 득점하다니, 게다가 실점은 하나도 없이. 실로 놀라웠다. 다음 주에 있는 폴란드 전 꼭 이겨야 할 텐데.

2002년 6월 3일 월요일 맑음

오늘 수업은 어찌나 지겨웠는지. 수업 받는 게 왜 이런지. 제일 앞자리에 앉아서 옆의 OHP 기계에서 나오는 그 더운 바람 쐬어 가면서 수업 듣는 것도 이제 슬슬 지긋지긋해지기 시작했다. 실습은 6월 중순이면 끝나는데 수업은 7월까지 있으니 참 걱정이다. 아직 안과학은 시작도 안 했는데.

수업 끝나고 오후에 그냥 있다가 4시에 김성환 교수님 lecture 들었다. 그 찜통 같은 일반외과 회의실에서 최대한 땀을 안 흘리려면 정말 꼼짝도 안 하고 있어야 하는데, 그러면 잠이 물밀듯이 쏟아진다. 게다가 김성환 교수님 강의도 감정의 별다른 기복 없이 흘러가는 타입이라 자동으로 졸음이 오고. 좀 졸기도 했는데, 교수님이 평소와는 다르게 잠깐 쉬다가 다시 하고 그랬다. 게다가 평소보다 30분이나 일찍 마쳤으니 정말 다행이었다.

내일은 한국전이 있는 날이라서 원래 내일 할 과외를 오늘로 당겨서 했다. 근데 이 녀석이 왜 이렇게 못 알아듣는 걸까? 소금물 농도 문제로 35분은 족히 잡아먹었을 듯 했다. 정말. 좀 공부 잘하는 애들 가르쳐 보면 좋겠다.

2002년 6월 4일 화요일 맑음

이렇게 기쁠 수가. 막힌 속이 팍 뚫렸다. 오늘은 어떤 다른 날에 또 비할 수 있을까? 정말 이게 현실일까? 이게 꿈이면 어떡하나. 그럴 리가 없다. 그럴 리는 없다. 이건 누가 뭐래도 우리 승리다. 월드컵 역사에 길이길이 남을 정말로 당당한 우리의 승리다.

이 경기를 대명동 계명대에서 보려고 했는데 그냥 학교에서 애들이랑 같이 봤다. 결과적으로 기쁨이 두 배다. 2대 0으로 이기다니. 폴란드를 2대 0으로 이기다니. 골을 넣을 때마다 이리저리 길길이 날뛰고 고함치면서 옆의 사람 아무나 끌어안고 두 손 불끈 쥐고 다시없을 기쁨인 듯 좋아했다. 세상에, 2대 0으로 이기다니. 2대 0!!!

낮에 중국은 코스타리카에게 0대 2로 졌고 일본은 벨기에에 2대 2로 비겼다. 우리는 2대 0으로 당당히 승리. 정말 기쁘다.

첫 골을 넣었을 때는 두 눈에 눈물이 찔끔 났다. 그리고 전반전이 끝나고 쉬는 시간에 그 눈물이 말라버렸다. 이제는 우리의 승리를 확신했는데, 경기가 끝나고 해설자 신문선의 눈에서 흐르는 눈물을 보니까 나도 또 눈물이 나왔다. 너무나 기뻐서 눈물이 날 정도라니. 그런 눈물을 이제야 직접 경험해 보다니.

경기가 끝나고도 뉴스를 보면서 계속 경기 뒷이야기를 들었다. SBS 뉴스에서 메인 아나운서가 놀랍게도 붉은 색 유니폼을 입고 뉴스를 진행하고 있었다. 대단하지? 축구라는 스포츠가 우리 사회에 미치는 영향이란. 이 한 달간의 축구 행사를 위해서 전국에 축구 경기장을 10개나 지어 버린 것도 알고 보면 정말로 대단하다.

이제 6월 10일 미국전이 있는 날까지는 6일 밖에 남지 않았다. 그 6일 동안 좀 더 노력해서 미국전도 꼭 이겨야, 그래서 16강 진출해야 할 텐데. 분명 진출할 거다. 정말 기쁘다. 오늘 2002년 6

월 4일은 아주 오랫동안 기억에 남을 거다, 틀림없이.

2002년 6월 5일 수요일 맑음

하루 종일 정말 더웠다. 아무리 더워도 재오하고 탁구는 몇 게임 쳤으니, 땀이 마르지 않은 적이 거의 없었던 것 같다. 오후 4시에 있는 김성환 교수님 lecture는 다행스럽게도 교수님이 오시지 않아서 한 30여 분 기다리다가 그냥 교실로 와 버렸다. 어제 김성환 교수님 외래 참관했었는데, 환자들에게 설명을 참 잘해 주시는 것 같았다. 처음 오는 환자에게 간과 담낭, 위, 십이지장이 있는 그림까지 직접 그려 주면서 여러 가지 다양한 수술을 환자 입장에서 설명해 주고, 동의를 받아내는 모습은 정말로 아름답다고 해야 할까? 환자가 그렇게 많지는 않았지만 한 명 한 명에게 상당히 열의를 다하는 모습이었는데. 그래서, 오늘 lecture가 있었다는 걸 잠시 깜박했나 보다.

저녁 회진 마친 후 미국과 포르투갈의 경기가 있었는데 신환 보고 한다고 병동 TV로 경기를 곁눈질로 슬금슬금 볼 수밖에 없었다. 포르투갈이 당연히 이기나 싶었는데 2대 3으로 져버렸다. 이럴 수가. 그것도 0대 3으로 지고 있다가 간단히 한 골 넣고, 그리고 한 골은 미국 측 자살골이라니. 포르투갈 자식들이 우리를 배반해 버렸다. 앞으로 우리나라가 자칫 미국과의 경기에서 지거나 비기면 16강은 완전히 물 건너간 것이 아닐지.

신환 보고는 보고서 작성만으로 끝났다. 이유택 샘하고 다른 레지던트 샘들이 전부 회식하러 가는 바람에 그냥 보고서만 쓰고 우리도 오늘 병원 일과를 마쳤다. 오늘 이드[121] 회식이 있는 날이라서 회식 장소로 갔다. 거기서 후배들이랑 얘기하고, 술 마시고 놀고, 거의 새벽 2시가 다 돼서 집에 갔다. 집에 가기 전에 다 같이 모여 한국팀 응원하고 갔는데, 참 기분 좋았다. 유철이하고 같이 학교에 갔다가 유철이가 휴게실에서 오바이트하면서 정신없어 하는 모습 보고 집에 갔다. 거기서 한 서너 시간 자고 나면 정신이 좀 들겠지. 나는 뭐 가야지.

2002년 6월 6일 목요일 맑음

오늘 있었던 월드컵 세 경기는 모두 봤다. 세네갈하고 덴마크의 첫 경기는 집에서 보고, 사우디하고 카메룬의 두 번째 경기는 유영이 형하고 도꼬엔스테이션[122] 가서 보고 프랑스와 우루과이

---

[121] 이드 : 대구가톨릭대학교 의과대학에 있는 그룹사운드 동아리 이름.
[122] 도꼬엔스테이션 : 대구 동대구역 부근의 고기 뷔페 음식점.

의 세 번째 경기는 집에 와서 봤다. 물론 세 경기를 연달아서 주의 집중해서 본 건 아니지만, 골 넣는 장면이라든가, 주요 장면은 다 본 셈이다. 그러고 보니까 오늘이 월드컵 개막 이후 첫 휴일인가?

한 달 전에 유영이 형하고 약간 소원했던 일 때문에 같이 술이나 마시자고 내가 제안했던 자리가 드디어 이루어졌다. 워낙 술 안 좋아하는 사람이라서 술 대신 밥으로 먹고 마틴 한 잔으로 끝냈지만, 그래도 그 효과는 만취 이상이다. 남자들끼리 제일 좋은 점은 약간 오해가 될 만한 상황이 있더라도, 술 한잔 하자라는 말만 오고가면 실제로 술은 안 마시더라도 술 마신 효과가 나타난다는 거다. 술 한잔 하면서 서로 오해 풀자고 하면 그 말에 누가 싫다고 그럴까?

전에 유영이 형 때문에 기분 나빴던 적도 있고 뭐 아직도 그 일이 100% 해결된 건 아니지만, 아마도 그런 일이 있음에도 불구하고 이렇게 웃을 수 있는 자리가 있다는 게 바로 좋은 점이겠지 싶다. 살아가다 보면 싫어하는 사람과 지내야 할 때가 있으니까 그런 훈련한다고 생각해도 나한테는 플러스겠지.

거의 6시에 저녁 먹었는데 아직까지도 배가 부르다. 지금 거의 5시간이나 지났는데. 이렇게 좀 더 시간 보내다가 자야지. 위가 탈나겠다. 앞으로는 식사량을 조금이라도 조정해야겠다.

2002년 6월 7일 금요일 맑음

닷새 만에 돌아온 GS 수술일이다. 수술이야 원래 매일 있지만 PK 입장으로는 네 명이서 번갈아 하루씩 들어가면 되니까, 근데 어제는 휴일이라 5일 만에 들어가게 됐다. 저번에 내가 수술 들어갈 날에는 수술이 취소되는 바람에 그냥 놀았는데, 오늘도 실상 비슷했다. 수술실 게시판에 써 있던 GS 수술 스케줄에는 whiple's operation[123]이라고 적혀 있었다. whiple's op는 시간이 오래 걸리는 수술. 12시간은 걸리는 수술이라고 그러던데, 뜻밖에 한 시간 만에 끝났다. 일단 배를 열어보니 그 안이 완전히 cancer[124]로 썩어 있어 도저히 수술할 여지도 없었던 것 같았다. 김승기 교수님이 집도의였는데, 직접 보호자한테 얘기하러 갈 테니까 정리하라고 했다. 그때 마취과 샘하고 이병강 샘하고 이런저런 이야기도 하던데, 환자가 참 안됐다는 말이 대부분이었다. 60세 여자 환자. 나이로 봐도, 그리고 얼굴로 봐도 아직은 20년은 더 살아도 될 듯 보였는데, 위, 간, 췌장, 십이지장을 전부 다 들어내도 안 되는 그런 지경에 이르렀다니. 정말로 암이 참 무서운 병인가 보다. 저렇게 멀쩡한 사람을 완전히 초토화시켜 버렸다니.

[123] whiple's operation : 위, 췌장, 간, 십이지장에 걸쳐 집도하는 수술.
[124] cancer : 암.

저녁때 당직이라 밤에 의국에 한번 들어갔더니 김주연 샘이 무척이나 반가워하면서 같이 술 마셨다. 의국 냉장고에 있는 맥주만 마시자고 하며 시작했는데, 결국은 밖으로 나가서 새벽 4시까지 먹고 마시고, 참 대단한 사람이었다. 12시까지 의국 냉장고 안에 있던 맥주 다섯 병을 다 마신 후에 앞산 쪽에 있는 레스토랑에 가서 2차로 마셨는데, 거기는 이미 많은 전공의 샘들이 와 있었다. 마취과 레지던트 2년차, 일반외과 3년차, 흉부외과 4년차와 1년차, GP[125]로 있는 장기범 선배, 인턴 태수 선배. 분위기는 상당히 좋았다. 그 바쁜 병원 생활 중에도 틈을 내어서 이렇게 밤 늦게까지 술 먹고 그러다니. 역시 인간은 환경에 적응하는 능력이 뛰어난 것 같다. 거기서 2시까지 있다가 다시 병원 근처로 와서 노래방에서 노래 부르고, 야식으로 라면 한 그릇씩 하고 집으로 갔다. 태수 선배가 나보고 형이라고 부르라고 하면서 상당히 많은 얘기를 해 줬다. 고맙다는 말도 했었는데, 그 말은 참 잘했다는 생각이 든다.

오늘 김주연 샘의 다른 면모를 본 듯했다. 계속 줄담배 피던데, 그것만 빼면 더 좋겠는데 말이다. 이제 신혼 7개월이라나?

---

125 GP : 일반의.

2002년 6월 8일 토요일 맑음

전날 아무리 늦게 자도 아침에 등교 시간에 맞춰서 일어나는 것은 이제 숙달이 된 것 같다. 평소보다는 한 시간 늦게 일어났지만 그래도 학교에 8시 30분까지 가는 건 별 문제없었다. 제일 앞에 앉아 교수님 수업 듣는 것도 힘들지도 않았다. 세 시간 밖에 못 잤지만 그래도 뭐.

어제 GS 의국에 가운 벗어두고 와서 그거 가지러 갔다가 일반외과 팀과 마주쳤는데, 김주연 샘이 날 보고 많이 반가워했다. '웬일이고?'라는 말도 함께. 옆에 있는 이병강 샘한테 '내가 샘한테 얘기했던 애가 바로 쟤에요, 쟤.' 나보고 들으라는 것처럼 저렇게 말하기도 했다. 내 얘기라니, 무슨 말 했을까? 설마 흉본 건 아니겠지. 그러니까 나 있는 데서 내 얘기했다고 하는 걸 테고. '아직까지 멀쩡하게 살아 있네.' 이랬다. 어젯밤에 술은 그리 많이 마신 게 아니니까. 맥주로 마셨고.

수업 듣고 학교에서 점심 먹고 집에 왔다. 축구 보려고 했는데, 오늘 대구에서 하는 경기라서 관심도 많이 갔지만, 그냥 잤다. 왜 그렇게 졸렸던지. 5시 30분부터 거의 한 세 시간은 자고 저녁 먹고 브라질하고 중국 경기 하는 거 봤다. 중국 자식들, 첫 출전해서 많이 혼쭐이 나는 것 같았다. 브라질에 4대 0으로 패했는데, 어쩌면 그게 당연한 거겠지. 이제 한 경기 남았는데 그때도 득점 없이 지게 되면 아무리 첫 출전 팀이라고 해도 좀 그렇겠는데. 월드컵 무서운 줄 알아야지.

2002년 6월 10일 월요일 비.

드디어 경기장에 가는 길. 원래 형하고 가려고 했었는데, 형이 사정상 못 가는 바람에 그 표를 다른 애한테 넘기게 되었다. 그걸 종훈이하고 석환이하고 동시에 가겠다고 하는 바람에 나만 입장 곤란하게 되나 싶었는데, 결국 종훈이가 석환이에게 양보해서 마무리됐다. 1교시 끝나고 경기장에 가는 우리 모습에 풀죽은 종훈이가 안돼 보였는데, 그래서 경기장 가는 우리도 마음이 좀 그랬는데, 뜻밖에 기적이 일어났다. 재영이가 어디서 표를 3장이나 구해 가지고 그걸로 종훈이하고 재오하고 같이 보러 온 거다. 이런 극적인 일이. 게다가 더욱 황당한 일은 재영이가 가져온 표가 2등석도 1등석도 아닌 VIP석이었다. 바로 앞에 박철언씨하고 SES[126]가 있었고, 그 뒤에는 전 세계 각종 특산물 뷔페 음식까지 차려 놓았다던데. 종훈이 입장에서는 이런 걸 보고 전화위복이

---

[126] SES : 2002년 당시 인기 있었던 걸그룹 연예인.

라고 하겠지?

　오늘 미국과의 축구 경기는 비겼다. 1대 1이었는데, 전반에 얻은 PK를 놓쳐 버리는 게 아닌가 했었는데 안정환이 후반에 골을 넣어 버렸다. 대단한 선수다. 골 세레머니를 할 때 안정환이 쇼트트랙 김동성 플레이를 하고 바로 뒤에서 이천수가 안톤 오노 역을 맡았다. 저렇게 의미 있는 세레머니라니. 경기 끝나고 뉴스에서도 대단한 세레머니였다고 말들이 많았다. 경기 끝나고 경기 관전했던 우리 학년 열 명이 모두 한 자리에 모여서 폴란드와 포르투갈 전을 봤다. 시작에 앞서서 내가 만약 두 팀이 비긴다면 술값은 내가 계산한다고 허풍을 쳐봤는데, 포르투갈이 4대 0으로 이기고 말았다. 폴란드가 저렇게 못하는 팀이었나? 정말 기가 막혔다. 우리나라가 16강에 올라가려면 이제 남은 포르투갈과 이기거나 비기는 수밖에 없다. 그런데 포르투갈은 꼭 우리를 잡아야 16강에 올라가는 셈이니 세게 나오겠지. 14일 경기 결과는 어떻게 되는 걸까. 정말.

　내일 학교 가야 되는데, 오늘 오후 실습을 완전히 째 버려서 도무지 어떻게 될지 전혀 감도 안 온다. 뭐 봐주겠지. 다른 데도 아니고 경기장에 갔었는데.

2002년 6월 11일 화요일 맑음

　왜 이렇게 오늘 기분이 우울한 거지? 뭐 특별한 이유는 없다. 곰곰이 생각해 보면 어제 축구가 이기지 못하고 비겨서 16강 진출이 가물가물해졌다는 것, 그리고 회진 끝나고 탁구 칠 때 석환이하고 명진이 땜에 못 쳤다는 것. 두류공원 가서 같이 축구 중계 보자고 했는데, 아무도 호응해 준 사람이 없었다는 것, 또 엄마가 갑작스럽게 약간 짜증내는 목소리로 매실 먹으라고 하면서 양말 벗어서 세탁기 밖에 있는 대야에 넣지 말라고 한 것. 이 정도일까? 그리고 오늘 하루 종일 한 것도 없으면서 그냥 시간 때운 것? 꽤나 많네. 그런데 아무리 기분 나쁜 일이 많더라도 어제 미국한테 우리가 이겼더라면 정말 좋았을 텐데, 정말 지금 기분이 좋을 텐데 말이다.
　곧 기말고사도 슬슬 대비해야 할 것 같은데, 이제 과대표로서 할 일이 많아질 것 같다. 이 일을 어쩐담. 시험공부라니.
　하여간에 우리나라가 16강에 올라가면 정말 좋겠다. 일본도 올라갔는데, 우리는, 휴.
　오늘 프랑스가 덴마크에게 0대 0으로 비김으로써 무득점으로 16강 진출에 실패했다. 자식들, 약한 팀이라고 까불더니 잘됐지 뭐. 거기에 비하면 브라질은 얼마나 성실해. 우리나라도 덴마크처럼 포르투갈 이기고 16강에 들어야 할 텐데.」

2002년 6월 12일 수요일 맑음

아침 회의 시간 때 G part 수술을 보니까 오늘 수술이 gastric cancer[127]였다. 내 수술 스케줄은 오늘이 아니고 금요일이었는데 gastric cancer 수술이 보고 싶어 수술 일정을 바꿨다. 드디어 오늘 아빠가 99년에 받은 위암 절제술 수술을 내 눈으로 직접 보게 되는 것이다. 아빠가 받은 위암 수술 방법은 billoth II[128]였는데 송인혁 교수님이 집도한 수술도 같은 billoth II였다. 63세 남자 환자였는데 아빠보다 한 7,8년 정도 연상인 사람.

일단 처음에 소독을 하고 배에 칼을 대고 열었다. 열자마자 omentum[129]과 small bowl[130]이 드러났고 곧이어 위가 그 모습을 나타냈다. 위를 영어로 하면 stomach이고 이를 다시 우리말로 번역하면 '배'다. 위는 곧 배의 모든 것을 상징하는 그런 장기이다. 그 위가 좀 부풀어 올라있다고 해서 needle[131]로 뚫어 공기를 빼냈다. 그리고 나서 위에 붙어 있는 omentum을 자르고 여러 혈관들을 전기로 지지고, 끊고, 그랬다.[132] 여기까지 하는 데 한 시간

---

[127] gastric cancer : 위암.
[128] 오늘 일기 끝 부분의 설명 참조.
[129] omentum : 그물막. 복강 내의 감염을 방지하기 위해 존재하는 구조물.
[130] small bowl : 작은창자.
[131] needle : 바늘.
[132] 지혈하기 위해 작은 혈관들을 전기로 지진다.

은 훨씬 더 흘렀다. 아직까지 본론하고는 거리가 먼 것 같았는데.

송인혁 교수님이 이제부터 right gastric artery[133]를 끊는 시술을 한다고 했다. 본격적인 위 절제가 시작되나 싶었다. 그리고 계속해서 위에 붙어 있는 omentum들을 잘랐는데 아마 vegatomy[134]도 함께 한 것 같았다. 그리고 나서 드디어 위를 잘라 냈다. sub-total[135]인지 total인지 수술 광경으로는 잘 모르겠던데 나중에 보니까 total이었다. billoth II 수술이니만큼 십이지장을 자르자마자 곧바로 꿰매 붙여 버리고 위의 다른 잘려진 부분도 조금 꿰매서 jejunum[136]에 다시 붙였다. 처음 billoth I과 billoth II를 비교하는 그림을 책에서 보았을 때는 무척이나 어렵게 보였는데 이렇게 실제로 수술 광경을 보니 참 간단하게 보였다. 다른 수술보다 집중해서 봐서 그럴까? 네 시간의 gastric cancer 수술 시간이 짧게 느껴지다니.

수술이 거의 다 끝나고 그 환자의 차트를 잠시 보니 거의 20년 동안이나 위염으로 고생하고 있었던 사람이었다. 얼마 전에 위암 진단을 받았는데, 참 안됐다. 20년이나 위염으로 고생한 환자였

---

[133] right gastric artery : 오른쪽 위 동맥.
[134] vegatomy : 미주 신경 절제술.
[135] subtotal : 전체가 아닌 부분.
[136] jejunum : 회장. 소장(작은창자)은 공장과 회장 두 부분으로 나누는데 소장의 윗부분이 공장, 아랫 부분이 회장임.

는데 결국 암이 생겨 완전 들어내 버리다니. 수술로 제거된 위는 곧바로 수술대 바로 옆 테이블로 옮겨져 최지현 샘이 그 biopsy[137]를 위해서 병변을 찾았다. 그냥 맨눈으로 보고 '여기 mass[138]가 있네.' 이런 말까지 하던데. 나도 언젠가 저런 눈을 가질 수 있을지. 위벽은 무척이나 꼬불꼬불했다. 겉벽은 붉고 맨들맨들했지만 속벽은 아주 주름지고 울퉁불퉁했다. 저 모습이 rugae[139]이겠지. 위벽은 많이 얇았다. 저렇게 얇은 벽이 위벽이었구나.

수술은 1시쯤에 끝났다. 이번 주 케이스 발표하는 거는 이걸로 밀어 붙여야지. 수술이 거의 다 끝나갈 때쯤 돼서 이정희 샘한테 왜 billoth II 수술로 했냐고 여쭤보니까 무척 납득 갈 만한 대답을 했다. 전에도 송인혁 교수님한테 billoth II 수술의 장점이 뭐냐고 질문했다가 왜 그런 질문을 하느냐는 말만 들었는데 이번에 이정희 샘은 좀 달랐다. 이 환자의 anatomy[140]가 billoth II에 더 적합하다고 했다. duodenum[141]쪽에 adhesion[142]이 많아서 anastomosis[143] 하기에 billoth I은 좀 위험했다고 했다. 그래? 그렇다면 billoth I이

---

[137] biopsy : 조직 검사.
[138] mass : 덩어리, 혹.
[139] rugae : 위 안의 깊은 주름.
[140] anatomy : anatomy는 해부학을 지칭하나 여기서의 의미는 환자의 특징적인 몸속 구조를 뜻한다.
[141] duodenom : 십이지장.
[142] adhesion : 접착, 들러붙음.
[143] anastomosis : 혈류량 공급.

냐 II냐 하는 것은 순전히 각 환자의 상태에 따라서 달라져야 할 수술 방법이란 건가? 그래서 아빠도 billoth II로 수술 받은 건가.

오늘 당직이라서 밤 12시까지는 있어야 할 거라는 생각이었는데 뜻밖에 김재군 샘이 9시쯤 돼서 집에 가라고 그랬다. 참으로 뜻 깊은 수술 참관이 있었던 날이었다.

<Billoth I과 Billoth II에 대한 참조 설명>

Billoth I : 위를 절제한 후 남아 있는 위와 십이지장을 곧장 연결하는 수술 방법. 보다 생리적이라는 장점이 있다.

Billoth II : 위 절제 후 남은 위 부분을 소장과 연결하고 위와 연결되는 십이지장 부분은 폐매버리는 수술 방법. 수술 방법이 쉽다는 장점이 있다.

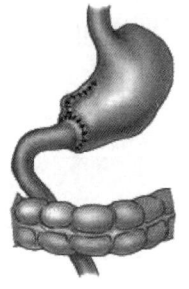 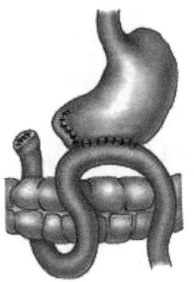

Billroth I　　　　　Billroth II

2002년 6월 14일 금요일 맑음

드디어! 우리 한국이 16강에 올라갔다. 이렇게 기쁘다니. 이렇게 감격스럽다니. 정말 기쁜 날이었다. 이렇게 좋은 날이 있다니. 이거 본다고 일반외과 회진도 째고, 신환 보고하는 것도 안 하고 갔는데 이제는 그런 것들도 다 용서됐겠지. 이렇게 눈물겹도록 좋은 순간이 또 언제 있을까? 이번 월드컵이 시작되기 전, 지난 어느 때보다도 16강 진출의 청신호가 켜져 있었지만 진짜로 이뤄질까 의구심이 들지 않을 수가 없었던 요즈음, 그 결과가 나타난 지금은 혹시 이게 꿈이 아닐까 싶을 정도다. 이렇게 기분 좋은 일이 일어나다니.

포르투갈과의 경기는 집 근처 음식점에서 봤다. 폴란드와 미국과의 경기도 같은 시간에 벌어져서 두 경기를 동시에 관전하는 것은 불가능했다. FIFA가 승부 조작을 피하게 하기 위해서라고 하던데 FIFA측 말인지 명진이 말인지 모르겠다. 경기를 보기 시작한 지 몇 분 후에 정말로 기적이 일어났다. 우리나라와 포르투갈을 상대로 한 골도 못 넣었던 폴란드가 미국에게 전반 3분 만에 골을 넣었고 곧이어 5분 만에 2대 0으로 앞서나가게 된 상황은, 아마 작은 기적이 아닐까? 미국이 폴란드에게 0대 2로 지고 그 상황에서 우리나라가 포르투갈한테 0대 2로 진다하더라도 우리는 조 2위로 16강에 진출할 수 있는 그런 상황이었고 그 와

중에 포르투갈 선수가 두 명이나 퇴장 당하고 후반 종료 직전에 오히려 박지성의 골이 터졌을 때는 정말, 눈이 있어도 세상이 보이지 않고, 귀가 있어도 아무것도 들리지 않는, 장기의 연결 고리가 끊어지고, 사지가 어디에 있는지 모르는 완전한 무아지경의 느낌이었다. 물질은 사라지고 오직 정신만 있는 그런 순간. 이보다 더 기쁜 때가 또 언제였을까.

태어나서 제일 기쁜 날, 오늘이다. 일본이 조 1위로 16강에 진출했을 때 얼마나 속상했던지, 이제 우리도 당당히 조 1위로 16강에 진출하게 되었다. 그것도 일본보다 훨씬 대진 운이 나쁜 상황에서, 그리고 그 국가들 간에 물고 물리는 혼전 속에서 처음부터 끝까지 조 1위를 지키며 16강에 당당히 조 1위로 골인하게 되었다.

아하하. 2002년 6월 14일 오늘을 잊을 수 있을까?

2002년 6월 15일 토요일 흐림

수업 시간 동안 참 힘들었다. 3교시는 박재근 교수님 수업이었는데 수업 다하고 나서 애들보고 누가 결석했는지 말해 보라고 하는 거였다. 애들이 말할 리가 없다. 괜히 고자질하는 것 같고, 또 누가 결석했는지 잘 모르니까. 그래서 내가 대표 자격으로 교수님이 출석을 부르시는 것이 가장 빠르고 정확하다고 말씀드렸는데, 출석을 다 부르시더니 나보고 짜증 섞인 목소리로 이랬다.

"과대표가 그걸 좀 체크해 놓으면 되는데 그것도 하기 싫다는 말이가? 이게 뭐고 이게. 출석 부른다고 전부다 아무것도 못하고 여기 앉아서."

기분이 좀 그랬다. 과대표면 과대표지 수업 시간에 누가 출석하고 결석하는지 체크해서 일러바치라고? 그것도 제일 앞자리에 앉아 있어서 누가 결석했는지도 모르는데, 허참. 그런데 박재근 교수 수업이 오늘이 마지막이 아니었다. 두 시간이나 더 남아 있었는데, 참 이 일을 어쩌나.

우리나라가 16강에 올라가서 그런 건가? 호사다마?

2002년 6월 17일 월요일 맑음

수업 끝나고 일주일 앞으로 다가온 시험을 위해서 교수님들 찾아다니면서 시험 날짜 잡았다. 저번 주 토요일에 대강 만들어 놓은 초안을 토대로 돌아다녀 봤는데, 초안대로 될 리가 없었다. 안 된다는 교수님도 있었고 될 수 있으면 옮겨 달라고 하는 교수님도 있었고. 그래서 교실에서 새로 짜서 다시 찾아갔다. 토요일에는 시험 일정이 내 생각보다 훨씬 더 늦게 끝나는 걸로 만들어져서 기분이 안 좋았는데, 다시 짜면서 시험을 많이 당겨 버렸다. 물론 교수님 입김도 많이 좌우했지만 내 입김 역시 무시할 수는 없다.

일반외과 시험 계획을 잡는데 김승환 교수님하고 약간 트러블이 생겼다. '학생이 어떻게 교수하고 협상을 하려고 하나, 엉?' 이러면서 약간 언성을 높이기도 했는데, 할 수 없이 그냥 '예' 하고 나왔다. 5시에 치려고 한 시험이었는데 교수님 때문에 1시 30분에 치게 되다니. 김성환 교수님도 별말씀 안 하고 5시에 치자고 하는데 왜 아직 젊은 분이 혼자서만 저래.

대강 시험 계획을 짜고, 본과 4학년 선배들에게 예방의학 족보[144] 좀 받고, 그리고 병원에 가서 회진 대신에 신환 보고만 하고 왔다. 오늘 처음 보고하는 김재군 샘이었는데 지금까지 누구보다도 짧고 간략하게 끝났다. 보더니 '음 됐어' 하고 끝나는 데 걸린 시간이 겨우 1분도 안 됐으니.

내일은 이탈리아와 16강전이 있는 날이다. 내일도 이기면 얼마나 좋을까? 후후.

---

144 족보 : 과거에 나왔던 시험 문제들 모은 것을 의대생들이 일컫는 말.

2002년 6월 18일 화요일 맑음

우리나라가 이탈리아를 꺾고 8강에 진출하리라고 누가 예상했을까? 개최국의 이점利點? 심판 편파 판정? 다 필요 없다. 단지 2002년 Korea-Japan 월드컵에서 우리나라가 아시아국 최초로 8강에 진출했다는 사실이 중요할 뿐이다. 그것도 우승을 3번이나 한 아주리팀[145] 이탈리아를 꺾고 당당히.

전반 3분에 얻은 페널티킥을 안정환이 실축했을 때 실망감보다는 '그래 상대는 역시 이탈리아구나' 싶었다. 세계 최강의 이탈리아, 그들을 상대로 과연 승리를 쟁취할 수 있을까? 목표는 16강이었고 그건 이미 달성한 상태이다. 그렇다면, 이 경기는 단지 즐기면서 보면 될 뿐이다. 우리가 이기지 못한다 해도 억울한 것도 아니고 또 상대는 세계 최강 이탈리아가 아닌가?

0대 1로 뒤지다가, 전반전이 끝나고 후반전도 절반 이상 지나가 버렸다. 전반전 볼 점유율은 우리나라가 60%, 이탈리아가 40%, 슛은 우리나라가 4개, 이탈리아가 4개. 전혀 뒤쳐지지 않은 전반전을 펼쳤던 우리로서는 졸전이라는 악평을 들을 리도 없었다. 그런데 기적 같은 후반 42분의 설기현의 동점골, 그리고 연이

---

[145] 아주리팀 : 이탈리아 축구 국가 대표팀의 별명.

어 터진 연장 후반 12분의 안정환의 역전 결승골은 정말로 내가 살아 있고, 우리가 이 세상에 존재하고, 우리나라가 어디에 있더라도 그곳이 바로 세상 중심이라는 느낌이었다. 이런 드라마 같은 상황이 과연 진짜 드라마에서는 가능할까? 전반 페널티킥을 실축했지만 안정환의 역전 결승 헤딩골은 정말 짜릿했다. 그 골 넣은 직후 주위 동네는 함성의 도가니로 빠져들었다. 주위에 있는 그 많은 아파트 단지에서 다들 손 내밀고 승리를 축하했고 거리에는 이미 많은 사람들이 모여서 응원가 부르고, 어깨동무를 하고, 춤을 추고, 많은 자동차들의 경적 소리에 이미 밤 11시가 넘은 시간이었지만 가장 시끄러운 시간 같았다. 우리의 생체 시계 역시 가장 활발하게 작동했고 이 기쁨을 나누고 열정을 체험하기 위해 시내 한복판으로 두 차에 나눠 타고 떠났다. 새벽 1시가 넘었지만 시내로 통하는 길은 마치 러시아워를 방불케 할 정도로 많은 차들로 뒤덮였다. 다들 한결같이 응원 박자에 맞추어 경적을 울려 댔고, 태극기를 휘날리며 목이 터져라 대한민국을 외쳐 대고는 했다. 이런 대단한 일이. 정말로 이런 엄청난 일이!

2002년 6월 19일 수요일 맑음

수요일은 GS 특징상 아침 7시까지 가야 하는 날이다. 그런데 오늘은 어제의 흥분이 아직 가시지 않았기에 별로 7시까지 가고 싶지 않았다. 좀더 정확히 말해서 7시까지 안 가도 괜찮지 않을까 하는 생각에 조금 늑장을 부렸다. 7시에 한 몇 명이나 와 있을까 생각했었는데, 뜻밖에도 나 빼고 모든 PK가 다 와 있었다. 석환이가 안 왔지만 그놈이야 뭐.

점심 먹고 김대연 교수 lecture 때문에 억지로 학교에 다시 왔는데 오늘 lecture는 cancel[146]되어 버렸다. 이런. 그런데 억울한 건 5시 40분부터 9시까지 아무것도 안하고 병동 round[147]에서 그냥 기다린 거다. 신환 보고하라고 해 놓고서 검사도 안 맡아 주다니. 그것 때문에 저녁도 못 먹고 9시까지 아무 하는 일 없이 기다리기만 하다니. 정말. 그래도 뭐 나한테는 어쩌면 잘된 셈일지도 모르겠다. 오늘 당직이었는데 그냥 집에 와 버렸으니.

내가 맡은 신환은 갑상선종으로 입원한 28세 여자 환자였는데, 지금까지 했었던 어떤 신환 보고 때보다도 흥미 있고, 재미있었다. thyroid[148]에 대해서 관심도 많았고 아는 것도 많았기에 할 말도 많았을 뿐더러, 그 환자도 내게 신뢰가 갔던지 간혹 미소를 띠면서 상당히 많은 질문을 했다. 대부분 대답을 제대로 했지만

---

[146] cancel : 취소.
[147] round : 병동의 한복판, 간호사들이 모여서 일하는 공간.
[148] thyroid : 갑상선.

마지막 질문만은 대답할 수 없었다.

"수술 받으면 얼마나 아파요?"

2학기 때 실습할 내분비 내과가 벌써 기다려지기도 했다.

2002년 6월 20일 목요일 맑음

오늘 스케줄은 수술. 오랜만에 하루 종일 많은 수술이 잡혀 있는 날이었다. 그런데 1학기 실습이 거의 끝나가는 마당이라 그런지, 아니면 월드컵 때문인지 잘 집중이 안 되고 축 쳐지는 느낌이다. 더위도 한몫하고 있으니…….

오늘 내가 들어가야 할 수술은 thyroid mass resection,[149] rectal cancer[150] 2건, colostomy take down,[151] 이렇게 4건이나 있었는데 thyroid mass resection하고 응급으로 뜬 acute appendicitis[152] 수술 환자 한 명만 보고 나머지는 그냥 도망가 버렸다. 뭐 별일 없겠지 싶은 안이한 생각도 있었지만 응급으로 H part 김주연 샘하고 같이 acute appendicitis 수술을 했기 때문에 혹시 무슨 일이 생겨도 변명할 수

---

[149] thyroid mass resection : 갑상선 종괴 제거술.
[150] rectal cancer : 직장암.
[151] colostomy take down : 대장의 병변을 잘라내고 연결해 제 위치로 넣어주는 수술.
[152] acute appendicitis : 급성 충수염(맹장염).

있다고 생각해서였다. 결과적으로도 아무 일 없이 끝났다.

저녁때 최재진 교수님하고 케이스 발표 후 예정되지 않은 회식을 하게 돼서 저녁 회진은 완전히 빠지게 됐다. 그러니까 오늘 저녁에도 레지던트 샘들 마주치지도 않았고, 그러니까 닦일 일도 없었고, 또 오늘은 계명대 동산병원에서 무슨 학회 있다고 다들 거기 가는 것 같았다. 잘 됐지.

김주연 샘하고 둘이서 수술할 때에는 참 좋았다. 전에 같이 술 마신 적이 있었는데 그때도 참 잘해주는 것 같았는데 오늘도 이렇게 좋은 설명이 깃든 수술을 직접 하게 되다니. 물론 시술은 다 주연 샘이 하고 나는 옆에서 이거 잡으라면 잡고, 당기라면 당기고 이것밖에 안 했지만, 그래도 내가 이렇게 수술에 적극적으로 참여한 것은 처음이다.

저녁 때 최재진 교수님 케이스 발표할 때는 참 빨리 끝났는데, 끝나자마자 잘했다는 칭찬까지 들었다. 교수님도 참 좋은 분이다. 틀림없이.

교수님하고 같이 회식할 때 옆에 앉아서 질문도 많이 하고 대답도 많이 하고 그랬다. 학교에서 식당까지 갈 때도 바로 옆에서 붙어서 이야기하고, 그렇게 교수님 비위를 맞추려고 했다. 교수님을 위해서, 또 나를 위해서.

이제 내일만 지나면 일반외과도 끝이다. 케이스 발표라는 난관이 있긴 하지만, 하여간에 내일만 지나면 끝이다.

2002년 6월 21일 금요일 맑음

GS가 끝나 버렸다. 오전 회진만 하고, 전에 계획이 있었는데 실시하지는 않았던 황석순 교수님 lecture를 끝으로 끝나 버린 것이다. 오후에 김승환 교수님 case 발표가 있을 예정이었는데 무슨 이유에선지 돌연 취소되어서 오전을 끝으로 모든 GS에 관한 활동을 접게 된 것이다. 이제 끝.

집에 일찍 와서 저녁 먹었다. 월요일 날 시험 공부도 하려고 했었는데 전혀 그렇게 하지 못했다. 집에 와서 일단 저녁 먹고, 머리 깎고, 그러고 저번 주 일요일 날 백화점에 가서 신청했던 면도기 보호망을 찾으려고 갔다가 워낙 불친절한 직원 때문에 그 직원 고발하고 온다고 시간도 많이 걸렸다. 이번 주 수요일까지 연락해 준다고 해 놓고 아무 연락 없이 미안하다는 말도 없이 기껏 한다는 말이 '죄송합니다.' 아주 불량스럽게 말하다니. 웬만하면 안 그러겠는데 고객 불편 사항 카드도 작성하고, 6층 사무실에 가서 아예 구두로도 말해 버렸다. 그러는 중에 다른 직원들에게도 내 불만의 표현을 하게 된 셈이니 이제 그 직원은 당분간은 좀 창피하겠지. 요즘이 어떤 세상인데 그렇게 고객을 무시하는 행동을 하다니.

내일은 마지막이 될지도 모르는 우리나라의 8강전이다.

2002년 6월 22일 토요일 맑음

4강에 진출해 버렸다.

우리 목표인 16강을 훌쩍 뛰어넘어 버린 이 마당에 다른 건 솔직히 제대로 들어오지 않았다. 그런데 더 큰 사건이 일어났다. 학생회장한테서 전화가 와서 학장님이 학사 일정을 일주일 아예 늦추어 버린다고 했다. 그렇게 되면 방학도 늦게 하지만 개강도 한 주간 늦어진다. 우와. 이렇게 좋을 수가.

같이 축구 본 열세 명에게 이 말을 전하고, 때때로 전화 걸어 오는 애들에게도 전했다. 그리고 오늘 저녁은 계속 술 마시고 고함 지르고 응원하고 그렇게 놀았다. 정말로 마음 편하게.

2002년 6월 23일 일요일 흐림

어제 경기의 여파로 아침에는 정말 늦잠 자려고 했었는데, 10시에 일어나 버렸다. 왜냐하면 워낙 시험 일정에 대한 질문 공세로 전화기가 나를 가만히 놔두지 않았으니까. 아침 10시에만 전화가 다섯 통은 왔으니까. 전부다 똑같은 질문의 전화가 다섯 통이라. 그것도 10여 분 동안.

전화는 왔지만 솔직히 내가 대답해 줄 수 있는 답변은 한정적이었다. 나도 잘은 모른다. 지금 할 수 있는 것은 아무것도 없다. 내일 아침에 학교에 가서 알아 보고 시험을 연기하든가 해야 하고 지금은 그냥 있어야 할 뿐이다. 그러면 애들은 꼭 이런다. '그러면 시험 연기 안 되면 어떡해요?' 그렇게 되면 더 좋지. 아무도 공부 안 한 상태에서 시험 치고 그냥 월드컵 핑계 대면서 넘어갈 수도 있고 그렇지 않나? 내 이 말에 종혁이하고 철희는 고개를 끄덕끄덕했다. 하긴. 나도 실은 그렇게 되면 제일 좋겠다. 괜히 시험 연기하면 방학만 짧아지지 뭐. 나만 고생하고. 학사 일정 한 주간 미룬다는 건 아직 확실하진 않으니.

2002년 6월 24일 월요일 비.

하루 종일 비가 왔다. 아침에 일어나 학교에서 1,2교시 수업 듣고 10시 30분부터 시험 미루러 교수님들 만났다. 한 시간 정도 돌아다녔는데 상당히 힘들었다. 특히 한태규 교수님 수업 옮기는 데 에로 사항이 많았다. 워낙이 신경질적인 교수님이라 말 걸기도 힘들었지만 그 사람 또 많이 바쁜 것 같았다. 이것 참.
　모든 수업 일정과 시험 일정을 옮기는 데는 오후 2시나 돼서야 가능했다. 최재진 교수님이 있어야 시험 시간을 잡는데 교수님이 오전 중에는 수술하신다고 거의 시간이 없었으니. 그러니까 10시 30분부터 2시까지 두어 시간은 걸린 셈이다. 이 일을 나 혼자 하니까 이렇게 힘들지. 휴.

2002년 6월 25일 화요일 맑음

축구는 독일에 0대 1로 졌다. 그런데 우리가 뭐 잃을 게 있는 한 판이었을까? 16강이 목표였다. 아니 좀더 낮게 잡았다면 월드컵 1승이 목표였다. 그런데 오늘 경기를 제외하면 4승 1무를 거두었다. 월드컵 4강, 세계 축구 4강!

세계 최강 포르투갈, 이탈리아, 스페인을 연거푸 밟아 버리고, 월드컵 우승 세 번, 준우승 세 번이라는 관록의 독일을 맞아 선전 끝에 0대 1로 진 거다. 16강전, 8강전에는 연장까지 가는 소모전이었는데, 휴식 기간도 고작 이틀뿐이었다는 것은 패배의 변명이 될까? 그런데 변명이라니? 우리가 뭘 잘못했나? 우리는 세계 축구 4강이다.

처음으로 거리 응원을 찾아 범어 네거리로 갔다. 과 애들이 먼저 가서 자리를 맡아 놓았는데, 난 덕분에 조금이나마 늦게 갈 수 있었다. 귀여운 녀석들. 7시에 범어 네거리에 도착했는데 그 어마어마한 사람들 속에서 어떻게 이 녀석들을 찾을 수 있을까 걱정이었다. 전화도 거의 되지 않았고 사방에는 온갖 스피커에서 흘러나오는 음악 소리와 함성 소리에 바로 옆 사람 말소리도 잘 들리지 않을 정도로 시끄러웠는데, 하늘이 도왔던지 걔들이 나를 먼저 발견하고 전화를 걸어 줬다. 그런데 걔들은 어떻게 나를 찾을 수 있었을까? 전부다 붉은 티셔츠로 치장하고 있었고 나 역시 그랬었는데, 그 10만이나 모인 군중들 속에서 찾다니.

경기가 끝나고 시내로 가서 안동 찜닭을 먹었다. 그러고 보니 저번에 길가에서 만난 외국인이랑 12시 30분에 점심을 먹은 것 빼고는 밤 11시가 될 때까지 아무것도 먹지 않은 상태였다. 세 시간 동안 그렇게 목이 터져라 응원했었는데 탈진되지 않았던 것만 해도 다행인 건 아닌지.

찜닭 먹고 시내에 호프집 페스티발로 가서 맥주 한 잔씩 하고 집에 왔다. 시내에서 범어 네거리까지 걸어가서 거기서 용석이 차 얻어 타고 집에 왔는데 새벽 4시가 다 되었다. 내일부터는 진짜 공부해야 되는데, 우리나라가 져서 공부는 좀 더 잘 되는 걸까?

초시와 재시, 그리고 방학

2002년 6월 26일 수요일 맑음

어제 저녁에도 거의 새벽 4시가 다 돼서 잤지만 아침에는 그렇게 늦게 일어나지 않았다. 그동안 워낙 아침 6시 20분에 일어나는 습관이 몸에 배어서일까? 오늘도 7시에 한 번 깼다가 그냥 다시 잤다. 7시에 일어나려고 마음먹었다면 충분히 일어날 수 있었지만 일찍 일어날 필요가 없어서 다시 잔 것뿐이니까. 어제도 늦게까지 놀았고 일찍 일어나 봐야 또 잠만 올 테니.

10시쯤에 다시 일어나서 아침 먹고 학교에 갔다. 10시에도 일어날 필요 없었지만 7월 1일이 월드컵 4강 진출 기념 경축 임시 공휴일 됐다고 그날 잡았던 예방의학 시험 연기하자고 교수님한테서 연락이 왔다. 다시 날짜 잡아야 해서 일어나지 않을 수는 없었다. 잘 된 편이지. 어차피 아무 일 없이 일어나기도 좀 뭣한 상황이었는데.

1시 30분부터 3시 30분까지는 그래도 열심히 공부했다. 모레가 시험이었기에 이제부터는 좀 열심히 공부해야겠다고 생각했고 그렇게 했는데, 3시 30분 이후부터는 계속 놀아 버렸다. 3시 30분에 외과 교수님 만나러 도서관에서 내려왔다가 애들이 난데없이 족구하고 있는 모습에 나도 끼여서 발붙였다가 무려 저녁 8시 30분까지 놀아버렸다.

족구하고 농구하고 투 바운드하고 탁구 치고 저녁 먹고, 그리고 이야기 좀 하다가 보니까. 누가 8시 30분까지 놀 거라고 생각이나 했을까? 정말 늦었을 때가 제일 빠른 때라는 건 틀린 말이 아닌 것 같다. 8시 30분쯤에, 브라질하고 터키의 준결승전이 열렸을 때, 다시 도서관으로 올라가 공부했다. 늦게 시작했지만 그래도 적지 않은 양을 볼 수 있었다.

2002년 6월 27일 목요일 맑음

10시 일어나서 학교로 와서 열심히 공부했다. 일반외과 총론은 담당 교수님이 7명이다. 그런데 총 강의 시간은 19시간뿐, 다시 말해서 교수님 한 분당 시간은 2,3시간 정도다. 1시간 강의하고 시험 치는 교수님도 있었고, 2시간 강의 시험도 4개, 3시간 2개, 이런 식.

1시간 강의 치고는 양이 많은 건 사실이지만 그래도 작년에 쳤던 시험에 비하면 그렇게 많은 편은 아니다. 작년에는 강의 40시간 분량을 한 번에 시험치고 했으니까.

낮에 공부하다가 저녁 먹을 때 잠시 쉬다가 또 밤에 공부했다. 그렇게 밤 12시 30분까지 공부하다가 집에 와서 한 30분 더 봤다. 그러고 보니까 이렇게 공부하는 것도 거의 한 8개월 만이었다. 이번 학기 들어서는 처음 치는 시험이니까. 내일 시험 치면 일단 내일이나 모레는 좀 놀 수 있겠는데,

이제는 조금은 식어버린 월드컵 때문인지 가라앉은 듯한 사회 분위기지만, 시험 틈바구니 속이어서 토요일 3,4위전은 참 재미있게 볼 수 있을 것 같다. 그때는 누구랑 어디서 볼지 모르지만 그게 뭐가 문제랴?.

내일 시험은 좀 잘 쳐야 할 텐데. 그래야 축구도 편하게 볼 텐데.

2002년 6월 28일 금요일 맑음

아침 10시에 친 시험은 그럭저럭이었다. 그렇게 잘 친 것도 아니었고, 완전히 못 친 것도 아니었고. 공부 많이 한 과목은 한 만큼, 아닌 과목은 아닌 만큼, 그렇게 넘어간 것 같았다. 감독 교수로 송인혁 교수님이 오셨는데, 어찌나 감독을 웃기면서 하시던지. 그런 분위기속에서 송인혁 교수님 부분 시험지에다가 이렇게 썼다. '수업 시간에 OHP 넘긴 학생입니다. 교수님 감사합니다.' 수업 시간에 내가 OHP 넘겼었는데 그때는 나보고 그 말만 시험지에 써놓으면 무조건 100점 준다고 몇 번이고 강조하셨으니, 그래서 진짜로 써 넣은 거다. 그런데 정말 100점 줄까? 해마다 수업 시간에 OHP 넘긴 학생에게 그런 말을 했다고 하는데 이번처럼 정말 자기가 했다고 시험지에 이름 쓰는 학생은 내가 처음이지 싶다. 그런 만큼 교수님도 신선하게 느껴서 100점 줄지도 모르지.

최재진 교수님 시험은 완전 꽝이었다. 수업 시간에 가르친 내용과 전혀 동떨어진 부분을 냈었는데 작년 내분비 코스 때 한 내용 시험 문제 그대로였다. 뭘 착각하신 걸까? 끝나고 한 번 찾아가봐야 하는 건지도.

시험 끝나고 오랜만에 투 바운드했다. 두 명씩 짝지어서 4팀으로 나누어 샌드위치 내기했는데 내가 정말 잘해 버렸다. 두 경기 다 이겼으니. 그렇게 토스트, 샌드위치 먹는 것도 참 오랜만이고 그런 만큼 재미있었다. 어제 잠도 한 3시간 잤으니 그리 피곤하지도 않았고.

2002년 6월 29일 토요일 흐림

오전 4시간의 한태규 교수님 수업은 정말 힘들었지만 나보다도 교수님이 훨씬 더 힘들어 보였다. 하기 전에는 몰랐는데 4시간 연강이라는 건 정말 힘든 것 같았다. 하는 사람도 듣는 사람도 이렇게.

예정 시간보다 한 40분 일찍 끝났다. 그 동안의 출석률 높이자는 캠페인으로 오늘 결석한 학생은 겨우 한 명밖에 없었기에, 이 기회에 2학기 과대표 선거를 했다. 어제 재오한테 유경이를 후보로 추천해 달라고 했는데, 그 녀석이 당당히 제일 먼저 손을 들고 말해 버렸다. 그리고 다른 후보들도 5명이나 나와서 6대 1의 경쟁률이 되었는데 결국에는 내 의도대로 유경이가 당선되었다. 다음 학기 과대표는 여학생이 당선된 거다. 오후 내내 기분 좋았다. 이제 나도 신경 많이 쓰는 과대표 일에서 벗어날 수도 있고 다음 과대표는 여자가 됐으니까 그동안 내가 써왔던 정책들이 남자들 위주였다는 비판도 이제는 수그러들겠지.

투표가 끝나고 족구 했다. 거의 2시간 동안 그러고 놀다가 시내로 가서 우리나라와 터키와의 역사적인 3-4위전 축구 경기 봤다. 2대 3으로 졌지만 뭐 별로 부담도 없는 경기였고. 시작하자마자 11초 만에 홍명보 실수로 인한 실점 때문에 양팀 다 화끈한 공격 축구를 볼 수도 있었다. 월드컵 역사상 가장 빠른 골이라고 하던데, 11초라.

2002년 7월 4일 목요일 맑음

오늘 친 흉부외과하고 방사선과 시험은 그렇게 힘들지는 않았다. 그리고 내일도 시험 없는 날이고 지금은 약간 시간이 남는 것 같다. 모레 임병[153] 시험이 양이 좀 많긴 한데, 그래도 지금까지 해왔던 것처럼 어떻게 넘길 수 있겠지.

학교에서 책 좀 보다가 왔는데 학교에서는 도저히 더워서 할 수가 없었다. 그런데 집도 만만찮았다. 어제까지는 전혀 안 더웠는데 갑자기 더워지다니.

이제 시험이 2개밖에 남지 않았다. 다음 주 월요일 날 안과학

---

153 임병 : 임상병리학.

시험을 끝으로 다 없어질 거다. 물론 재시가 몇 개 있기는 하겠지만 그게 그렇게 많을 것 같지도 않고 부담될 것 같지도 않고 그러니까. 이제 방학이 손에 잡히는 것 같다. 정말로.

2002년 7월 5일 금요일 비

하루 종일 비가 왔다. 굵은 빗줄기가 한 동안 온 땅을 내려칠 때도 있었는데, 그 비가 언제 그랬냐는 식으로 가늘어지기도 했다. 태풍은 태풍인지 바람도 엄청났다. 우리 학교 루가관 건물에서 마리아관 건물까지는 겨우 20m도 안 되는 거리였지만, 우산을 쓰고 걷더라도 바지는 완전히 다 젖을 정도로 바람이 세찼다.

하루 종일 실내에서 열심히 공부했다. 평소 때 같았으면 점심이나 저녁 먹고 나서 분명히 농구하자고 했을 거고, 그렇게 됐으면 저녁때 공부하는 게 얼마나 부담됐을까.

내일 임상병리학 시험은 양이 상당히 많았다. 아침 일찍 와서 부지런히 봤지만 다 본다는 건 애초 무리였을까? 아니다. 마취과에 가서 재시자 명단 받아 오고, 오후에는 임종범 교수님 수업 듣고 그거 강의록 받으러 가고, 김종우 교수님 시험은 guideline 찍어 달라고 하면 찍어 준다기에 그거 받으러 가고. 과대표로서 이런 거 저런 거 한다고 시간을 많이 뺏겨서 그랬지, 다 못 볼 정도는 아니었다. 마취과 재시도 많이 떴는데, 그 스트레스도 무시 못할 수준이고.

임상병리학을 가르친 교수님이 모두 3분이다. 같은 임병이지만 시험도 세 가지이다. 그중 송영성 교수님 부분은 열심히 책 보면서 공부했고, 김종우 교수님 부분은 찍어 준 거 공부했는데 견일수 교수님 부분은 상당히 까다로웠다. 양도 양이고, 내용도 상당히 어려운 편이었으니까. 모르겠다. 내일 시험만 끝나면 거의 막바진데.

2002년 7월 6일 토요일 비

임상병리학 시험이 너무 어려웠다. 가뜩이나 공부도 그렇게 많이 못한 것 같았는데, 시험이 이렇게 어려웠던 건 나에게 잘된 일인지, 잘못된 일인지.

제일 좋은 것은 너무 쉽게 나와서 전원이 다 70점을 넘기는 것이다. 아니, 더 좋은 건 굉장히 어렵게 나왔는데 나만 재시 통과하고 다른 애들은 재시 치는 것이고, 전원 재시 통과는 그 다음, 다시 그 다음은 어렵게 나와서 전부 재시 치는 것, 최악의 상황이 나만 재시 치는 상황일 거다. 그렇게 따지면 오늘 경우는 최악의 경우는 넘긴 셈이지.

분명히 송영성 교수님이나 견일수 교수님이 재시는 없다고 했는데, 잘 모르겠다. 성적이 전부다 너무 안 좋아서 재시 줘야겠다고 다시 말씀하실지. 하여간 골치 아프게 됐다. 안 그래도 마취과나 일반외과 재시 때문에 스트레스가 이만저만 아닌데 임병까지 이렇게 되다니.

시험 끝나고 학교에서 무려 4시간 동안 놀았다. 족구하고, 축구도 하고, 그저께부터 태풍이 지나간다고 하던데, 시험 끝나고 마침 비도 안 오고 바람도 불고 그리 덥지도 않아서 밖에서 놀기에도 참 딱 맞았다. 내기 족구 했는데, 거의 이겨 버렸다. 편을 잘 만났지.

2002년 7월 8일 월요일 비

안과학 시험도 어려웠다. 워낙 족보만 보고 친 시험치고는 그래도 조금 나은 편이었을까? 이 생각은 우리 과 애들 전부 다의 생각이지 싶다.

안과학은 그렇게 넘기고, 학교에서 좀 놀다가 그냥 집에 왔다. 아. 시험 치고 유철이하고 영화 '센과 치히로의 행방 불명' 보기로 했었는데, 그냥 '스타워즈 에피소드' 보고 왔다. 시간이 너무 안 맞으니까. 평일 낮 영화라서 별로 사람도 없었는데, 비 오는 날이라 영화관 안은 오히려 추웠다. 그 안에서 거의 2시간 30분이나 되는 영화 보는데, 오줌도 마려웠고, 잠도 오고, 배도 고프고, 정말 삼중난이었다.

그거 보고 집에 와서 잤다. 6시부터 잤는데, 중간에 전화 몇 군데서 올 때 빼고는 계속 잤다.

2002년 7월 9일 화요일 맑음

학교에 일찍 와서 재시 공부했다. 마취과 재시 3개하고 오전에 송인혁 교수님 재시까지 오늘 총 4개의 재시를 쳤는데, 그리 힘들지는 않았다. 황당한 것은 오전 7시 30분부터 학교에 와서 김익 교수님 재시 공부를 했는데 10시쯤에 김익 교수님 재시는 완전 탈족보를 한다고 그러는 거였다. 오전 공부가 다 도로 아미타불이 되는 건가? 망연자실하고 있다가 오후가 돼서야 그래도 좀 정신 차리고 공부했는데, 결과적으로 김익 교수님 문제는 초시 그대로였다. 만약 오전에 공부 하나도 안 하고 탈족보한다는 얘기만 듣고 오후에도 공부 안 했었다면 어떻게 됐을까? 나야 뭐 오전에 공부했으니까. 답안 작성이 가능했었는데, 탈족보한다는 말 듣고 공부 안한 애들은 어떻게 됐을까?

마취과 재시 감독으로 지원 선배가 왔는데, 모르는 거 있으면

물으라고 했다. 물어 보니까 고맙게도 정말 가르쳐줬다. 한때 지원 선배 정말 좋아했는데, 지금도 좋아하고 있지만, 나도 저런 선배가 되고 싶다. 정말로.

2002년 7월 11일 목요일 맑음

아침 7시 30분에 겨우 일어나 학교에 가 보니 정확하게 8시 30분이었다. 안과학 외래로 가자마자 한태규 교수님 만나서 재시 명단 받고 재시 일정에 대해 논의했다. 재시자들 중 두 명은 상당히 시험을 못 쳤으니까 각별히 조심해서 열심히 하라는 말도 전하라고 했다. 그래? 그 두 명 안에 다행히 나는 빠져있었다. 기분이 조금은 나아지는 것 같았다.

점심 먹는 중에 황석순 교수님한테 전화가 왔다. 재시 쳐야 된다고, 재시 인원이 20명이 넘을 거라고. 그런데 황당했다. 재시일로는 내일은 시간 안 나고, 게다가 모레도 안 되고, 다음 주부터는 재시 잡지 말아 달라고 부탁한 사람이 2명이나 된다. 그 다음 주에 치려니까 방학 분위기가 완전 없어질 것 같아 교수님한테 8월에 치면 안 되겠냐고 하니까, 괜찮다고 하셨다. 다행이다. 8월에 개강하고 쳐야지.

학교에 가서 재시 명단 받아 가지고 집에 왔다. 재시 일정도 말했어야 했는데 교수님이 수술 중이라서 만날 수가 없었다. 그냥 명단만 받아 가지고 집에 왔다. 어제도 3시간 정도밖에 못 잤는데, 집에서 한 2시간 잤다.

2002년 7월 12일 금요일 맑음

안과학 재시 때문에 학교에 가서 공부했다.

초시 족보랑 옛날 족보로 공부했다. 낮에 잠시 임병이랑, 다른 과목들 점수 알아보러 갔었는데, 제대로 알아 낸 것은 없었다. 내일 시험을 끝으로 다른 재시는 개강하고 치면 어떨까 하는 게 내 생각이었는데, 과 여자애들 생각은 완전히 나와 달랐는지 어제 밤에는 명석이 형 통해서 여자애들 입장을 전해오기도 했다.

인터넷 카페에다가 시험을 개강 후에 칠 수밖에 없는 상황을 설명하고 혹시 다른 의견 있으면 말해 달라고 하는 글을 써놨는데, 밤 11시쯤에 김은실이 리플 달아놓았다. 한 마디로 내 의견은 말도 안 되는 거니까 방학 때 재시 치자나? 미리 미리 재시 받아 놓았으면 이런 일 없는데 왜 그러냐고. 이런 말도 안 되는 소리도 했다. 미리 미리라니? 시험 치고 불과 하루 후에 알아 온 건데. 기가 막혀서 정말. 의견이 있으면 말하라고 했지 불평 일색이라니, 하여간에 진짜 저질이다. 얼굴만 커가지고.

그거 때문에 집에 와서 별로 공부 안하고 그냥 잤다. 유경이도 글 올렸던데, 걔야 뭐. 전화 걸어서 화 내지 말라고 하니까 저도 미안한 마음이 있었던지, 예, 하고 기분 좋게 전화 끊을 수 있었다. 김은실 같은 여학생만 빼고, 다른 애들은 괜찮은데.

2002년 7월 16일 화요일 맑음

시험 끝난 후 무지하게 더운 하루였다. 9시 뉴스에서는 대구 기온이 35도까지 올라갔다던데, 과연 그만큼 더울 만했다. 낮에는 계속 에어컨 있는 곳에 있어서 별로 안 더웠지만. 실외에 있던 사람들은 정말 힘들었겠지?

상진이[154]하고 한우고기 먹었다. 둘이서 밥이랑 6인분 먹었는데 무려 12만원이나 나왔다. 상진이가 다 사줬다. 처음부터 2만 5천 원짜리 뷔페 가자고 했는데 짜식. 완전 더블로 돈 썼지. 저녁 먹고 커피숍 가서 얘기 좀 하다가 헤어졌다. 커피 값은 내가 계산했는데, 내가 계산한다고 말한 게 정말 잘한 거였다. 그걸 기다리고 있었다고 했으니까.

---

154 인턴으로 일하는 친구.

내일은 아빠가 일본 가시는 날이다. 내가 역까지 태워주기로 했었는데, 상진이가 전화로 의성에 가자고 했다. 친척이 의성에서 상을 당했다나? 엄마한테 말해 보니까 가라고 했다. 아빠는 엄마가 태워주신다고, 내일 마침 꽃꽂이도 안할 거라고 하면서. 의성에 간 김에 기철이 형도 보고, 솔직히 별로 재미는 없겠지만 그래도 더운데 집에서 그냥 있는 거 보다야 훨씬 낫겠지. 아침에 7시까지 오란다. 오랜만에 일찍 일어나야겠다.

2002년 7월 17일 수요일 맑음

상진이하고 아침에 의성에 갔다. 7시까지 자기 집으로 오라고 해서 제 시간에 갔다가 그 녀석 집 앞에서 30분이나 기다렸다. 시간 맞춰 가지 말 걸…… 이 생각을 얼마나 많이 했는지. 상진이하고 걔 동생하고 나랑 셋이서 2시간 걸려 의성에 도착했다. 길이 전혀 막히지도 않았고, 그렇다고 헤매지도 않았는데, 늦게 도착했는지 가자마자 나하고 상진이는 관 메고 가는 사람들 앞에 서서 깃발을 들고 앞장서게 됐다.
의성 상진이네 집 바로 뒤에 있는 산으로 올라갔는데 따라오는 사람들이 족히 40명은 되는 것 같은, 그런데 그 많은 사람들의 거의 90%는 남자였다. 아직까지도 전통적인 남녀유별은 엄연히 존재하는 게 우리 사회려니 싶었다. 아침 9시부터 시작된 행렬은 10시까지 계속되었다. 그냥 혼자서 걸어가면 한 10분도 안 되는 거리였는데, 그 많은 사람들이 저 큰 관을 들고 그 좁은 길로 들어서려니 당연히 시간이 많이 걸리지 않을 수가 없었다. 게다가 관 짊어지는 사람들이 가다가 쉬고, 가다가 쉬고를 반복했으니.

하관은 11시 30분이라고 했다. 시간도 많이 남아서 가지고 간 음식 먹고 이야기도 하고, 그렇게 시간 보낸 후 하관하는 것을 바라보다가 한 12시쯤에 하산했다. 많이 더운 날씨였는데, 산이 옆에 있어서 그런지, 그리고 공기 좋은 시골이라 그런지 그렇게 덥지만은 않았다. 상진이 어머니가 이곳 출신이고 아버지는 바로 옆 동네인 청송이라고 했다. 그렇구나. 우리 부모님은 두 분 다 도시 출신인데.

내려와서 도시락으로 점심 먹었다. 근처에 돌아다니면서 공룡 발자국 화석을 봤다. 공룡 발자국 화석이라면 고대 유물일 텐데, 그 고대 유물 위에 이상하게도 지붕을 만들어 덮어 놓았다. 아마 보존의 의미일까? 아니면 이곳에 뭐가 있다는 정보 전달의 의미일까? 약간 비스듬한 지층에 발자국들이 찍혀 있었다. 내 발 정도 길이에 폭은 대략 17cm? 좀 커다란 곰 발바닥 같은 발자국이 이곳저곳에 정말 많았다. 이게 바로 공룡 발자국이군.

3시쯤 돼서 기철이 형 만났다. 기철이 형의 보건 지소 관사는 상당히 깨끗했다. 방 2개에 부엌 마루 일체형, 그리고 수세식 화장실 등, 충분히 15평은 됨직한 공간에 최신 보일러랑 에어컨도 갖추고 있었다. 랜 깔린 컴퓨터와 시외 전화가 무료인 전화기도 있었다. 한 달 월급은 기본급 130여만 원에 이것저것 달에 따라서 덧붙여 나오는 수당이나 일당도 상당한 것 같았다. 하루에 환자가 한 10명 정도 온다는데, 하루 종일 뭐하냐고 했더니 낮에는 피아노 배우러 가고 저녁에는 테니스도 치고, 그리고 틈틈이 유학 준비로 영어 공부도 많이 하는 것 같았다. 좋아 보였다. 남자 혼자 사는 집이 참 깨끗했는데, 혼자 사는 게 아닌가? 후후.

저녁 때 한다는 테니스는 이 주변 공보의[155]들이 전부다 모여서 한다고 했다. 부근에 공보의가 20명 정도 있는 것 같았는데, 테니스장은 두 군데가 있어서 두 군데에 나누어 모든 공보의가 다 테니스를 친다고 들었다. 혹시 안 치는 공보의도 있냐고 물었더니 얼마 전에 2000만 원짜리 차 뽑은 공보의 누구 한명이 그 차 값 때문에 모든 생활이 쪼들리고 있어 테니스도 안 친다고 했다. 특별한 일 없으면 다 친다는 말이겠지.

생활비는 들 게 전혀 없어 보였다. 수도, 가스, 전기, 통신 요금은 전부 보건소에서 대납해 주고, 그나마 돈이 들어가는 점심 값은 같이 일하는 간호사 아줌마들이랑 직접 만들어 먹는다고 했

---

[155] 공보의 : 공중 보건의의 줄임말. 군 복무를 대신하여 무의촌에 가서 진료하는 의사.

다. 그 요리 솜씨가 정말 끝내준다나? 유일하게 돈이 들어가는 것이, 이곳 저곳 이동하는 데 드는 차 기름 값이 제일 많다면서 대구에서 여기까지 오는데 만원 든다고 했다. 주말마다 이동하니까 일주일에 기름 값은 대구 왕복비로 2,3만원 잡고 여기서 돌아다니는 데 2,3만원 잡으면 한 달에 한 20만 원 정도? 그게 거의 모든 지출의 축인 것 같았다.

그렇게 한 두어 시간 이야기하다가 저녁 먹으러 나가서 고기 먹었다. 어제도 상진이하고 고기 먹었는데. 별로 맛은 없었지만 그냥 먹었다. 기철이 형 앞에서 맛없다는 말하는 것도 안 좋은 것 같아서.

저녁 먹고 8시쯤 출발해서 집에는 10시가 조금 넘어서 도착했다. 돌아오는 차 안에서 상진이도 계속 가기 잘했다고 그랬다. 내 생각도 마찬가지이고. 나도 졸업 후 곧장 공보의로 가고 싶다. 공보의 생활하면서 하고 싶은 공부하고 자격증도 좀 따두고, 그렇게 내 생활을 가질 수 있다면 참 좋을 텐데…… 집에 오니까 좀 피곤했다.

2002년 7월 21일 일요일 비

아침에는 일찍 일어났다. 6시에 한 번 깨어 좀 뒤척이다가 7시에 일어나 버렸다. 어젯밤부터 무척이나 배가 고팠는데 그게 아침까지 이어졌다. 허겁지겁 식탁에 있던 밥 한 그릇을 그냥 먹어 버렸다. 그리고 TV 좀 보다가 성당에 갔다 왔는데 성당에서 유영이 형 만났다. 같이 한 시간 동안 미사 본 게 다였는데 그 때 굉장한 정보를 들었다. 종곤이하고 상민이하고 같이 유급됐다고 하면서, 나보고 상민이한테 술이라도 한번 사라고 했다. 햐. 상민이. 군대에 간다고 그랬는데 보통 21살, 22살 때 가는 군대를 25살, 26살에 가게 되다니. 그것도 올해 갈지 안 갈지도 모르고, 내년에 갈지도 모르는데, 그럼 27살에 현역을?

집에 왔다. 아침도 적게 먹었는지라 배가 다시 고파왔다. 집이 더워서 웃통을 다 벗고 삼겹살 구워먹는데 한참 굽다가 커다란 기름이 배에 튀어버렸다. 약간만 다른 방향이었으면 맞지 않았을 텐데. 운도 없지. 점심 먹고 그냥 집에서 비디오 봤다. 왜 그렇게 재미없던지, 정말.

2002년 7월 23일 화요일 비

동대구역에서 서울 행 무궁화호 출발 시간은 1시. 도착 시간은 5시가 조금 덜 되어서였다. 이제 서울역 광경은 참 많이 봐서 지겨워질 때도 된 듯, 색다른 느낌은 전혀 없었다. 방향을 잡고 시청 쪽으로 걸어갔다. 저녁 7시 30분에 레미제라블 공연이 세종문화회관에서 있을 예정이고 난 그 공연 티켓 값으로 8만원이나 이미 지불한 상태다.

　세종문화회관은 처음 가는 길인데다가 더운 여름에 비까지 오고 있어 혹시나 길을 잃으면 어쩌나 걱정도 들었지만 거리 곳곳에 있는 근방 지도를 보면서, 그리고 사람들에게 물어가면서 움직여서 헤매는 일은 없었다.

　서울역에서 세종문화회관으로 가는 길에는 도심의 갖가지 볼거리들이 많았다. 그중에서 가장 기대하고 본 것이라면 시대적 상황으로 봐도 붉은 악마들의 거리 응원의 원조격인 광화문과 시청 앞 광장이었다. 이원복의 『먼나라 이웃나라』 우리나라 편을 보면 일본 사람들이 우리나라에 와서 놀라는 것 세 가지가 있다는데, 그것은 넓은 강과, 넓은 집, 넓은 도로라고 한다. 아마 동경인이 서울에 와서 놀란다는 것이 더 정확한 표현이 아닐까? 아무래도 서울의 한강은 넓고 서울의 아파트들은 40평, 50평형대가 많다는 말일 거다. 그런데 넓은 도로라면 서울의 어느 도로를 말하는 걸까? 혹시 시청 앞 세종로를 말하는 게 아닐까? 경복궁에서 시청까지의 도로는 정말 넓다. 12차선은 족히 넘을 듯 보이는 그 도로는 폭이 100m에 가까울 것 같았다. 그 대단한 부지에 다니는 수많은 자동차들. 내가 보고 싶은 것은 이 넓은 땅에 모였던 붉은 악마들 모습이었다. 6월의 함성(1987년 6월 민주항쟁을 말하는 것이 아니라 2002년 6월 월드컵 응원하던 6월의 함성)은 이제 역사책이나 인쇄, 출판, 영상 매체로밖에 못 보겠지만, 바로 이곳이 붉은 악마 모임의 시작이었던 곳이다. 길이 넓고, 많은 신문사 본사가 자리잡았기에 대형 전광판이 여기저기 눈에 많이 띠었다. 게다가 경복궁이 마주하고 있었고, 우리나라를 영원히 지켜달라는 염원으로 만든 이순신 장군 동상은, 이곳에 모였던 그 수많은 붉은 빛깔 사람들에게 애국심을 이끌어내기에 가장 적절한 장소가 아니었을까?

그런 21세기의 기적이 일어났던 곳을 바라보면서 마침내 세종문화회관에 도착했다. 아직 공연 시간까지는 1시간 정도가 남아 있었다. 인터넷으로 예매한 사람들은 공연 1시간 전까지 오라는 당부 사항이 있었는데, 시간은 지킨 셈이었다. 준비해 간 레미제라블의 줄거리와 평, 제작 배경에 대한 자료를 읽었다. 대구에서 글을 뽑을 때나 서울로 가는 기차 안에서나 수없이 많이 읽었던 내용이었지만 두어 번 더 읽어봤다. 특히 A4 두 장 분량인 줄거리를 몇 번씩 더 읽었다. 소설을 볼 때 항상 느끼는 것이지만 등장인물의 이름을 제대로 기억하지 못해서 소설이 한창 진행되어도 다시 앞으로 돌아와서 이 사람이 누구였던지 확인을 해야 하는 경우가 종종 있었다. 책이라면 혼자서 다시 돌아갈 수도 있겠지만 뮤지컬이라는 무대공연을 보던 중에 그것도 우리말 공연도 아니고 브로드웨이 원작 팀들이 그대로 하는 공연을 아, 쟤는 누구였더라. 이런 생각을 하면서 보기에는 너무 아까웠기에, 줄거리에 나오는 등장인물 이름들을 가급적 외려고 노력했다. 우리나라 문학을 봐도 때때로 이름이 헷갈리는데, 이건 영어식 이름도 아니고 프랑스어 이름이라 이름만 듣고서는 남자인지 여자인지도 헷갈리는 일이기에 더 열심히 외었다.

공연관 로비에서 그렇게 시간 보내다 공연 시간 20분 정도 전에 관람석으로 들어가 내 자리를 확인했다. 레미제라블 관람석은 R석, S석, A석, B석, C석 이렇게 10만원, 8만원, 6만원, 4만원, 2만원이었다. 내가 끊은 건 S석 8만 원짜리로서 인터넷에서 본 내 좌석은 감상하기에 참 좋은 곳이었는데 실제 관람석에서 보니 영 엉망이었다. 한숨이 푹푹 나왔는데 여기서 그냥 포기할 수야 있나. R석을 보니까 공연 10분전인데도 빈자리가 많았다. 1층 제일 뒤로 가서 공연 시간까지 선 채로 빈 R석을 찾았다. 그래서 한두 자리를 찜해 놓고 공연이 시작되어도 그 자리에 사람이 없으면 내가 앉아야지 하는 일종의 도둑 심보를 가지고 있었는데 공연이 시작되었고 과연 내가 찜한 자리에는 아무도 오지 않았다. 10만 원짜리 좌석에 앉아 공연을 관람했다. 좋은 공연을 좋은 자리에서 보게 됐다. 참 행운이지?

공연은 브로드웨이 배우들이 그대로 하는 원어 연기였고 그래서 무대 양쪽에 자막이 나오고 있었다. 자막 읽느라 상당히 고생했는데, 영어를 좀 한다고 해도 배우들이 부르는 노래는 전혀 들리지 않았다. 기껏해야 자막을 읽고 그 한글 자막에 맞추어 영어를 억지로 끼워 맞추는 정도? 내가 미국인처럼 영어가 정말 유창하다면 이런 자막 읽는 고생도 없이 이런 명작을 감상할 수 있을 텐데. 앞으로 정말 영어만큼은 잘해 놔야겠다는 생각이 든다. 미국에 가지 않아도 이렇게 미국 문화가 많이 밀려오는 세상이니 영어에 능숙하면 얼마나 앞서나갈 수 있을까? 공연 전에 인터넷에서 뽑은 레미제라블 배경 이야기나, 줄거리를 미리 읽어 둔 건 정말 잘한 것 같았다. 자막에 나오는 등장 인물 이름만 봐도 아, 누구다. 이런 생각이 금방금방 드니까 작품 감상에 한결 도움이 되었다. 미리 빅토르 위고의 원작 '레미제라블'을 읽고 오려고 하다 너무 두꺼운 책을 보고 포기하고 말았는데, 이거라도 하지 않았다면 정말 3시간 공연 내내 계속 졸지나 않았을까 걱정되기도 했다.

가이드 글에는 뮤지컬 레미제라블의 특징으로 웅장하고 유려한 유럽적 선율을 칭했는데, 과연 뮤지컬이라기보다 오페라 같은 음악이 온 무대를 뒤덮었다. 그 중에서도 Castle on a Clouds, On My Own, Who Am I가 가장 눈에 띠는 곡이라고 들었는데 개인적으로도 어린 코제트가 부르는 Castle on a Clouds가 제일 마음에 들었다. 어떻게 노래를 저리도 잘 부를 수가 있을까? 이제 겨우 7,8살 밖에 되지 않아 보이는 소녀의 목에서 어떻게 저런 고운 목소리가 나오는 걸까? 뮤지컬 배우치고 노래 못하는 배우가 어디 있으랴만 음악 부분은 정말로 상당했다. 브로드웨이에서 16년간 공연되고 있는 뮤지컬이라던데, 이 배우들이 지난 16년간 계속 뛰어다닌 그 배우는 아니겠지만 최소 2,3년은 충분히 했을 사람들임에는 틀림없다. 매일 공연 시간만 3시간씩 똑같은 곡을 저렇게나 오래 불러 대면 지겨워지지는 않을까? 그런데도 어떻게 저런 감정 이입이 가능한 걸까? 제일 잘한 것만 골라서 찍어 방영하는 영화와 이런 무대 공연은 다르다. 시간이 가미된 예술이 무대 공연인데, 저렇게 힘든 공연을 어떻게 그 장시간 동안 계속 할 수 있는 걸까?

음악에 가려서인지 배우들의 연기는 그리 눈길이 가지 않았다. 그냥 단순한 이동에 불과하다고 해야 할까? 솔직히 난 뭐 뮤지컬이나 오페라에 대해서 아는 것이라고는, 손에 대해서 아는 건 단지 손가락이 10개라는 것, 그 정도일 거다. 다른 전문가들이 보기에 좋은 연기라고 평할 수도 있겠지만, 글쎄, 워낙 TV 드라마나 연극 영화에 눈높이가 향상된 상황에서 바라보는 그네들의 연기는 '뮤지컬의 포인트는 연기가 아니다.'라는 말에 자연스레 고개가 끄덕여지는 것 같았다. 뮤지컬은 희곡과 음악이 거의 다일까?

예전에 마돈나의 '에비타'를 보았을 때 의문이 생겼더랬다. 아르헨티나 국민이 쳐다보는 상황에서 에타 페론은 Don't cry for me Argentina를 열창했다. 그 광경에 온 국민들은 그 자신들의 first lady를 보고 열광한다. 그런데 왜 국민들이 열광하는 걸까? Don't cry for me Argentina의 가사는 그리 감동적이지는 않았다. 상황적으로 노래를 부르는 분위기가 국민들을 열광적으로 이끈 걸까? 노래를 워낙 잘 불러서? 그럴 리가 없다. 그렇다면 왜 열광하는 걸까? 내가 내린 결론은 이거다. 뮤지컬은 영화와는 달리 줄거리의 극적인 전개가 제일 중요한 것이 아니다. 즉 뮤지컬을 보는 관객이라면 그 뮤지컬의 줄거리는 뻔히 머리에 넣고 있어야 한다는 전제하에서, 그 상황 상황의 뮤지컬적인 요소를 어떻게 조화롭게 삽입하였는지가 포인트라는 것이 내 생각이다. 이미 소설을 통해서 그 전체적인 줄거리에 대한 파악이 있었으니, 그런 소설적인 내용을 어떻게 제한된 무대 내에서 음악이라는 다른 분야의 첨가와 함께 조화로운 분위기를 연출해 내느냐가 주된 요소 같았다. 그러니까 뮤지컬 시나리오라면 당연히 일반인들이 잘 알고 있는 원작을 바탕으로 하는 것이다. 이 레미제라블도 프랑스에서 초연되었던 원작의 과감한 삭제가 있었다고 했다. 레미제라블의 줄거리는 모든 관객이 잘 안다는 전제하에서. 에바 페론의 노래에 온 국민이 열광한 것도 같은 이유겠지. 열광할 만한 다른 이유가 있었는데, 그건 모두가 다 알고 있다는 전제하에서 뮤지컬이 진행된 거겠지.

    1시간 30분의 공연이 끝나고 15분의 intermission이 있은 후에 2막이 진행되었다. 1막이 장발장의 주요 무대라고 생각한다면 2막은 장발장을 제외한 기타 인물들의 혼합적인 무대 같았다. 그중에서 제일 인상적인 인물은 테나르디에 부부가 아닐까? 레미제라블은 프랑스 초연 이후에 영국에 오면서 상당히 상업적인 요소에 많은 비난을 받았다고 했다. 그 상업적인 요소가 테나르디에 부부를 두고 한 말이 아니었을까? 굉장히 웃겼다. 둘 다 매우 뚱뚱한 몸을 흔들며, 갖가지 익살을 떨고 있었는데, 시종일관 무거운 분위기의 레미제라블에 한결 유머스러운 다른 멋을 내는 효과를 가지고 있었다. 오죽했으면 공연이 다 끝나고 전 배우들이 무대로 와 관객에게 인사하는 시간에 장발장 다음으로 많은 박수를 받았을까?

공연이 다 끝나고 이제는 그리 덥지 않은 서울 세종로로 걸어나왔다. 곧 세종문화회관 보수 공사가 있다고 들었는데 쾌적한 관람을 위해서 좌석 사이 거리를 좀더 띄우는 공사라고 했다. 사회가 변하고 있는 건 틀림없나 보다. 과거의 효율성과 양 위주의 정책에서 이제는 형평성과 질을 우선시하는 쪽으로. 그런 시기에 가진 레미제라블 공연 관람은 내 인생의 질적인 면에 많은 도움이 되었으면 하는 바람이다.

2002년 7월 27일 토요일 맑음

느지막이 일어나 밥 먹고 이것저것 하고 있는데 형이 왔다. 그러고 보니 좀 오랜만에 온 것 같았다. 나도 그동안 집에 많이 없었는데, 아빠도 그랬고 네 식구가 간만에 다 모인 것 같았다.

　형이 디지털 카메라로 직접 찍은 그 수많은 사진들 봤다. 노트북 컴퓨터에 저장되어 있는 그 파일들, 족히 1,000장은 될 것 같았는데, 그거 다 보는 데 시간은 그리 오래 걸리지 않았다. 워낙 비슷비슷한 사진이 많아서. 그 사진 속에서 정원이 누나 모습을 많이 봤다. 약간 통통한 모습에 콧수염이 있길래, 그리고 목소리도 좀 굵다길래 나중에 조용히 형한테 물어봤다. 혹시 목이 좀 부어있냐고. hyperthyroidism[156]이 생각나서 거기에 대해서 설명해 주고, 여성 호르몬과 cholesterole,[157] testosterone[158]을 말해줬더니, 한 번 정도 목이 좀 불룩하다고 느낀 적이 있다고 했다. 다음에 만나면 목을 잘 관찰해 보고 병원에 한 번 가보도록 하라고 했다. 그런데 내가 괜히 그러는 건 아닌지 모르겠다. 만난 적도 없는 사람을 사진만 보고 이렇게 아는 척해도 되는 건지 말이다.

　오늘이 외할머니 기일이라서 저녁에 연미사가 있다. 그리고 산소에도 같이 가자고 했다. 이모들하고 같이 갔다. 바로 앞 산소에 갔다가 성당에도. 그렇게 오늘이 다 가 버렸다.

---

[156] hyperthyroidism : 갑상선 기능 항진증.
[157] cholesterole : 콜레스테롤.
[158] testosterone : 남성 호르몬.

2002년 8월 1일 목요일 맑음

아침 일찍 일어나 래프팅하러 약속 장소로 갔다. 7시 40분까지 모인다고 했었는데 2명이 8시 10분에 나타났기 때문에 일정이 조금 늦춰졌다고 했다. 그래도 양호한 편이다. 신청할 때는 8시 출발이니까 늦지 말아 달라고 했는데, 42명 중에서 2명이 10분밖에 안 늦다니.

설명 좀 듣다가 8시 30분에는 출발했는데, 무척 먼 길이었다. 가다가 11시에 내려서 점심 먹을 때까지만 해도 이제 다 왔겠거니 했었는데 거기서 점심 먹고 거의 2시간 정도 더 갔다. 1시 30분이 돼서야 도착했으니.

내리자마자 곧바로 10명씩 조를 짰다. 배 타기 전에 간단한 교육과 준비 운동을 했는데, 그걸 해주는 가이드가 너무 막 시키는 것 같아 기분이 그리 좋지는 않았다. 12번 다리 벌리고 손뼉 치기에서 구령 안 붙였다고 앉아서 귀 잡고 토끼뜀을 하라니. 토끼뜀 안 했더니 하라고 또 뭐라 그랬다. 나도 그냥 하기 싫다고 말해 버렸다. 그런데 하필 내가 탄 배 가이드가 바로 그 사람이 되다니.

그래도 래프팅은 상당히 재미있었다. 또 동강도 정말 멋진 강이었다. 깨끗한 물이 흐르는 강 양쪽으로 산도 멋졌다. 이렇게 좋은 데가 있었다니. 래프팅은 거의 4시간 동안 했다. 가다가 동강의 아름다운 절경도 감상하고 가이드 말도 듣고, 우리끼리 물장

난도 치고, 물에 빠지기도 하고, 그렇게 재미있게 보냈다. 한 배에 탄 10명이 모두 우리 일행이었다면 정말 더 재미있었을 텐데, 나중에 동문회를 여기로 오게 된다면 참 재미있게 탈 수 있을 것 같았다. 우리 배에 있는 그 가이드가 여기서 8년째 하고 있다던데, 그래서인지 설명도 잘 했고 실력도 있는 것 같았다. 여기서 제일 고참인 듯, 지나가는 배마다 뭐가 잘못됐다고 지적하는 것만 빼면 다 괜찮았다.

래프팅이 끝나고 샤워하고 곧장 버스 타고 대구로 왔다. 원래 차만 타면 자는데 왜 그렇게 잠이 안 오던지. 자리도 너무 불편했다. 그래서 차 안에서 보여주는 비디오만 보면서 대구에 왔다. 오는 데에도 거의 3시간 30분은 더 걸렸었다. 나중에 따로 혼자서 차로 갈 수도 있을까? 불가능하다. 워낙 시골길로 구불구불 들어가는 바람에.

절대적 내리사랑

소아과 실습 일기

2002년 8월 5일 월요일 맑음

개강 첫 날이다. 그런데 왜 이렇게 더운지. 더운 게 당연하다. 이제 겨우 8월 5일밖에 안 됐으니까. 장마도 끝나고 그렇게 많이 몰려들던 태풍도 없어지고 이제 피서 열풍이 전국을 덮치는데 덥지 않으면 안 되지.

교실에 에어컨을 켜 놨지만 그게 뭐 그리 성능이 뛰어난 것 같지도 않고, 오전 4시간 수업은 상당히 높은 불쾌지수로 끝내고 2학기 첫 실습을 돌았다. 소아과 실습이었는데 정말 더워서 미칠 지경이었다. 안 그래도 더운데 넥타이 매고 가운까지 입고 돌아다니려니.

신생아실에 누워 마냥 울거나 잠만 자고 있는 신생아들은 상당히 귀여웠다. 각종 reflex[159] 본다고 보영이 선배가 먼저 시범을 보이고, 몇 가지는 따라해 봤다. 입에 뭔가가 들어오면 아기는 반사적으로 빨게 되는데, 손가락을 아기 입에 넣으니 느낌이 참 좋았다. 한참 힘 있게 울어대다가 입에 손가락을 넣으니까 안 울던데, 그게 배가 고파서 우는 거래나? 그런데 아기는 울 때 눈물은 안 나나? 다들 소리만 질러대고 있었지 눈물 흘리는 애는 아무도 없었다. 그런 법인가?

2002년 8월 7일 수요일 비

오전 신생아실 회진 끝나고 점심시간에 한다는 conference 째고 유철이하고 마이너리티 리포트 보러갔다. 그 영화, 거의 내 짐작대로였다. 아이즈 와이즈 셧, 바닐라 스카이의 계보를 잇는 탐 크루저의 비슷한 영화였다. 화면 밝기나 주인공의 과거 설정이나, 영화 주제가 비슷비슷했다. 그런데 다른 영화들이 워낙 좋아

---

[159] reflex : 반사작용.

서였을까? 솔직히 그리 큰 인상을 받지는 못했다. 그냥 뭐 그저 그런 미스테리 영화일까?

그거 보고 학교에 가서 책 좀 보다가 오후 회진 돌았다. 비가 참 많이 오고 있다. 지금 오는 비는 무슨 비일까? 장마도 아닐 테고, 그렇다고 태풍도 아닐 텐데, 그런데 웃기는 건 그렇게 비가 많이 왔다고 느꼈는데 대구에서는 겨우 78mm밖에 안 왔다는 거다. 경기도 어느 지역은 400mm가 왔다던데, 그럼 대구보다 거의 5배가 더 왔다는 뜻이겠지. 대단하다.

저녁때는 학교에서 공부하다가 왔다. RDS[160]에 대해서 문제 풀어 오라고 안순기 교수님이 그랬는데, 그거 풀이한다고.

오랜만에 공부했는데, 그럭저럭 잘 됐다. 문제도 좀 잘 풀리는 편이었고.

2002년 8월 8일 목요일 비.

어제 뉴스에 오늘부터 중부 지방은 비가 그친다고 했는데 남부 지방은 여전히 많이 올 거라고 했다. 아침부터 비가 많이 왔

---

160 RDS : 신생아 호흡 곤란 증후군.

다. 낮에 잠시 그치기도 했는데 또 많이 오고, 그러다가 밤이 되어서야 완전히 그쳐버렸다. 이제 비 안 오겠지. 오늘이 입추인데, 더위도 좀 풀렸으면 좋겠다. 정말 너무 더워서.

오늘 오전 회진 돌다가 김경희 샘이 안순기 교수님한테 혼나는 광경을 봤다. 신생아가 bleeding[161]을 하고 있는데 혈액이 부족한 상황인데도 아무것도 안 해서 혼나는 것 같았다. 그건 신생아 emergency라고 좀 전에 도서관에서 공부한 내용이었다. 그렇겠지. 미숙아가 두 개[162] 내에서 출혈이 자주 일어난다는데, 그게 심각한 complication[163]이라고 되어 있었다.

내일 안순기 교수님 oral test가 있다고 해서 학교에 남아서 공부했다. 학습 목표대로 나온다고 해서 그대로 봤는데 한 3시간 공부하다 보니까 그게 아니라는 말도 들린다. 아, 짜증나. 내일 시험 잘 넘겼으면 좋겠다. 정말. 그거 잘 못하면 재시를 줄 수도 있고 아니면 한 명만 찍어서 리포트도 손으로 쓰는 대단한 분량의 숙제 같은 것을 낸다는데, 그거 받게 되면 얼마나 스트레스가 클까?

내일도 oral test 준비 열심히 해야지.

---

[161] bleeding : 출혈.
[162] 두개 : 두개골.
[163] complication : 합병증

2002년 8월 9일 금요일 비

날씨가 정말 누구 말대로 미쳤나 보다. 왜 이렇게 비가 많이 오는지, 집에 오는 길에 신천에 물이 완전 넘쳐흐르고 있었다. 신천 동쪽 도로는 폐쇄했다던데, 대구에 이런 일이 있었을까? 집에 와서 9시 뉴스를 보니까 중부 지방은 거의 비가 그친 것 같았다. 스포츠 뉴스에서는 서울에서 야구 경기도 열렸을 정도로. 낙동강 지역은 오늘밤이 범람 위기라고 했다. 아직 수위가 한 1m 정도 남아 있긴 한데, 그것으로는 좀 부족하다나?

대구에 그렇게 비가 많이 왔다고 생각했는데, 강우량은 뉴스에 나오지도 않았다. 이 정도는 뉴스 거리가 되지도 않아서? 내일 아침은 좀 화창하게 개었으면 좋겠다. 토요일이니까. 약속도 있는데.

오전 회진이 끝나고 계속 공부했다. 오후에 안순기 교수님하고 oral test가 있어서 열심히 어제부터 준비를 했다. 안순기 교수님 참 사람 좋은 것 같다. 항상 웃는 얼굴로 학생들한테도 전공의 샘들한테도 잘해 주는 것 같았는데 사람이 너무 꼼꼼해서 주위 사람들이 조금은 힘들어할지도 모르겠다. 그래서 PK들도 약간은 어려워하는 것일 테고.

안순기 교수님 oral test는 너무 쉽게 끝났다. 전부 질문 2개 정도씩 받고 끝냈는데, 이건 뭐 시험이 아니고 마치 강의 같았다.

처음에는 책 덮고 말하고 했는데, 도중에 갑자기 책 펴서 뭐 좀 찾아보라고 하시는 것이었다. 그거 찾아보면서 다른 것도 좀 보고 자연스럽게 아무도 책은 덮지 않은 채로 시험은 계속되었다. 그렇게 농담도 하면서 웃어가면서 화기애애하게 끝나버렸다. 솔직히 공부한 내용에 비해서 조금은 너무 빨리 끝난 면이 있었지만 그래도 끝난 게 어딘지.

그 oral test 마치고, angio방[164]에서 검사 관전하고 회진 돌고 한다고 의례적으로 8시에 끝났다. 너무 배고팠다. 음식점에 시키기도 그렇고, 그냥 집에 와버렸다.

2002년 8월 12일 월요일 비

오늘하고 내일은 수요일 날 있을 케이스 발표 준비하려고 했는데 처음부터 그 계획이 엇나가버렸다. 이번 주부터 있다는 소아과 병동 실습에서 신환 발표를 PK가 한다는데 첫날 그만 내가 걸려버린 것이다. 이런.

안 그래도 저녁 회진 끝나고 병동 오리엔테이션 한다고 8시

---

[164] angio방: 심장 혈관을 보기 위한 진단 기구가 있는 방.

다 돼서 하루 일정이 끝났는데 저녁 먹고 다시 병동으로 가니까 8시 30분이나 되었다. 너무 바빠 보이는 영경 레지던트 1년차 선배, 2년차인데도 조금도 편해 보이지 않는 박진경 선배, 휴. 저들 사이에서 내일 발표할 신환의 모든 정보를 조금이라도 더 빼내야 한다. 참 힘든 벽이 아닐까.

저녁 회진 돌다가 얼핏 들었는데 오늘은 이철익 샘이 당직이라고 했다. 그 악명 높은 이철익 샘이라. 뭐하나 물으면 절대 안 가르쳐 준다는 이철익 샘한테 내일 신환 발표를 부탁할 수 있는 걸까?

그런데 다행스런 일이 생겼다. 이철익 샘이 당직인데도 불구하고 어디론가 사라져서 연락이 끊기는 바람에 보영이 샘이 이철익 샘 일을 대신 떠맡은 거다. 그렇게 보영이 샘이 남아서 많이 도와줬다. 내가 발표를 잘못하면 내일 자기가 오프[165] 못 받고 혼날지도 모른다면서 정말 성심껏 이것저것 많이 도와주셨다. 어찌나 다행스러운지. 그렇게 신환 준비를 할 수 있었다. 게으름 안 피우고 열심히 했지만 시간은 참 빨랐다. 벌써 12시에 다가가다니.

창밖에 내리는 폭우 속에서 김보영 샘이 도와준 신환 보고서와 발표용 보고서를 가지고 집에 갔다. 아직 안 한 게 많다. lab[166]

---

165 오프 : 쉬는 시간.
166 lab : 연구실. 검사실.

조사는 아침에 해야 할 거고, x-ray 사진 판독도 외워야 하고, meningitis[167]에 대한 공부도 해야 하는데, 오늘은 좀 지쳤다. 게다가 모레 있을 케이스 발표 준비도 전혀 하지 않은 상태라 심리적으로도 불안했다. 집에 와서 빨리 잤다. 컴퓨터도 안 켜고.

2002년 8월 13일 화요일 비

학교에 평소보다 1시간 일찍 가서 신환 발표 준비를 마쳤다. 내가 생각해도 참 훌륭한 신환 발표를 해버렸다. 이렇게 개운하고 기분이 좋다니. 환자 차트에 내가 쓴 보고서를 끼워놓고 발표용 종이를 들고 그냥 좌악 읽었다. 되도록 빨리 읽어야 좋다는 어제 보영이 샘 tip을 아주 적절히 이용했다. 발표용 종이는 A4로 2장이었지만 워낙 빡빡하게 적어 놓아 읽는 데만 15분 정도는 걸렸다. 다 하고 안순기 교수님이 질문을 하나 했는데 그것도 무난히 대답했다. 그렇게 아침 회의가 끝났다. 다들 내 발표를 보고 놀란 듯, 특히 준택이가 참 잘했다고 칭찬해줬다. 자식.

내일 있을 케이스 발표 준비에 여념이 없었는데 교수님이 노

---

167 meningitis : 뇌수막염.

트북 컴퓨터를 안 가지고 왔다고 오늘 할 케이스 발표를 미루는 바람에 내일 발표도 금요일로 미뤄졌다. 내일 발표하고 내일하고 모레는 마음 편히 놀려고 했었는데, 무산되나? 뭐 집에 가서 저녁때 준비해 놓으면 되지.

내일 신환 발표는 준영이가 하게 됐는데 표정이 너무 똥씹은 모양이었다. 뭐 저럴 필요까지는 있을까? 어제 내가 걸렸을 때보다는 훨씬 더 괜찮은 상황 아닌가? 케이스도 미뤄졌는 데다가 처음 하는 것도 아니고 내가 먼저 시범을 잘 보인 셈인데.

집에 일찍 왔다. 집에서 저녁 먹고 빨리 케이스 발표 준비 마쳐버려야겠다.

2002년 8월 14일 수요일 비

오늘도 여전히 아침부터 저녁을 이어서 밤까지 비가 내리고 있다. 내 일기 상으로도 비가 8월 6일부터 계속해서 내리고 있다. 오늘까지 8일째인데, 앞으로 6일간 비가 더 온다는 예보다. 그럼 벌써 며칠째 해를 못 보게 되는 걸까? 해만 못 보는 게 아니지, 그림자도 못보고, 하얀 구름도 못 보고.

아침 회진이 끝나고 5조 애들 케이스 발표 하는 것 참관했다. 4명이서 하는데 거의 2시간이 조금 더 걸렸다. 10시에 시작했는데 12시에 끝났으니. 애들이 잘하는 건지 안순기 교수님이 마음이 좋아진 건지 문제없이 다들 잘 넘어갔다. 발표하는 것 잘 보고 들었다. 내 케이스와도 상관이 많으니까. 실제로 몇몇 부분은 참고도 많이 됐다. 용어 선택이라든지 뭐 그런 것들.

12시부터 conference가 있었는데 점심으로 장우동에서 참 많은 걸 시킨 것 같았다. 나하고 석환이가 김밥하고 우동을 한 개씩 먹었는데 레지던트 샘들이 김밥 더 먹으라고 줬으니. 배도 많이 불렀다.

오후에는 그냥 교실에서 쉬다가 저녁 회진 돌고 집에 일찍 왔다. 5조 애들은 오늘 케이스도 끝났고 회식한다고 하던데, 부러웠다. 우리도 금요일 날 저렇게 되어야 할 텐데. 솔직히 오늘 우리가 케이스 했었다면 정말 큰일 날 뻔 했다. 그 많은 걸 하루 만에 다 준비하기에는 너무 힘들지 않았을까? 어제도 하고 오늘도 집에 와서 준비한다고 했는데, 아직 다 못했으니. 케이스 발표가 미뤄져서 마음이 헐렁해진 탓도 있겠지만, 처음해 보는 파워포인트는 암만해도 어색했다. 내용도 이것저것 많았으니.

아. 그러고 보니 오늘 낮에 무척 기분 좋은 일이 있었다. 그동안 헌혈한 게 30회가 넘어서 대한 적십자사에서 헌혈 30회 은장 포장증을 부상과 함께 수여한다는 거다. 낮에 그 전화 받고 얼마나 기분 좋았는데, 어깨가 으쓱해지기도 하고. 누군가가 뭐가 그리 기분 좋은지 물어봐 줬음 싶었는데 아쉽게도 아무도 물어보

지는 않아서 자연스럽게 자랑할 기회를 놓쳐버렸다. 그래도 기분 좋았다. 앞으로도 헌혈은 꾸준히 계속해야겠다.

2002년 8월 15일 목요일 비

집에서 나설 때는 비가 거의 오지 않아 우산을 두고 갈까 했는데 큰일 날 뻔 했다. 오늘도 매우 요긴하게 쓰였으니.

덕분에 집에 일찍 와서 저녁 먹고 프로축구 올스타전을 봤다. 남부가 이길 거라는 예상을 깨고 중부올스타가 무려 6대 1로 이겨버렸다. 한참 축구가 인기 있는 이런 때 우리 선수가 넣은 골이 겨우 2에 그치고 샤샤가 4골이나 넣어버린 게 조금은 아쉬웠지만 어떡하랴. 이미 끝난 경긴데.

케이스가 큰일 났다. disease review나 admission note[168]나 progress note[169]나 어느 것 하나 마음에 드는 게 없다. 이러다가 내일 왕창 깨지는 건 아닌지. 왕창 깨지는 건 아무 상관없는데 다시 해 오라고 하면 어떡하나. 그것만 아니면 좋겠는데.

---

[168] admission note : 병동 일지.
[169] progress note : 시간 순서의 환자 관찰 일지.

2002년 8월 16일 금요일 비

오늘따라 아침 회진은 왜 그렇게 긴지. 최은영 교수님 아침 회진은 길긴 길지만 그래도 재미있었다. 회진 중에 한 네 살쯤 되어 보이는 한 여자아이가 교수님보고 큰소리로 '언니야'라고 불렀는데, 40은 먹은 교수님이 어찌나 좋아하던지, 우리에게 손가락으로 V자를 만들어 보이기도 했다. 오전 회진이 끝나고 점심 먹고 1시부터 케이스 발표를 했는데, 우리 조 네 명 정말 다 아무 일 없이 지나갔다. 어제, 그저께부터 얼마나 열심히 걱정 속에서 한 것이었는데 다행히 쉽게 넘어가 버렸다.

명석이 형이 내 발표가 그래도 제일 길었다고 했다. 네 명이서 하는 발표가 총 두 시간이 조금 안 됐는데 그러면 내가 한 30분 정도는 했나보지? 다음 케이스 환자도 오늘 정해버렸다. 내가 할 환자는 많이 쉬워 보이는 전형적인 four S[170] 환자란다. 기분도 좋은 김에 오후 회진 돌 때 미리 차트를 복사해 버렸다. 이제 별로 할 일도 없지 싶은데, 다음 주는 참 편하게 보내겠군. 안순기 교수님도 한 주일 동안 휴가고.

---

170 four S : stapylococcal scalded skin syndrome (피부가 벗겨지는 질환).

2002년 8월 20일 화요일 맑음

    오전 회진 참가하고 최은영 교수님 lecture 들었다. 그런데 이건 lecture가 아니고 그냥 과제물 내준 거였다. 다음 주 금요일까지 해오라던데, 그렇다고 시간이 그리 많지는 않다. 과제물이 임상과 이론의 비교였는데 임상의 표본이 되는 환자는 이번 주에 거의 퇴원한다고 봐야 되니까.
    낮 시간에 명진이하고 탁구를 여섯 세트나 쳤다. 한 세트 빼고 내리 다섯 세트를 전부 이겼다.
    오늘 기아하고 대구에서 홈 2연전을 하는 첫날인데 어제 신문에 보니까 오늘 관중에게는 사인볼 8000개를 지급한다고 했다. 그래? 사인볼 받으러 용석이하고 야구 보러 갔다. 공짜로 공 준다고 해도 별로 관중은 그리 많지는 않았다. 게다가 오늘 경기는 고스란히 져버렸으니. 이승엽이 2루타 한 개 친 것으로 만족해야겠다. 타점 없이 1득점으로. 4대 2로 졌는데 1득점이면 뭐 그럭저럭 했지. 오늘 저녁 회진도 째고 갔는데, 내일 별일 있으면 안 되는데.

2002년 8월 21일 수요일 맑음

    수요일은 소아과 conference가 있는 날이다. 아울러 점심을 공짜로 얻어먹는 날이기도 하다. 점심시간에 레지던트가 준비해 온 case를 듣는 시간은 정말로 시간에 쫓겨 사는 사람들의 모습인 것 같다. 점심시간에 시간 내서 밥 먹으면서 드문 케이스를 따로 공부하는 시간을 가져야만 하다니. PK는 솔직히 점심만 얻어먹고 레지던트가 하는 발표는 그냥 듣는 둥 마는 둥이지만 레지던트는 진짜 힘들겠다. 준비한다고 다른 일도 잘 못할 테고.

오후에는 계속 책 봤다. 저번에 샀던 『오페라의 유령』을 어제부터 조금씩 읽기 시작했는데, 솔직히 별로 재미는 없는 것 같다. 400페이지가 넘는 책 이제 겨우 반 정도밖에 안 읽었지만 재미없어서 거의 억지로 읽다시피 했다. 읽기 싫은 책도 읽어야지 뭐. 그것도 한 번 정도 읽어두면 도움이 될 것 같은 책인데다가 돈 주고 산 책이니까 당연히. 그런데 오페라로 유명한 책이라 그런지 오페라로 보면 모를까 그냥 밋밋하게 책으로만 보니까 별로 재미없었다. 그래도 봐야지. 이번 주 내로.

다음 주에는 동문회도 있고 소아과 케이스도 있고 시험도 있다. 좀 잘 해야 할 텐데, 일찍일찍 해놔야겠다. 숙제도 정혜숙 교수님 것도 있고 최은영 교수님 것도 있는데, 소아과가 힘들다는 말이 여기서 나온 거겠지.

2002년 8월 22일 목요일 흐림

어제 이승엽이 홈런을 두 개나 치면서 기아에 역전승을 안겼다고 했다. 정말 대단한 선수다. 국내에 이승엽에 비할 선수가 또 어디 있을까? 이종범? 장성호? 솔직히 함부로 비할 선수가 정말 아니다. 앞으로도 영영 메이저리그 가지 말고 우리나라에 있으면서 전무후무한 통산기록 갱신에 나섰으면 좋으련만. 그저께 경기 가지 말고 어제 경기 보러 갈걸.

오후 남는 시간에 케이스 준비하고 정혜숙 교수님 숙제하고 최은영 교수님 숙제도 시작했다. 꼬박 네 시간 동안 계속 병원 들락거리고, 차트 없어서 기록실에도 갔다가 모르는 거 있어서 레지던트 샘들한테 물어보다가, 다시 학교에 와서 그걸 컴퓨터에 입력하고, 또 고치고, 책을 뒤져 보고를 계속 반복했다. 왜 이렇게 더운 거야.

덕분에 많은 분량을 소화해 냈다. 다음 주에 할 일을 미리 하고 나면 역시 뿌듯하다.

2002년 8월 26일 월요일 흐림

아침에 아주 늦게 일어났다. 10시에 일어나서 10시 30분 수업에 참가하려고 빨리 움직였다. 차가 안 밀릴 줄 알았는데, 약간은 밀렸다. 수업에 5분 늦었는데, 그 수업 빼먹지 않고 참가했다는 게 정말 다행이었다. 몰랐었는데 손무경 교수 수업이었으니.

오후에 정혜숙 교수님하고 lecture 있었는데, 무사히 끝났다. lecture 전에 견일수 교수님하고 뭔가 안 좋은 일이 있었던 것 같았는데, 그거 때문에 제일 먼저 discussion 파트너였던 석환이하고 명진이는 엄청 혼나버렸다. 그 후로는 뭐 별다른 거 없이 넘어갔다. 두 시간이 넘도록 했었는데 거의 70% 이상 교수님 혼자서 말했으니. 원래가 저렇게 말 많은 교수님이니까, 이럴 땐 학생이 편하지.

들을 만한 것도 많았다. asthma[171]나 아토피성 피부염, 알레르기성 비염이 3대 알레르기 질환이라는 것도 알았고, food allergy[172]에 대해서도 많이 들었다. 그리고 보면 우리 주위에 정말로 많은 질환인데, 잘 알아두면 써먹을 데도 많지 싶다.

저녁 회진이 끝나고 동문회 했다. 본과 4학년은 다음 주 시험이라고 간단히 끝낼 줄 알았는데, 별로 그런 거 없었다. 오늘 하루 종일 워낙 컨디션이 안 좋아서 술도 잘 안 받았는데, 그거 덕분에 집에 일찍 갈 수 있었다. 현욱이하고 같이 갔는데, 차 안 몰고 간 게 정말 다행이었다. 웬 음주 단속이 그리도 심한지.

---

171 asthma : 천식.
172 food allergy : 음식 알레르기.

2002년 8월 27일 화요일 흐림

참 더운 하루다. 이제 입추도 지났고 처서도 지났다던데, 그리고 9월도 내일 모렌데 왜 이렇게 더운 거야. 교실에 있으면 모르겠는데, 정말 가운 입고 병원에 들락날락하는 건 못 견디게 더웠다. 난 나중에 흰 가운 입고 에어컨 제대로 안 되는 병원에서 근무할 수 있을까? 솔직히 시키면 하겠지만 하루하루가 얼마나 고달플까? 나중에 임상의사가 되더라도 반드시 개업해서 여름에 에어컨 빵빵하게 틀어놔야지, 도저히 종합병원에서는 진짜 힘들지 싶다. 더워서.

오늘 예전에 순천 김씨[173] 동기 모임에서 만났던 정엽이가 군대 가서 첫 휴가 나온 날이라 오라고 하던데, 그냥 무시했다. 우방랜드에서 순천 김씨 애들이랑 다 한 여섯 명이서 보자고 한 것 같았는데, 나이도 애들이랑 안 맞았고, 저녁 8시에 오라는데, 그때까지 할 일도 없었고, 밥도 먹어야 되는데, 사 먹기도 아까웠고, 가도 별로 재미도 없을 것 같았는데, 결정적으로 아빠가 5시쯤에 전화 와서 집에 빨리 오라고 했다. 뭔가 내가 먹어야 하는 게 있다고 했는데, 나중에 알고 보니까 삼계탕이었다. 우방랜드

---

[173] 내 본관이 순천(順天) 김씨이고, 김종서(金宗瑞) 장군 후손인 절재공(節齋公) 파라는 이야기를 아빠에게서 들어 알고 있다.

는 안 가고 집에 와서 삼계탕 먹었다.

정엽이한테 좀 미안해서 전화로 안부 물었다. 자식, 말투가 완전히 군바리였다. 한 7개월 만에 저렇게 변했구나 싶었다. 그렇겠지.

2002년 8월 28일 수요일 흐림

안순기 교수님하고 케이스 발표했다. 원래 석환이가 해야 하는 날이었는데 내가 바꿔줬다. 난 저번 주에 다 해 놓았는데, 석환이는 아직 반도 못한 상태라나? 케이스 때문에 오전 회진도 안 돌고 했다. 끝났을 때는 거의 12시가 다 됐었는데, 상당히 오래 한 편이었다. 내가 케이스 발표할 때는 분위기가 정말 화기애애했다. 나로서는 진지한 대답을 했었는데, 그게 많이 웃겼나 보다. 안순기 교수님도 웃으시면서 잘 받아줬다. 아무도 화내지 않고 웃으면서 케이스 발표를 마쳤다. 도중에 교수님이 마시라고 음료수도 가져다 주셨고, 발표가 다 끝나니까 자기가 직접 만들었다며 소아과 홈페이지를 보여주기도 했다. 그러고 '너네 중에 누구 홈페이지 가진 사람 있나?'면서, 내 홈피를 다 같이 보기도 했다. 교수님이 잘 만들었다고 칭찬도 해 주시고 그렇게 기분 좋은 오전이었다.

오후에는 다음 주에 떠나는 예방의학 지역사회 실습 조 문제 때문에 한껏 긴장해 있었다. 오늘 저녁 6시 30분에 랜덤[174]으로 조를 짠다나? 내가 어느 조에 걸리게 되는 걸까? 가야 하는 곳 중에는 구미도 있었고 기철이 형이 있는 의성도 있었다. 정말 재미있겠다.

2002년 8월 29일 목요일 맑음

저녁 회진 때 아주 찡한 광경을 목격했다. 이제 한 세 살 정도 된 여자애와 애 엄마가 보호자로 같이 입원해 있었는데, 밥을 한 수저씩 먹이고 있었다. 밥하고 반찬하고, 밥이 꼭 죽처럼 보였다. 애 얼굴빛이 그리 안 좋았는데, 무슨 병인지는 잘 몰랐다. 그렇게 한 숟가락씩 밥을 거의 다 먹였는데, 애가 그만 괴로워하면서 먹은 걸 다 토하는 것이었다. 그 모습에 엄마가 눈물을 글썽거리더니 아직도 토하고 있는 애를 안아버렸다. 고약한 냄새가 병동에 퍼지는 가운데 엄마하고 애 둘 다 그 구토물로 완전히 범벅이 되었다. 옷 갈아 입을 장소도 시원찮을 텐데, 여분의 옷이라도 있는 걸까? 저런 게 엄마 사랑이겠지? 한없이 내려가는 그 모성애. 엄

---

[174] 랜덤 : 무작위.

마를 잃은 아이라면 저런 헌신적인 사랑을 잘 모르고 자랄 테고, 그래서 고아는 불행하다고 하는 거겠지.

내일 소아과를 끝내는 날 시험이 있어 집에 일찍 왔다. 시험 공부하려고 왔는데, 솔직히 범위가 너무 많아서 골치가 아프긴 했다. 『파워소아과』 한 권을 통째로 봐야 했는데, 신생아과만 보고 말았으니. 아무리 부담 없는 시험이라 해도 좀 심했나 싶다. 침대에 누워서 그대로 잠들어 버렸으니.

2002년 8월 30일 금요일 비

태풍이 온다고 하더니 저녁 회진 끝나고 교실에 가려는데 비가 왔다. 그 비가 저녁 시간이 되니까 훨씬 더 굵어졌다. 이렇게 며칠 더 오겠지?

2시에 시험 치고 저녁 회진이 끝나고 안순기 교수님하고 회식했다. 회식 내내 분위기가 좋았는데, 교수님이 뜻밖에 이랬다.

"우리 학교는 이상하리만큼 교수가 학생들한테 잘 보이려고 회식도 많이 하고 많이 사주는데, 아마 교수가 실력이 없어서 그러는지."

그 '실력이 없어서 그러는지'라는 말을 두 번이나 했는데, 아마 농담이 아닌 것 같았다. 손무경 교수님이 예전에 학생들한테 잘못 해준 거라면서, 다른 교수님들에 대해 안 좋은 얘기도 하고, 그랬다. 그것만 빼면 좋았는데. 아, 나보고 플래시 안 넣은 홈페이지는 아무도 안 찾아온다는 말도 했다. 2000년 2월에 홈피 만든 이후로 얼마나 많은 사람들이 내 홈피를 찾고 있는데, 그런 말을 그렇게 간단히 하다니. 그래도 어떡하겠냐. 그냥 듣고만 있어야지.

오늘 시험 치고 회식 끝나고 아카데미 가서 심야 영화라도 보려고 했는데, 회식이 생각보다 늦게 끝나버린 데다 회식 후에 정신없을 때 애들이랑 게임방에 가서 시간 가는 줄 모르고 있었다. 이미 12시 30분이 넘은 시간이라 심야 영화는 포기할 수밖에. 8월에 아카데미 극장 무료 초대권이 두 장 있었는데, 하루에 두 번 다 이용할 수 없다는 규정 때문에 이제 기회는 한 번밖에 남지 않았다. 이런, 내일은 꼭 봐야 할 텐데.

그 동안 별일 없으셨습니까?

내분비 내과 실습 일기

2002년 9월 30일 월요일 맑음

　오늘부터 내분비 내과를 돈다. 11개조 중에서 우리 조는 10번째로 내분비 내과를 돌게 되었는데, 그동안 워낙 이 과가 힘들다는 말을 많이 들어서 바짝 긴장했지만 첫날 느낌상 꼭 그럴 필요는 없는 것 같았다.

　오전 수업 네 시간 후, 1시 30분에 이인태 교수 만나서 인사드리고, 최진영 샘 만나서 간단한 오리엔테이션 듣고, 슬라이드로 당뇨 계획 lecture 듣고 저녁 회진 참가했다. 회진이 일찍 끝났는데, 이제부터 과제가 있었다. 준택이가 빠져버려 ─ 준택이가 며칠간 두통이 심해 뇌 MRI 검사해보니 뇌 속에 뭔가 혹이 보인다고 했다. 그걸 제거하려고 서울에서 수술을 받았다. ― 3명에서 10명 내원 환자와 2명 신환 보고를 한다고 했으니. 한 사람당 4명씩, 저번 주에 비하면 많이 늘어난 수치다. 게다가 우리 조는 3명이니. 환자 나누고 그 환자에 대해서 파악하고 공부하고, 신환 보고 준비한다고 늦게까지 계속 병원에 있었다. 거의 한 10시까지는 병원에 있었지? 그렇게 공부하다가 오늘 9월 마지막 날이라서 9월에만 이용할 수 있는 아카데미 무료 영화 감상권 써먹으러 시내에 심야 영화 보러 갔다. 〈도둑 맞곤 못살아〉. 예고편부터가 별로 보고 싶지 않았는데, 워낙 홍보를 많이 하기에, 어떤 건지 궁금했지만 역시 기대 이하였다. 제목부터, 연기자들 연기도 별로였고, 별다른 내용이 있는 것도 아니고, 한번 실컷 웃어보라는 광고 문구도 완전 과장이었다. 그래도 혼자 봤으니 다행이지 누구랑 같이 봤으면 원망이라도 듣지 않았을까.

집에 가니까 1시가 조금 넘은 시간이었다. 내일 첫 내분비 신환 보고와 프리젠테이션은 잘 넘겨야 할 텐데.

2002년 10월 1일 화요일 맑음

아침 회진 때 신환 보고 할 때 뭔가 문제가 생겼다. 솔직히 어제 신환 보고 작성을 약간 허술하게 한 면이 있었는데, 아마도 그게 터진 게 아니었을까? 내분비 회의실에는 김해철 교수님이 impression이 그거밖에 없냐고 다그치기도 한 데다가, 10층에 올라가 본격적인 회진을 시작할 때 이것저것 질문이 많았다. 악명 높은 이인태 교수님 회진에는, 열두 명 밖에 안 되는 환자 보는 데 두세 시간씩 걸린다는 말처럼 이것저것 질문이나 다른 말들이 많았다. 내 신환 보고에 관해서 다시 해보라고 그랬는데, 다시 했더니 질문해 보라고 다른 애들한테 말하기도 했다. 그런데 어제 공부한 것도 있고 해서 답변이 그리 허술하지는 않았다. 나름대로는 우리 조가 아주 잘하고 있다는 생각도 들었는데, 회진이 끝난 후 교수님이 가시고 나니까 최진영 레지 샘이 신환 보고가 별로 좋지 않았으니까 앞으로는 잘하라고 그랬다. 저녁때 신환이 한 명 더 생겼다고 준영이가 맡게 되었다. 이 녀석은 항상 남들 하는 거 보고 자기가 시작한다니까. 그러니 항상 중간치는 하겠지,

오후에 이인태 교수와의 oral test가 3시부터였는데 15분 정도 지나도 안 오셔서 그냥 도망가 버렸다. 사실 공부도 별로 안했고, 만나기도 싫었고, 그렇게 오늘 내분비 실습을 끝마쳤다. 3학년 실습 중에서 제일 힘들다는 내분비 실습, 아마도 우리 남자 3명조는 그 내분비 실습마저 아주 쉽게 돌아버릴 것 같은 느낌이 든다.

2002년 10월 2일 수요일 맑음

김해철 교수님 회진은 이인태 교수님에 비해서 엄청 빨랐다. 솔직히 신경외과는 환자가 65명은 되는데, 내분비는 겨우 열두 명이 다다. 그런데 이 열두 명 환자 회진 도는 데 두세 시간씩 걸린다는 건 솔직히 말도 안 되지. 김해철 교수님은 20여 분 만에 다 끝나버렸다. 회진 돌다가 어제 온 신환의 보호자를 보게 됐는데, 아마도 말단 비대증을 의심하게 하는 모습이었다. 처음에는 별다른 의심 없이 있었는데 김해철 교수님이 원래부터 손이 그렇게 컸냐고 물었을 때, 그제서야 나도 생각이 났다. 말단 비대증이구나.

오후에 김해철 교수님 하고 lecture하면서 의사로서 가져야 할 중요한 것들 중에서 inspection이 중요하다고 했다. 그 inspection이라면 우리말 의미상 눈썰미가 아닐까? 사람들을 보면서 항상 목을 바라보는 습관을 가지면 thyroiditis[175] 환자를 찾을 수 있게 되고, 오늘 오전에 본 그 보호자처럼 acromegaly[176] 환자도 알아 낼 수 있게 되니까. 참 맞는 말 같았다.

저녁 회진 때는 준택이도 퇴원해서 참가했다. 뇌수술까지 했

---

[175] thyroiditis : 갑상선염.
[176] acromegaly : 말단 비대증.

지만 그래도 겉으로는 멀쩡했다. 참 다행이다. 항상 하는 것처럼 5시에 10층 병동에 가서 기다리고 있는데, 오늘은 저녁 회진이 끝났다나? 이럴 수가, 5시 30분밖에 안 됐는데 벌써 오프하다니. 내분비가 겨우 이 정도?

학교에 가서 탁구를 쳤다. 그동안 계속해서 쳐왔던 나만의 스카이 서브를 이제는 조금 변형시킬 수 있게 됐다. 나도 좀더 빠르고 회진이 많이 걸린 스카이 서브를 넣을 수 있게 됐다. 앞으로 많이 써먹겠지?

2002년 10월 4일 금요일 맑음

오전 회진 돌 때 김해철 교수님이 우리보고 외래 참관 잘 안하는 것 같다고 했다. 그러면서 이인태 교수님보고 PK들 외래 참관 제대로 하냐고 묻기까지 하던데, 알고 보니까 김해철 교수님 외래 때는 우리가 외래 참관 스케줄이 없는 날이었다. 어제가 하루 종일 외래 참관인데, 휴일이었으니. 하여간에 남자만 있다고 여기저기서 눈에 색안경을 끼고 보는 건 틀림없는 것 같다. 회진 끝나고 나하고 명진이하고 각각 외래 참관했다. 강성화 교수님 외래에 갔는데, 생각보다 환자들이 상당히 많았다. 전부 다들 당뇨병 때문에 혈당 체크하면서 들른 사람들이었는데, 연령대도 참 다양했다. 20대 중반에 불과한 여자 환자도 있었으니. 신환을 보고 싶었는데, 환자들이 들어오자마자 '그동안 별일 없으셨습니까? 환자분.' 이러는 것이, 약간은 소외감마저 들기도 했다.

혈당 체크하고 인슐린 받아가고, 앞으로도 혈당 유지 잘 하도록 하라는 말이 거의 다였다. 이런 게 내분비 외래란 말이지. 중간에 잠시 환자가 없었을 때 내가 교수님께 당뇨병 환자에게 NPO[177] 시키면 어떻게 되냐고 물었다가 괜히 무안만 당했다. 혈당이 높아지는 것이 당뇨병이니까 안 먹으면 다시 낮아지는 것은 아닌지, 그런 의도였는데, 공부 하나도 안 했느니, 완전히 식견으로만 말하는 거니, 그렇게 무안만 당했다. 나중에 이인태 교수한테 가서 내가 허황한 소리한다고 했다던데.

오후에는 완전히 자유 시간이었다. 계속 탁구치고 놀았다. 나중에 돈 벌어서 큰 집에 살게 되면 집에 탁구 테이블 하나 가져다 놓을까 싶다. 예전에는 집에 당구대 놓으려고 했는데 그건 너무 비싸고 또 손 가는 일도 한두 가지가 아닌데, 탁구는 그냥 테이블만 있으면 되니까. 좀 쿵쿵 뛰어다니는 게 문제긴 해도.

저녁 회진은 10분도 안 돼서 끝났다. 하루 일과가 이렇게 마쳐졌다. 월요일에는 저널 하라고 하던데, 해석하고 이해하고 요약

---

[177] NPO : 금식.

하고 정리하고 발표하고 해야겠지.

2002년 10월 7일 월요일 맑음

1교시가 없어서 9시 30분까지 학교 갔다. 평상시보다 겨우 한 시간 늦게 가는 것뿐인데, 너무 행복했다. 한 시간의 여유란 이렇게 푸근한 거였는지. 뭐 반대로 생각하면 한 시간 일찍 학교 가는 건 많이 힘든 일이 되어버리겠지만.

수업 듣고, 파워포인트[178]로 어제 힘들게 만든 저널을 강성화 교수님하고 다른 레지던트 샘들한테 발표했다. 내가 한 statins[179]에 관한 건 솔직히 그리 어렵다는 생각은 안 들었는데 강성화 교수님이 나보고 '이거 많이 어려웠지?' 이러면서 말을 걸기도 했다. 그래? 이게 어려운 거였나? 저널 발표는 그리 힘들지 않게 끝났다. 명진이가 어제 하나도 안 했다면서 아침부터 오후 3시까지 저널 발표 준비한다고 좀 아슬아슬했지만 그래도 별 문제 없이 넘어갔다. 3시에 김해철 교수님 lecture가 예고 없이 없어진 것도 행운이었다.

내분비 ICU는 항상 ADI[180] 환자로 가득 찬 것 같았다. 오늘도

---
178 파워포인트 : 발표(프레젠테이션)용 컴퓨터 프로그램.
179 statins : 스타틴 계열 약으로 주로 고지혈증에 사용된다.

신환이 세 명이나 있었는데 그중에서 ADI 환자가 한 명 있었으니. 그런데 저렇게 자살하려고 약 먹고 온 사람들은 전부다 내분비 내과로 오는 걸까? 그래? 그게 내분비였었나? 아니면 병원 방침 상 ADI 환자는 내분비 내과에서 보기로 한 건가? 내일 할 신환 발표 준비 좀 하다가 집에 갔다. 내분비가 힘들다는 건 순전히 lecture 때문인데, 우리 조는 지금까지 lecture를 한 번밖에 안 했다. 내일은 이인태 교수님 lecture인데, 그건 공부를 좀 해야겠다.

2002년 10월 8일 화요일 맑음

오전 이인태 교수님 회진이 일주일 만에 다시 돌아왔다. 저번 주 화요일 회진 때 10명도 안 되는 환자 본다고 세 시간이나 걸리는 장시간 회진이었는데 오늘은 한 시간도 걸리지 않았다. 우리한테 질문 거의 안 했고, 말도 안 했는데, 저번 주 모습하고는 많이 달랐다. 왜 그랬을까? 회진 후에 학교에 와서 다른 애들에게 물어보니까 이인태 교수는 좀 그랬다고 했다. 1학기 때에는 너무 많은 관심 때문에 학생들이 부담스러워 했지만 2학기로 와서는

---

180 ADI : 약물 중독.

거의 무관심이 지나칠 정도로 변했다고 한다.

오후에 lecture도 안했다. 오전 회진 때 이규민 샘이 오후에 PK lecture 있다고 말까지 했었는데, 그래서 공부도 좀 해놨는데, 한 시간이나 기다렸는데 안 왔다. 아침에 말했으니 모르고 안 오는 건 아닐 텐데, 레지던트한테는 한다고 했었는데, 우리가 직접 가서 lecture 하자고 해야 되나?

한 시간 정도 기다리다가 그냥 강의실로 가버렸다. 그리고 오후 회진 참가하고 케이스 받고 신환 받고 내일 보고할 거 준비하고, 그렇게 오늘 실습도 마쳤다. 내분비 실습도 진짜 거의 다 끝나가는 기분이다.

2002년 10월 11일 금요일 맑음

내분비 실습이 끝났다. 2주간이라는 결코 짧지 않은 실습이 드디어 끝났다. 솔직히 내분비 돌면서 그리 힘들게 보낸 건 아니었지만 빨리 여기를 떠나고 싶다는 생각은 정말 간절했다. 이렇게 끝났으니 참 속 시원했다.

오후에 시험으로 끝냈다. 저녁 회진은 가지도 않았는데, 내분비 시험은 그럭저럭 칠 만했다. 15문제 전부 주관식이었는데 그거 다 푸는데 두 시간이 넘게 걸렸다. 근데 말이 좋아 푸는 거지,

완전히 책 보고 다시 정리하는 것에 불과했으니. 그것도 공부 같았다. 주관식으로 그렇게 길게 문제를 냈으니 정리한다고 머리에 넣는 거하고 똑같으니까.

   시험치고 다 끝나고 집에 왔다. 저녁 먹고, TV 보고 그렇게 오늘 하루 보냈다. 금요일이라는 거 실습이 끝나는 마지막 날이라서 푸근한데, 토요일 수업에 대한 부담 때문에 잘은 못 놀겠다. 내일은 더군다나 8시까지 학교에 오라니. 나 참.

장애인 체험

예방의학 실습(복지기관 봉사) 일기

2002년 10월 17일 목요일 맑음

국제 재활원은 1박 2일 일정의 봉사 활동 코스이다. 우리 조도 수요일 날 가서 목요일 밤에야 나왔으니, 이틀 분 일기를 한 번에 묶어서 쓴다. 어차피 조 리포트 쓸 때 이게 또 필요할 거 같고.

국재 재활원도 9시 30분까지 도착해야 했다. 고령에 있는 위치상 9시 30분까지 도착은 좀 무리가 아닌가 싶었는데, 고속도로로 가니까 금방 갈 수 있었다. 학교에 15명 전부가 다 모여서 차에 나눠 타고 따로 출발했는데, 길만 잃어버리지 않았다면 거의 30분도 안 걸려서 도착할 수 있었으니.

나는 용석이 차를 경화하고 은지하고 같이 타고 출발했는데, 가는 도중 영민이 형한테서 길을 잃었다는 말을 듣게 되었다. 고령으로 가야 하는데 현풍으로 갔다나? 다시 돌아오려면 얼마나 시간이 더 걸리는 걸까? 우리는 정시에 도착했는데 도착해 봐야 할 일은 기다리는 것밖에 없을 것 같아서 근처에 드라이브도 할 겸 배도 고픈데 갈비탕 한 그릇씩 먹고 한 시간 정도 지나서 재활원 안으로 들어갔다. 그렇게 늦게 도착했는데도 아직 다른 일행들 차가 두 대나 도착하지 않은 상태였다. 더 기다릴 수가 없어 재활원 소개 받는 일과 오리엔테이션을 했는데 20여 분도 안 돼서 끝났다. 별로 소개할 것도 없이 다 잘 알아서일까? 스케줄 표에는 9시 30분부터 11시 30분까지가 오리엔테이션이라고 되어 있던데 이제 11시가 갓 지났을 시간이었다.

각자 자기가 맡은 방으로 흩어져서 1:1 담당 장애아와 만나고, 담당 선생님과도 인사했다. 내가 맡은 애는 요육원[181]의 물망초방 9살 난 박성범이고 담당 선생님은 이영숙 선생님이었다. 물망초방은 네 명의 원생들이 있었는데 성범이는 그중에서 제일 나이가 적은 애였다. 그래도 요육원인데 31살, 39살 난 원생들도 있어 선생님들도 이들에게 말을 할 때에는 항상 경어를 사용했다. 성범이

---

[181] 요육원 : 어린 장애인들을 돌보는 곳

는 적어도 이곳에서는 소위 엘리트라고 했다. 나도 자동으로 엘리트 교육을 맡게 되었고. 12시가 좀 넘어서 성범이가 학교에서 돌아왔다. 근처 자동차로 5분 거리에 교육 시설이 있다고 했는데, 거기 가서 매일 오전 시간 동안 뭔가 배우고 오는 것 같았다. 성범이와 첫 만남은 점심 먹이기부터 시작되었다. 내가 먹으면 두 수저 정도 되는 양을 거의 30여 분 동안 먹었다. 정확히 먹인 셈이다. 생전 처음 하는 밥 먹이기 일은 왜 그렇게 힘들었던지. 답답하기도 하고. 흘린 밥이 옷에 묻지 말라고 앞에다 다른 천을 하나 달아놨는데 그 방수 기능이 되는 천이 밥으로 완전히 범벅이 되어버렸다. 그렇게 반은 버리고 반은 겨우 위 속으로 집어넣은 채로 그릇을 치우고 세수시키고 양치질까지 마쳤다. 여기저기 흘려놓은 음식물 찌꺼기도 처리하고. 1시부터 2시까지는 점심시간 겸 휴식 시간이다. 10월 중순이었는데 왜 그렇게 더웠던지. 점심 금방 먹고 앞마당에 있는 농구 골대에 공 던지며 조금 놀았는데, 땀이 많이 났다. 별로 재미도 없었고, 장소도 협소했고.

 2시부터 4시까지는 물리치료사로 보이는 어떤 30대 아줌마가 와서 요육원에 있는 모든 애들을 다 불러 모아서 체조를 했다. 아니 체조인지, 마사지인지 잘 모르겠는데, 장점만 다 모아놓은 뭔가 특수 체조 같았다. 하나하나 설명을 하면서 각각의 동작을 하다 보니 두 시간이나 걸렸다. 그래서 오후 시간이 빨리 지나간 걸까? 끝나고 성범이와 놀아준다는 명목 아래 조금씩 쉬면서 물방

초방 청소하는 거 돕고 했다.

저녁 먹은 후에는 장애 체험이라는 프로그램을 했었는데, 휠체어 타기와 눈 가리고 다니기 등이었다. 휠체어를 타고 그곳 경사 길을 1층부터 3층까지 오르내려보고, 눈을 가리고 한 사람의 보조 하에 여기저기 다니는 걸 했는데, 둘 다 해볼 만했다. 휠체어를 타고 경사 길을 오르는 건 힘들었는데 내리막길 가는 것도 쉽지 않았다. 가속이 붙는 걸 적절히 막기에는 아무래도 서툰데다가 겁도 났으니. 눈 가리고 다른 사람의 보조를 받아 움직이는 건 조금은 재미있었다. 그날따라 눈이 조금 아팠는데 눈 감고 수건까지 둘러주니 움직이기는 힘들어도 눈은 편했다. 솔직히 앞이 안 보이는 상황에서 누구의 도움 없이 움직인다는 건 얼마나 힘든 건지 상상이 가기도 한다. 시각 위주의 세상에 살고 있는 우리니까.

첫날 스케줄은 9시가 조금 넘어 다 끝났다. 저번에 갔던 애들은 10시가 넘어 끝났다고 하던데, 우리가 두 번째라서 조금 빨리 끝난 걸까? 남자 9명이 모여서 잠이 들기까지 이런저런 이야기나 하면서, 배고프다고 나가서 먹을 거 사러 나갔다가 사회 복지사들에게 들키기도 하고 그렇게 첫날을 보냈다.

기상 시간은 따로 없었는데 6시 30분부터 스케줄이 시작되었다. 다들 6시 30분에 겨우 일어나 이것저것 하다가 7시가 넘은 시간에 맡은 곳으로 복귀를 했으니. 일단 애들 샤워부터 시켰다.

물망초 방에 있는 4명은 모두 남자인데 맡은 선생님은 다 여자니까, 아무래도 샤워 같은 일을 많이 한 것 같았다. 오전에만 두 명을 샤워시키고 오후에도 한 명을 씻겼으니. 그리고 성범이 아침밥을 먹였다. 어제 저녁보다는 좀 쉽게 먹인 건지. 시간이 조금이나마 단축된 것 같았다. 그리고 설거지하고 나도 아침 먹었다. 이곳에서 근무하는 선생님들은 출퇴근제여서 야근하는 사람도 한 명 필요했는데, 아침에 잠시 다른 선생님을 보기도 했다.

아침 먹고 9시에는 모든 사람이 다 모여서 기도하는 시간이다. 거기서 여기 사회 복지사들이 몇 명이나 있는지 한번 세어봤는데 45명 정도였다. 여기 있는 원생들이 전부 110명인데 거의 1:2의 비율이라니. 97년, 98년에도 여기 동아리에서 봉사하러 많이 왔었는데 그때보다 좀 더 체계가 잡힌 것 같았다. 재정 지원도 많이 늘어난 것 같기도 하고 그리고 사회 복지사들도 훨씬 많아진 것 같고. 무엇보다도 그때보다 냄새가 많이 안 났다. 선생님한테 물어보니까 그때는 한 사람이 24시간 동안 근무해서 청소도 일주일에 두 번씩, 애들 샤워도 일주일에 한 번 정도밖에 못 했다던데, 지금은 청소는 하루 두 번, 샤워도 매일 시키는 수준으로 올라갔으니……. 오전에 성범이가 학교에 갔을 때 계속 쓸고 닦았다. 목요일이 대청소하는 날이라고 하던데 그래서 물망초 방이 맡은 청소 구역을 이영숙 선생님이 쓸고 내가 닦았다. 솔직히 닦는 일이 훨씬 힘들지 싶은데.

점심 먹고 오후 2시부터 4시까지는 마지막 스케줄이었다. 그 시간 동안 이영숙 선생님 하고 사적인 이야기도 하고, 재활원에 대한 말도 하고 그러면서 보냈다. 그리고 후원자가 되어 줄 수 없겠냐는 부탁도 듣고, 이곳 생활에 대한 것도 듣고 했다. 4시부터 5시까지 이곳에서 보낸 소감문 쓴다고 하니까 욕하지 말고 잘 적어 달라는 농담도 하면서, 혹시 나쁜 인상이 남았으면 다 남겨버리고 좋은 것만 가져가라는 말 들으면서 선생님하고도 헤어졌다. 그러고 마지막으로 성범이하고 인사하고 요육원에서 나왔다.

그렇게 1박 2일간의 국제 재활원 봉사활동을 마쳤다. 이런 본격적인 봉사는 사실상 태어나서 처음이다. 24시간 동안 스스로 컨트롤하지 못하는 사람 수발든다는 일도 처음이다. 건강해서 자기 몸 뒤치다꺼리는 혼자 할 수 있다는 게 얼마나 큰 축복인지 온몸으로 느낀 계기가 됐다. 꽃동네 오웅진 신부님은 얻어먹을 힘만 있어도 주님의 은총이라고 하던데, 과연 그 말이 틀리지 않는다는 느낌도. 그렇게 생각하면 난 무척 행복한 사람이겠지?

[부록]
정상별과의 만남[182]

한 쪽에서는 십여 명의 발자국소리가 점점 가까워지고, 다른 쪽에는 두 사람이 시비가 붙었는지 언성이 조금씩 높아지고 있다. 간간히 욕지거리가 들리기도 하고, 한숨소리가 들리기도 하고 드물게는 짧게나마 싸움이 터지기도 한다. 다른 한 쪽 구석에서는 커다란 웃음소리가 들리기도 하는 복합적인 장면이 연출된다. 10평 남짓한 사무실 안에 열 명이 넘는 사람들이 모여 있기에, 여름에는 말도 못하게 더운 곳이고, 난방을 전혀 하지 않더라

---

[182] 이 글로 '청년의사 한미수필문학상'을 수상하였습니다.

도 겨울에도 춥지 않으리라는 생각마저 드는 곳이다. 이곳에 있는 사람들, 대부분 남자이고, 그것도 다 덩치가 웬만큼 되고 목소리가 커서 항상 시끄럽다. 그래서 차분한 사람들도 여기서 생활하다보면 금방 득음(?)을 하게 되고 자연스레 목청이 커지는 것 같다.

공중보건의 1년차 때 있었던 교정시설 의무과의 한 모습이다. 그때에는 참으로 많은 사람들을 만났었다. 하루에 거의 150명씩 일주일에 5~6일(그때 토요 휴무는 월 2회 만이었다) 그렇게 한 달에 3천 명이 넘도록, 일 년 동안 3만 명이 넘는 사람들을 만나고, 말하고 뭔가 적어 넣고 그렇게 지냈었다. 앞으로 그렇게 많은 사람들을 만날 일이 또 있을까 싶은 생각이 들기도 한다.

출근하면 오전에는 사동별로 진료 받을 재소자들을 데리고 온다. 매일 같은 얼굴을 보기도 하지만 새로운 얼굴들도 상당히 많다. 신입들은 무조건 데려오기 때문이다. 수용 인원이 700명 정도 되는 중소규모 교정 시설인데도, 세상에는 참 죄짓는 사람들이 많나보다. 매일 구속되는 사람만 해도 이렇게나 많다니. 그렇게 오전에는 꼼짝하지 않고 계속 진료만 본다. 오후에는 그나마 조금 한가한 편이지만 정말 힘든 일은 오후에 생긴다. 정기적인 오전 진료가 아니고 오후에 진료를 한다는 자체가 조금 좋지 않은 상황이라는 의미도 된다. 사실 정말로 진료가 필요한 사람도 있지만, 바깥세상에서 제가 대장인 듯 호령하며 살다가 그 좁은 감방에 들어와 지내려니 무지하게 답답할 테고 그러다 보니 잠시나마 감방을 나오기 위해서라도 진료를 받으려 하는 사람도 있다. 그러다보니 소위 짝퉁 환자가 무척이나 많아지는 것이다. 또는 화가 나서 그걸 의무과에서 터뜨리려고 오는 경우도 있다. 그러면 의무과 직원들이 다독이기도 하고 혼내기도 하고 그렇게 재소자들을 다룬다.

어느 날 오후 전화를 받던 직원 얼굴이 어두워졌다.

"야, 정상렬이 또 왔단다."

정상렬. 그 이름을 어찌 잊어버릴까? 서른 살에 키185cm, 몸무게가 120kg가 넘는데 그 120kg는 전부다 근육덩어리이다. 조폭 중간 간부는 된다고 하는데, 온몸이 칼자국 투성이고 성질이 몹시 좋지 않은데 더군다나 마약사범이다. 이 인간은 세상에 무서운 것이 없는 듯하다. 제 뜻대로 되지 않거나 화가 나면 자해소동도 무지하게 많이 벌였다고 한다. 교정시설 내에서 머리를 박아 실신하기도 하고, 볼펜 스프링을 몇 개씩이나 삼켜서 병원으로 나가서 내시경으로 꺼내기도 하고 조금이라도 날카로운 게 있으면 전신을 상처 내는 짓도 다반사다. 그래서 그 인간은 무조건 독방이고, 진료도 단독으로 하며, 해달라는 것은 거의 다 해준다. 안 그러면 교정시설 전체가 시끄러워지고 직원들이 더 힘들어지기 때문이다.

그를 처음 보았을 때는 약간씩 추워지기 시작한 10월 말이었다. 그 힘들다는 교정시설 공보의도 이제는 적응되어 가고 그리고 곧 다른 곳으로 옮긴다는 생각이 들기 시작하는 그런 희망에 부푼 때였다. 이곳에 처음 왔을 때 재소자들이 소리 지르고 욕하는 게 그렇게 짜증나곤 했었는데, 이제는 그런 상황도 한 쪽 귀로 듣고 흘릴 수 있는 경지에 이르러, 그렇게 재소자들 다루는 법도 나름대로 터득했다고 생각했었고 자연스레 생활도 편해지던 때였다. 그런데 정상렬은 좀 달랐다. 정말로 무서운 게 없는 건지, 아무데서나 욕을 하고 소리를 지르고, 때로는 주먹이 날아다니기도 했다.

오후에 정상렬이 진료를 받으러 나왔을 때였다.

"어디가 아파요?"

"허리가 아파 미치겠습니다. 속도 안 좋고, 머리도 아프네요. 막 빈혈기도 있는 것 같고, 어제부터 화장실에서 변도 잘 못 보고 팔다리도 막 쑤십니다."

"정상렬씨는 지금 이미 진통제랑 근이완제를 최대용량으로 먹고 있거든요"

"그거 먹어가지고는 택도 없습니다. 제가 밖에 있을 때 남들 5cc 하는 뽕을 저는 30cc씩은 했습니다. 그래도 끄덕없었고요. 혹시나 어디 아파서 약 먹는다 카면 진짜로 한 번에 열 개씩은 묵습니다. 좀 다른 걸로 해 달라니까요!"

슬슬 짜증이 났다. 혼자서 고래고래 고함지르며 말하는데, 이

거 정말 너무 제멋대로 아닌가 하는 생각이 났다. 보아하니 주사 맞고 싶어서 온 듯한데, 다른 재소자들에게는 웬만하면 안 주는 주사를 이 사람이라고 꼭 줘야 하나? 그런데 옆에서 안절부절못하고 있는 우리 의무과 직원이 계속 이런 말을 한다.

"쇼패낙 IM(근육주사)으로 하나 좀……."

평소 같으면 직원들이 그렇게 말할 때에는 그냥 주는데, 그날은 별로 그러고 싶지 않았다. 내가 안 준다는데, 저런 제멋대로인 재소자가 뭐 어쩔건데?

'나도 이 바닥 알만큼은 안다고.'

"정상렬 씨한테 약을 그렇게 많이 드릴 수는 없고요, 그 약 용량도 있는데……."

"뭐라고! 이 XXX이?"

그때 태어나서 처음으로 주먹 휘두르는 소리를 들었다. 조금만 더 가까이 있었으면 정말로 큰 거 한방 얻어맞을 뻔했다. 체중을 실어서 휘두르는 것이 바로 저런 거구나 싶을 정도였는데 자칫 거기 내 턱이 스쳤더라면 이빨 두 개는 날아가지 않았을까.

순간적으로 사무실 내의 직원들 대여섯 명이, 전부 달려들어 팔 하나에 한 명씩, 허리에 두 명이나 달라붙어 제지하고 있었는데도 정상렬이 움직일 때마다 직원들은 이리저리 휘청댔다. 그 길지 않았던 시간 동안 온 몸의 교감신경이 찌릿찌릿해 왔다. 예전 의대 시절에 생리학 교수님이 교감신경과 부교감신경에 대해 잘 이해하려면 교감신경이 발현할 때는 앞에서 미친개가 침을 질질 흘리고 있다고 생각하면 쉽다고 했었는데, 바로 그 상황이구나, 이런 게 바로 공포감이구나 싶었다.

며칠이 흐른 후 정상렬을 또 한 번 마주치게 되었다.

"그렇게 살지 마. 이 XXX아, 내가 밖에서 니 만나면 진짜로 직이뿐다."

참 마음이 그랬다. 출근하기도 싫고, 사실 겁도 좀 나고. 빨리 이곳에서 떠났으면 하는 바람뿐이었다.

그런 식으로 일주일이 지난 어느 오후, 뭔가 사고가 났다. 뭐가 그렇게 마음에 안 들었는지 정상렬이 자해를 했는데, 머리가 많이 째졌다고 한다. 젠장, 이거 정말 뭐야. 의무실로 온 정상렬은 머리에서 피가 참 많이 나고 있었다. 그래도 다행히 의식은 있었고 호흡, 혈압은 괜찮았다. 지혈을 하고 머리 X선 촬영을 했는데, 두개골은 그래도 괜찮아 보였다. 찢어진 두피를 보고 꿰맸다. 워낙 많이 찢어져서 꿰매는 데 한 시간이 넘게 걸렸다. 덩치도 크고 마약도 많이 하던 사람이라 마취가 잘 안 되면 어떡하나 고민했었는데, 희한하게도 마취가 잘 됐는지 전혀 아프다는 내색 한 번 않고 가만히 누워서 치료를 받는 게 신기할 정도였다.

'워낙 많이 싸워서 웬만한 통증은 느끼지도 못하는 건가?'

시원한 계절이었는데도 좀 더웠다. 나도 모르는 사이에 땀이 한 방울 정상렬이 누운 침대에 떨어졌다. 검은색 계통의, 조금은 딱딱한 처치실 침대라서 땀이 떨어지는 소리가 톡하고 들렸다. 사실 내가 봉합이 그렇게 익숙한 편도 아니었고 그래서 불안한 마음에 방안이 더 덥게 느껴졌을 것이다. 더군다나 환자는 정상렬이 아닌가.

"다 됐습니다."

마침내 봉합을 끝내고 머리에 감긴 새하얀 붕대를 보니 그렇게 미쳐 날뛰던 재소자가 이제는 환자로 보였다. 그렇게 정상렬은 챙겨준 약 봉지를 가지고 자기 방으로 돌아갔다.

"휴."

나도 모르게 한숨이 나왔다.

"선생님 수고했어요. 잘하시데요."

옆에서 지켜보던 직원이 한마디 했다. 봉합을 잘 했다는 건지, 정상렬한테 잘해줬다는 건지 조금은 모호한 느낌이었다. 다음날 다른 직원이 나한테 와서 이런 말을 해줬다.

"정상렬이가 선생님한테 죄송하다고 말 좀 전해 달라네요. 니가 직접 하라고 했더니만 얼굴 보기 좀 미안하다고 해서요. 원래 양아치들이 좀 그렇잖아요. 남한테 윽박지를 줄만 알지 고맙다거나 미안하다는 말은 잘 못하잖아요. 선생님도 그때 일 마음 그만 푸세요. 허허."

어제 아무 말 없이 가던 정상렬 뒷모습에서 조금은 눈치 챘었지만 그래도 그런 말을 전해 들으니 기분이 참 좋았다. 이제는 마음 편히 지낼 수 있겠구나. 혹시 밖에서 정상렬을 만나도 도망가지 않아도 되겠구나. 후후. 아무리 생각해도 그때 내가 정상렬에게 잘못한 일은 없는 듯한데, 그래서 더 답답했었는데, 이제서야 몇 년 묵은 체증이 가시는 듯했다. 시간이 흘러 겨울이 지나고 봄이 왔고 이제 구치소를 떠나 대구 부근의 보건지소로 옮기게 되었다. 구치소를 떠나는 마지막 날 우연히 정상렬을 만났다. 옆에 있던 직원이

"야, 인사해라. 선생님 이제 여기 떠나고 대구 근교로 가신단다."

"아 예 그러십니까? 대구요? 대구라 카면 지는 대구교도소, 화원교도소밖에 모르는데, 왜 그리 멀리 가십니까?"

한바탕 웃음이 터져 나왔다. 나도 웃을 수 있어 참 좋았다. 그동안의 앙금이 정말로 말끔히 사라져 버린 증거겠지? 구치소를 나와 걸어가는 발걸음이 정말 가벼웠다.